Der Autor

Ulrich Gottfried Leinsle, geb. 1948, studierte Theologie und Philosophie in Augsburg, München, Innsbruck und Rom. 1970 trat er in das Prämonstratenserstift Schlägl in Oberösterreich ein. Nach Promotionen in Theologie (München) und Philosophie (Rom) habilitierte er sich 1985 für das Fach »Christliche Philosophie« an der Universität Innsbruck. Er lehrte Philosophie an der Katholisch-Theologischen Hochschule Linz und von 1989 bis zu seinem Ruhestand 2013 als Inhaber des Lehrstuhls für Philosophisch-Theologische Propädeutik an der Universität Regensburg. Seit 1997 ist er Präses der Historischen Kommission des Prämonstratenserordens, seit 2005 Mitglied der Kommission zur Erforschung der Kultur des Spätmittelalters an der Akademie der Wissenschaften zu Göttingen. Seine Forschungsschwerpunkte sind die Philosophie und Theologie des Mittelalters und der Frühen Neuzeit sowie die Geschichte des Prämonstratenserordens.

Ulrich G. Leinsle

Die Prämonstratenser

Verlag W. Kohlhammer

Dieses Werk einschließlich aller seiner Teile ist urheberrechtlich geschützt. Jede Verwendung außerhalb der engen Grenzen des Urheberrechts ist ohne Zustimmung des Verlags unzulässig und strafbar. Das gilt insbesondere für Vervielfältigungen, Übersetzungen, Mikroverfilmungen und für die Einspeicherung und Verarbeitung in elektronischen Systemen.
Die Wiedergabe von Warenbezeichnungen, Handelsnamen und sonstigen Kennzeichen in diesem Buch berechtigt nicht zu der Annahme, dass diese von jedermann frei benutzt werden dürfen. Vielmehr kann es sich auch dann um eingetragene Warenzeichen oder sonstige geschützte Kennzeichen handeln, wenn sie nicht eigens als solche gekennzeichnet sind.

1. Auflage 2020

Alle Rechte vorbehalten
© W. Kohlhammer GmbH, Stuttgart
Gesamtherstellung: W. Kohlhammer GmbH, Heßbrühlstr. 69, 70565 Stuttgart
produktsicherheit@kohlhammer.de

Umschlagbild: Auszug des Titelblattes des Breviarium Praemonstratense, Louka, Typis Lucensibus 1597, Stift Schlägl; von rechts nach links Augustinus, Norbert, Generalabt Jean Despruets, Generalvikar Abt Johannes Lohelius von Strahov, Abt Sebastian Fuchs von Louka/Klosterbruck und der Konvent vor dem Kloster.

Print:
ISBN 978-3-17-032389-6

E-Book-Formate:
pdf: ISBN 978-3-17-032390-2
epub: ISBN 978-3-17-032391-9
mobi: ISBN 978-3-17-032392-6

Für den Inhalt abgedruckter oder verlinkter Websites ist ausschließlich der jeweilige Betreiber verantwortlich. Die W. Kohlhammer GmbH hat keinen Einfluss auf die verknüpften Seiten und übernimmt hierfür keinerlei Haftung.

Inhaltsverzeichnis

Vorwort 7

Einleitung 9

1 **Eine neue Lebensweise (ordo)** 12
   1.1 Die Kanonikerreform des 11. und 12. Jahrhunderts 12
   1.2 Norbert von Xanten und die Anfänge
        von Prémontré 20
   1.3 Von der Lebensweise zum Orden 32
   1.4 Theologische Rechtfertigung und Spiritualität 45

2 **Ausbreitung im Wandel der Lebensformen** 52
   2.1 Wege und Probleme der Ausbreitung 52
   2.2 Wandel der Lebensformen 60
   2.3 Entwicklung der Institutionen 65

3 **Von der Reform zur Reformation** 76
   3.1 Eigenart und Hindernisse der Reform 76
   3.2 Reformzentren 92
   3.3 Die Reformation und ihre Folgen 104

4 **Katholische Erneuerung und barocker Glanz** 113
   4.1 Ordensreformen nach dem Tridentinum 113
   4.2 Verinnerlichung der Reform 126
   4.3 Französische Zentrale und regionale Differenzen ... 143

5	Von der Aufklärung zur Gegenwart	159
5.1	Die Klöster unter der Hoheit des Staates	160
5.2	Französische Revolution und Säkularisationen	166
5.3	Überleben und Restauration	172
5.4	Der Orden in der modernen Welt	182

Anmerkungen 196

Anhang 215
   Abkürzungsverzeichnis 215
   Quellenverzeichnis 216
   Literaturverzeichnis 221
   Abbildungsverzeichnis 238
   Register 239

Vorwort

Die Geschichte des eigenen Ordens zu schreiben, ist ein gewagtes Unterfangen. Allzuleicht mischen sich eigene Präferenzen und Wertungen oder apologetische Tendenzen in die Darstellung. Diese Gefahr ist um so größer, wenn der Orden im Jahr 2021 auf 900 Jahre seiner Existenz zurückblickt und geneigt ist, dieses Jubiläum in einem Gefühl der dankbaren Selbstbetrachtung zu feiern. Tatsächlich aber ist das, was heute vom Orden weltweit vorhanden ist, nur ein kleiner Rest, verglichen mit seiner ehemaligen Größe und Bedeutung.

Der Gefahr der eigenen Voreingenommenheit versucht die hier gegebene Darstellung so weit wie möglich dadurch zu entkommen, dass sie weder den Maßstab heutigen Ordenslebens in einer bestimmten Region an die Vergangenheit noch den eines angeblich idealen Anfangs an die späteren Epochen anlegt. Vielmehr soll jede Epoche und Region in ihrer Eigenständigkeit gerade im Wechsel der Lebensweisen gekennzeichnet werden.

Mein Dank gilt an erster Stelle meinem Regensburger Kollegen Prof. Dr. Klaus Unterburger, der diesen Band im Rahmen der »Geschichte der christlichen Orden« angeregt und begleitet hat. Das Manuskript wurden von meinen Mitbrüdern und Mitgliedern der Historischen Kommission des Prämonstratenserordens, Dr. Ludger Horstkötter, Hamborn, und Lic. Hermann Janssens, Averbode, kritisch gegengelesen. Beiden bin ich für viele Anregungen und Hinweise dankbar. Nicht zuletzt gilt mein Dank Frau Christine Eckmair für die sorgfältige Korrektur und dem Verlag W. Kohlhammer für die Annahme und Betreuung des Manuskripts.

Schlägl, im Advent 2019　　　　　　　　　Ulrich G. Leinsle O. Praem.

Einleitung

Der Prämonstratenserorden ist in mehr als einer Hinsicht eine geschichtliche Erscheinung, die nicht auf einen einfachen Nenner zu bringen ist.[1] Entstanden im 12. Jahrhundert aus der Gregorianischen Reform des Klerus und der Augustinusregel verpflichtet, gehört er zur Gruppe der Regularkanoniker (Chorherren). Diese verbanden gemeinsames Leben in Gütergemeinschaft nach dem Vorbild der Jerusalemer Urgemeinde mit dem liturgischen und pastoralen Dienst an einer bestimmten Kirche und waren durch die Bischöfe oft in die Klerusreform der Diözesen eingebunden. Bereits die ersten *Consuetudines* (Gebräuche) um 1130 nahmen in Anlehnung an die Zisterzienser und an Gemeinschaften von Reformkanonikern zahlreiche monastische Elemente wie Stillschweigen, Handarbeit, Fasten und wollene Kleidung in weißer Farbe auf, die das mittelalterliche Erscheinungsbild des Ordens prägten.

Diese Mittelstellung zwischen Mönchen und säkularen Kanonikern war seit dem Mittelalter wiederholt Angriffen von außen, aber auch Diskussionen im Innern des Ordens um die Ausrichtung in einer *vita mixta* zwischen Kontemplation und Aktion ausgesetzt. Hinzu kommt, dass der charismatische Initiator des Ordens, Norbert von Xanten (vor 1080–1134), als Wanderprediger, Gründer von Prémontré (Diözese Laon, Frankreich) und Erzbischof von Magdeburg (ab 1126) einen anderen Lebensstil vertrat. Während sich die zu Prémontré gehörenden Klöster in ihren Gebräuchen den Mönchsklöstern annäherten, orientierte man sich in der Magdeburger Gruppe stärker an den bestehenden Kanonikerstiften, auch in Habit, Liturgie und Übernahme von Seelsorge. Eine Folge dieser Doppelung war, dass die an Frankreich orientierten Klöster Äbte als Vorsteher hatten, während die Magdeburger Stifte von Pröpsten geleitet wurden.[2] Hinsichtlich ihrer Stellung waren aber beide

Rechtsfiguren der Prälaten bis 1660 gleichgestellt. Durch die beiden Pole Prémontré und Magdeburg war die Einheit des Ordens und die oft beschworene Uniformität der Lebensweise von Anfang an prekär, zumal in Zeiten eines Schismas im Papsttum. Das als Integrationsinstrument gedachte jährliche Generalkapitel konnte diese Aufgabe kaum meistern.

Die Grundform eines Prämonstratenserstiftes ist die selbstständige Kanonie, im Orden wechselweise als Kloster oder Stift bezeichnet. Sie wurde von einem Mutterstift aus gegründet und stand unter der Aufsicht des »Vaterabtes«, d. h. des Abtes bzw. Propstes des Mutterstiftes, der auch das Visitationsrecht besaß. Es herrschte also ein Filiationsprinzip wie bei den Zisterziensern. Durch die weit entfernten Tochtergründungen und die reformierten säkularen Kanonikerstifte, die als Töchter von Prémontré betrachtet wurden, war die Überwachung der Observanz in der eigenen Filiation oft nicht mehr möglich. Deshalb wurde der Orden bereits im 12. Jahrhundert in Provinzen eingeteilt, Zirkarien genannt, die ein *Circator* im Auftrag des Generalkapitels zu visitieren hatte.[3]

Die nach dem Vorbild der Urgemeinde versammelte Gemeinschaft war zu Norberts Zeiten eine Gemeinschaft von Priestern, Laien (Konversen) und Frauen. Die Konversen stellten in der Zeit der zahlreichen »Bekehrungen« Adeliger den größten Teil der Konvente dar. Sie waren in der Wirtschaft des Klosters eingesetzt. Die Frauen, die ursprünglich oft in einem »Annexkloster« des Stiftes untergebracht wurden, wurden im späteren 12. Jahrhundert in eigene Frauenklöster mit strenger Klausur übersiedelt und teilweise in Chorfrauen und Laienschwestern (Konversen) unterschieden. Die Frauenklöster unterstanden der Aufsicht des Abtes des Männerklosters, der für sie ggf. einen Propst oder Prior bestellte. Die innere Leitung hatte eine Priorin oder »Meisterin«.

Die Struktur des Ordens in selbstständige Kanonien brachte es mit sich, dass sich die Zentralgewalt meist nur schwach ausbilden konnte. Diese bestand bis zur Französischen Revolution im Abt von Prémontré, der sich seit der Ordensreform des späten Mittelalters »Generalabt« nannte, und dem zunächst jährlich, seit 1630 in größeren Abständen tagenden Generalkapitel. Seit 1869 wird der jeweilige Generalabt vom Generalkapitel gewählt; seit 1937 hat er seinen Sitz in Rom.

Die weite Verbreitung des Ordens und die Eigenständigkeit der Kanonien bringen es mit sich, dass Gesamtdarstellungen der Geschichte des Prämonstratenserordens im männlichen (Erster Orden) und weiblichen (Zweiter Orden) Zweig selten und jeweils aus dem Blickwinkel einer regionalen Tradition geschrieben sind. Dies gilt ebenso für Basil Grassl aus dem böhmischen Stift Tepl[4] wie für Norbert Backmund, der hauptsächlich die Einleitung zu den einzelnen Zirkarien aus seinem *Monasticon Praemononstratense* wiedergibt,[5] und die umfassendste Darstellung der Geschichte und Spiritualität der Prämonstratenser von Bernard Ardura.[6] Dieser unvermeidlichen Perspektivität ist sich auch dieser Band bewusst. Geschrieben von einem Angehörigen eines österreichischen Prämonstratenserstiftes, versucht er, der Eigenart und eigenständigen Entwicklung des Ordens in anderen Teilen Europas und in Übersee nach Möglichkeit gerecht zu werden. Der Schwerpunkt liegt aber im Hinblick auf die Leserschaft des Buches auf dem deutschen Sprachraum.

Über die Geschichte der einzelnen Klöster informiert das *Monasticon Praemonstratense* von Norbert Backmund,[7] über die französischen Klöster ausführlicher Bernard Ardura,[8] über die englischen Howard M. Colvin.[9] Für die Gelehrtengeschichte des Ordens ist immer noch das biobibliographische Lexikon von Léon Goovaerts (1899–1916) unentbehrlich. Seit 1924 besteht im Orden eine Historische Kommission, die seit 1925 die internationale Zeitschrift *Analecta Praemonstratensia* herausgibt, in der wichtige Beiträge zur Geschichte des Ordens, Dokumente und Nachrichten über die neueste Literatur zu den einzelnen Häusern publiziert werden. Die Zeitschrift wird ergänzt durch die Buchreihe *Bibliotheca Analectorum Praemonstratensium*. Die frühneuzeitlichen Standardwerke von Jean Le Paige[10] und Charles Louis Hugo[11] wurden 1998/99 in der Reihe *Instrumenta Praemonstratensia* nachgedruckt.

1 Eine neue Lebensweise (*ordo*)

Die Prämonstratenser verdanken ihre Gründung nicht einer Strategie eines Ordensstifters, sondern kontingenten Ereignissen in der Biographie Norberts von Xanten[1] und Eingriffen von außen. Sie sind in die gesamte Gregorianische Klerusreform des 11. Jahrhunderts[2] hineingestellt und waren durch ihre neue Lebensweise (*ordo*)[3] von Anfang an Gegenstand lebhafter Auseinandersetzung in der klösterlichen und katholischen Welt.

1.1 Die Kanonikerreform des 11. und 12. Jahrhunderts

Der vielschichtige Prozess der Kirchenreform des 11. Jahrhunderts, die mit dem Namen des Papstes Gregor VII. (1073–1085) verbunden ist, erfasste, vom Mönchtum ausgehend, auch die Lebensweise und den Dienst der Kanoniker. Der Terminus *canonicus* bezeichnet dabei ursprünglich einen Kleriker, der in der verbindlichen Liste (*canon*) des Klerus einer Kirche eingeschrieben ist, für deren liturgischen Dienst er zuständig ist (so im Konzil von Clermont 535, canon 15). Damit verband sich jedoch sehr bald die Vorstellung von einem Kleriker, der nach den *Canones*, den Dekreten der Kirche, zu leben hat.[4] Konkret sind damit die Kleriker an Dom- und Stiftskirchen (Kollegiatstiften) gemeint, im Deutschen meist Dom- bzw. Chorherren genannt.

1.1 Die Kanonikerreform des 11. und 12. Jahrhunderts

Die Gregorianische Reform

Die Kirchenreform des 11. Jahrhunderts beinhaltet ein Reformprogramm mit verschiedenen Stoßrichtungen, aber einer gemeinsamen Grundlage: Wiederherstellung der ursprünglichen »apostolischen« Lebensweise der frühen Kirche, in der man einen Idealzustand erblickte. Dazu gehörte nicht nur die Loslösung der Kirche von weltlichen Herrschaften, die dann im sog. Investiturstreit zwischen Papst und Kaiser gipfelte, sondern auch ein neues Modell des kirchlichen Zusammenlebens in »apostolischen« Gemeinschaften, das besonders den reformbegeisterten Teil des Adels erfasste.[5]

Reformen in der Kirche haben es an sich, dass sie die bestehenden Verhältnisse abwerten, als »Verfall« hinstellen und – meist rückwärtsgewandt – eine »Erneuerung« aus dem Geist der Vorzeit oder Urzeit im Sinne einer Normativität des Ursprungs anstreben. Tatsächlich wird bei solchen Reformen aber nicht eine vergangene Zeit wiederhergestellt, sondern aus dem Rückgriff auf Vergangenes etwas Neues geschaffen. Insofern bedeuten Reformen meist auch eine Modernisierung und lassen sich aus der Sicht der Reformer als »Erfolgsgeschichten« lesen.

Im Mittelpunkt der Gregorianischen Reform stand vor allem das Leben der Kleriker als unmittelbare Träger und Repräsentanten der Kirche.[6] Zu den zu beseitigenden »Missständen« zählte in den Augen der Reformer die im niederen Klerus verbreitete Priesterehe (Konkubinat, als »Nikolaitismus« nach Offb 2,6 bezeichnet). Zu diesem Zweck wurde in mehreren Synoden, z. B. Pisa 1022, der Zölibat der Kleriker mit Höheren Weihen eingeschärft, konnte aber nicht restlos durchgesetzt werden. Ein weiterer Kampf richtet sich gegen die Käuflichkeit geistlicher Ämter, Sakramente und Dienste, zumal aus Laienhand (Simonie nach Apg 2,8–24). Simonie wurde ebenso wie Nikolaitismus als Häresie gewertet. Der Kampf gegen die Laieninvestitur war eng damit verknüpft, d. h. die Einsetzung von Bischöfen durch die Landesherren – z. B. durch den Kaiser, die Könige von England und Frankreich – und die Verleihung von Kirchen durch die adeligen »Eigenkirchenherren«. Unter dem Schlagwort der »Freiheit der Kirche« wurde dieser Konflikt zum Ringen um die Vorherrschaft von Kaiser oder Papst. Letztlich ging aber das Papsttum gestärkt und in großem Selbstbewusstsein aus den jahrzehnte-

1 Eine neue Lebensweise (ordo)

langen Auseinandersetzungen hervor, die mit den Konkordaten mit England und Frankreich 1107 und dem Wormser Konkordat 1122 beigelegt wurden. Das neue Selbstbewusstsein zeigte sich u. a. in einer Ausweitung des päpstlichen Primats, ausgeführt meist durch Legaten, in der Zurückdrängung des römischen Adels und der Unterstellung der Metropoliten unter die päpstliche Zentralgewalt.

Die Kanoniker

Die Kanoniker an den Dom- und Stiftskapiteln bildeten nicht nur einen herausragenden Teil des Klerus, sondern sie waren oft auch in die Leitung von Diözesen oder Sprengeln einbezogen. Die bis ins 11. Jahrhundert bestimmende Regelung ihrer Lebensweise war die sog. Aachener Regel (*Institutiones Aquisgranenses*). Ihr ging die Regel des Bischofs Chrodegang von Metz (742–766) für das gemeinsame Leben der Kleriker an seinem Bischofssitz voraus. An Benedikts Mönchsregel orientiert, gestattete diese den Kanonikern Verfügungsrechte über die in die Kirche eingebrachten und ihnen wieder zur Verfügung gestellten Güter und Mittel und die Führung eines eigenen Haushalts. Gemeinsam waren Chorgebet, Arbeit, Refektorium (Speisesaal) und Dormitorium (Schlafsaal) in Klausur.[7]

Die Reichssynode von Aachen 816 widmete sich u. a. der Neuordnung des monastischen Lebens. Dabei wurden Mönche und Kanoniker klar unterschieden und die bestehenden Mischformen und Mischregeln, auch die Chrodegangs, aufgehoben. Für die Mönche und Nonnen wurde die Benediktsregel zum alleinigen Maßstab erklärt. Für die Kanoniker und Kanonissen wurden eigene Bestimmungen erlassen, die den Rahmen ihrer Lebensweise absteckten. Diese wurden aus älteren Synodalbestimmungen und Kirchenväterstellen gesammelt. Die *Institutio canonicorum* sah ein gemeinsames Leben der Kanoniker in einem abgegrenzten Bereich mit Chorgebet und Pflege der Liturgie an der entsprechenden Kirche vor. Refektorium und Dormitorium sollten gemeinsam sein. Die einzelnen Kanoniker konnten jedoch über Privatbesitz und Pfründen verfügen. Sie legten keine Gelübde ab, sondern wurden nach entsprechender Anwartschaft in die Gemeinschaft der Kanoniker aufgenommen und darin mit einer Pfründe versorgt. An der Spitze des Kanonikerstiftes sollte ein dem Bischof (*praelatus*) unterstellter Propst (*praepositus*) stehen, der auch vom König ernannt werden konnte.

Die Synode nahm zwar zwei *Sermones* (355 und 356) von Augustinus über die Lebensweise der Kleriker auf, verlangte aber von diesen gerade nicht ein Leben in persönlicher Besitzlosigkeit (Armut). Die Essensrationen waren mit Fleisch, täglich vier Pfund Brot und bis zu vier Liter Wein, die an Festtagen je nach Vermögen des Stiftes aufgebessert werden konnten, so reichlich bemessen, dass sie dem Archidiakon Hildebrand, nachmals Papst Gregor VII., in einer polemischen Rede bei der Lateransynode 1059 wie für Zyklopen bestimmt vorkamen.[8]

In der Praxis konnte aber das gemeinsame Leben der Kanoniker mancherorts wegen des Widerstands der Kanoniker oder auf Grund der Besitzverhältnisse nicht durchgeführt werden, sodass es bei den einzelnen Dom- oder Stiftsherrenhöfen als Pfründen blieb und das gemeinsame Tun auf das Chorgebet beschränkt wurde.

Die Augustinusregel

Die Widersprüche zwischen den Bestimmungen der Aachener Regel und den ihr vorgeschalteten *Sermones* Augustinus' waren offensichtlich. Sie störten die an der Lebensweise der Urgemeinde von Jerusalem nach dem Idealbild von Apg 4,32–35 orientierten Reformer. Als Alternative bot sich die sog. Augustinusregel an, die mit der gemeinsamen Lebensweise der Kleriker am Bischofshaus von Hippo in Einklang zu bringen war. Doch diese Regel war ursprünglich für Mönche geschrieben und lag in zwei Fassungen vor, die zwar nach heutiger Erkenntnis[9] beide in Augustinus' Umfeld gehören, aber unterschiedliche Adressaten haben. Der kürzere *Ordo monasterii* regelt ein Mönchskloster mit Handarbeit, Stillschweigen und einem vom römischen und gallischen *ordo* stark abweichenden Chorgebet. Er geht möglicherweise auf Alypius zurück. Das längere *Praeceptum* bietet kaum Regelungen für den Alltag, sondern stellt die geistlichen Grundlagen des gemeinsamen Lebens einer Mönchsgemeinschaft heraus, an erster Stelle die *vita communis* im gemeinsamen Haus in vollkommener Gütergemeinschaft, dann

1 Eine neue Lebensweise (ordo)

Gebetszeiten, Sorge für die Kranken und Schwachen, Ausgang und brüderliche Zurechtweisung und das Zusammenleben von Menschen unterschiedlicher sozialer Herkunft in der spätantiken Gesellschaft mit je verschiedenen Ansprüchen. Werden beide Regeltexte zusammen überliefert, spricht man vom *Praeceptum longius*. In einer wohl aus Reims stammenden Handschrift des 9. Jahrhunderts wird erstmals das *Praeceptum* allein (unter Elimination des *Ordo monasterii*) mit den genannten *Sermones* Augustinus' über die Lebensweise der Kleriker in Verbindung gebracht. Es wurde deshalb seitdem nicht mehr als Mönchs-, sondern als Kanonikerregel betrachtet, galt als Lebensnorm des Bischofshauses von Hippo und konnte so eine strengere Alternative für Dom- und Chorherrenstifte zur Aachener Regel bilden. Wegen der inhaltlichen Unbestimmtheit ihrer Regelungen für den Alltag wurde die *Regula Augustini* jedoch von manchen lokalen Kommunitäten (z. B. Mortara, Lombardei) durch weitere Regeln ergänzt.[10]

Regularkanoniker

Die vom Mönchtum ausgehende Reform des 11. Jahrhunderts mit den Zentren Cluny und Hirsau erfasste bald auch die Kanoniker, die entweder aus eigener Initiative oder auf Drängen der Bischöfe ein gemeinsames Leben mit Gütergemeinschaft, teilweise unter der Augustinusregel, annahmen und darauf Profess ablegten, sich also zu Armut, Ehelosigkeit und Gehorsam verpflichteten. So ließen sich z. B. in St-Ruf bei Avignon 1039 an einer dem Domkapitel gehörenden, ruinösen Kirche vier Priester nieder, um dort *religiose* leben zu können.[11] Andere Gründungen gingen aus eremitischen oder semieremitischen Gemeinschaften hervor, die sich zu festen Institutionen zusammenschlossen, z. B. das Reformzentrum Springiersbach. Denn mit der monastischen Reform blühte auch ein neues Eremitentum auf,[12] das auch Gelehrte wie Abaelard anzog[13] und sich in monastischen Mischformen wie den Kartäusern und Kamaldulensern niederschlug.

Ein Meilenstein in der Kanonikerreform war die Lateransynode 1059, die u. a. von Archidiakon Hildebrand, Kardinal Petrus Damiani (um 1006–1072) und Bischof Anselm II. von Lucca (1036–1086) durchgeführt wurde, der in seiner Diözese das Domkapitel reformierte. Auch in Rom hatte sich eine Gemeinschaft von Klerikern gebildet, die nach dem Muster der Urgemeinde von Jerusalem in völliger Gütergemeinschaft lebte und darauf Profess ablegte.[14] Im vierten Kanon der Synode wurde verlangt, alle Kleriker hätten neben der Kirche, für die sie geweiht worden sind, gemeinsam zu schlafen und zu essen, weiterhin alles, was ihnen von der Kirche zukommt, gemeinsam zu besitzen und sich zu bemühen, zu einem gemeinsamen Leben nach Art der Apostel zu gelangen.[15] In der Praxis wurde allerdings den Dom- und Stiftsherren weiterhin ihre Präbende zugestanden. So entwickelte sich die Unterscheidung unter den Kanonikern in die *canonici saeculares*, die bepfründet waren und oft ihren eigenen Haushalt hatten, und die *canonici regulares*, die in Gütergemeinschaft eine *vita apostolica* in Armut, Keuschheit und Gehorsam nach einer Regel führten.

Die Übernahme der Augustinusregel war jedoch nicht das einzige Kennzeichen der neuen Kanonikergemeinschaft. Neben ihr finden sich in den Kanonikergemeinschaften weitere normative Texte, vor allem die jeweiligen *Consuetudines* und Zeremonienbücher. Das frühe Reformzentrum St-Ruf bei Avignon übernahm z. B. erst um 1080 die Augustinusregel in Form des *Praeceptum*, aber noch verbunden mit den sog. *Consensoria monachorum* aus dem 7. Jahrhundert.[16] Die *Consuetudines* wurden für die Ausbreitung der Reform von einem Zentrum aus sehr bedeutsam, auch über den engeren Verband hinaus. So finden sich die *Consuetudines* von St-Ruf u. a. in Passau (St. Nikola) und im schwedischen Lund.[17] Die Kanonikerreform sollte eine allgemeine Klerusreform einleiten. Dem diente auch die Ausbreitung eines Verbandes in mehrere Diözesen und Kirchenprovinzen, wie es beispielhaft an dem nach cluniazensischem Modell organisierten Verband von St-Ruf (mit Abt, Großprior und zahlreichen Prioraten in Südfrankreich und Katalonien) zu sehen ist.

Ein Zentrum der Kanonikerreform anderer Art war St-Victor vor Paris.[18] Im nördlichen Frankreich waren St-Martin-des Champes in Paris (1059/60) und St-Quentin in Beauvais (1067) die ersten reformierten Kanonikerstifte, letzteres geleitet vom nachmaligen Bischof Ivo von Chartres (um 1040–1115). Auch bei St-Victor handelt es sich um eine kleine Kirche vor den Mauern der Stadt, allerdings in der Nähe zum König und dem geistigen Zentrum, den Schulen von Paris. An diese Kirche zog sich wohl 1111 der Archidiakon der Kathedrale von Paris und gefeierte Magister Wilhelm von Champeaux († 1121) zurück, um dort seinen Unterricht mit einem gemeinsamen Leben mit den Scholaren zu verbinden.[19] Dank großzügiger Schenkungen und der königlichen Bestätigung von 1113 entwickelte sich aus dem Kloster das Stift St-Victor, das nach 1130 zum Mittelpunkt eines Kanonikerverbandes wurde, der nach zisterziensischem Muster mit einem Generalkapitel und Tochterstiften organisiert war. Noch bedeutender aber wurde der geistige Einfluss durch die berühmte theologische Schule mit den Kanonikern Hugo, Richard, Adam und Andreas, die nicht nur die scholastische Theologie, sondern auch die Bibelwissenschaft, die Spiritualität und die Dichtung entscheidend bereicherte.[20]

Im südlichen Deutschland waren die Bischöfe Altmann von Passau (1065–1091), Gebhard von Salzburg (1060–1088) und dessen Nachfolger Konrad I. (1106–1141) um die Reform der Kanonikerstifte bemüht.[21] Unter Bischof Altmanns Einfluss gründete Herzog Welf I. von Bayern 1073 das Stift Rottenbuch, das zu einem Zentrum der Reform wurde. Dorthin zog sich auch Manegold von Lautenbach, in Paris ausgebildet, zurück, bevor er 1094 Prior des neugegründeten Stiftes Marbach im Elsass wurde und dieses dank seiner *Consuetudines* wieder zum Zentrum eines Netzwerkes von Reformklöstern machte. Nach Rottenbuch floh 1120 auch der ehemalige Augsburger Domscholaster Gerhoch von Reichersberg (1092/93–1169), der dann als Propst von Reichersberg (ab 1132) für die Kanonikerreform wirkte.

Ordo antiquus – Ordo novus: Zwei kanonikale Lebensweisen

Die Vielgestaltigkeit der Kanonikerreform brachte innerhalb der Bewegung eine weitere Differenzierung hervor. Manchen Kommunitäten genügte das flexible *Praeceptum* der Augustinusregel als Grundlage nicht, sondern sie orientierten sich zusätzlich am *Ordo monasterii*. Das *Praeceptum longius* übernahmen z. B. die Kanoniker von Arrouaise, eine Kanonikerkongregation, die um 1190 aus einer Eremitenkolonie entstanden war und unter der Leitung des späteren Kardinals Kuno von Preneste

(† 1127) stand.²² In derselben Fassung übernahmen die Kanoniker von Springiersbach, ebenfalls eremitischen Ursprungs, die Augustinusregel.²³ Möglicherweise erhielt auch Gerhoch von Reichersberg 1126 in Rom von Norbert von Xanten ein Exemplar des *Praeceptum longius* für Rottenbuch, wo die strengere Form aber abgelehnt wurde.²⁴ Schon 1121 ließ sich Bischof Konrad von Salzburg ein Exemplar des *Praeceptum longius* aus Klosterrath (Rolduc) kommen, um die strengere Observanz in seiner Diözese einzuführen.²⁵ Oft ist jedoch nicht feststellbar, welche Regelform in der jeweiligen Kommunität verwendet wurde.

Traditionell werden die Regularkanoniker des 11. und 12. Jahrhunderts je nach Regelgebrauch unterschieden in den *Ordo antiquus* mit dem *Praeceptum* oder der *Regula recepta*, d. h. dem *Praeceptum* mit vorgeschaltetem erstem Satz des *Ordo monasterii* (»Vor allem, geliebte Brüder, soll Gott geliebt werden, sodann der Nächste. Denn das sind die Hauptgebote, die uns gegeben sind«²⁶), und den *Ordo novus* mit dem *Praeceptum longius*. Die ausschließliche Bestimmung der beiden Lebensweisen nach den verwendeten Regeltexten greift aber, wie jüngere Forschungen herausgearbeitet haben, zu kurz, insbesondere wenn mit »alt« und »neu« Werturteile verbunden werden.²⁷ Dies zeigt nicht zuletzt die Auseinandersetzung um die Regelfrage in den Jahren um 1120. Abt Pontius von St-Ruf (1116–1125) und Bischof Walter von Maguelone (1104–1129) brachten in ihren Briefen gegen den *Ordo novus* keineswegs eine laxe Gesinnung zum Ausdruck, sondern wehrten sich dagegen, ein Gesetz übernehmen zu müssen, »das weder unsere Vorfahren noch wir je tragen konnten« (vgl. Apg 15,10). Pontius wies aus Bibel, Kirchenvätern und kanonikaler Tradition die Berechtigung des *Ordo antiquus* nach. Er sah sich mit seinen Kanonikern auf einer Ebene und wollte sich nicht in die Höhen der extremen Asketen versteigen. Walter von Maguelone sah seine Observanz ganz in der Tradition der Römischen Kirche und wies die bisher unbekannten Neuerungen der radikalen Reformer fast in die Nähe von Häresie und Schisma.²⁸

Eine zeitgenössisch näherliegende Unterscheidung der Kanoniker nach Weltnähe und Weltferne bietet der *Libellus de diversis ordinibus et professionibus qui sunt in aecclesia* (vor 1126), indem er drei Kategorien unterscheidet: Kanoniker, die sich fern der Welt ansiedeln, wie in Prémontré und St-Josse-au-Bois, solche, die sich in der Nähe von städtischen Zentren niederlassen, wie St-Victor in Paris und St-Quentin in Beauvais, und schließlich die sog. *canonici saeculares*, die in den Städten wohnen und dort an Kirchen tätig sind.[29] Angesichts der oft unsicheren Regelobservanz sollten deshalb bei der näheren Bestimmung eines Chorherrenstiftes im Hinblick auf *Ordo antiquus* und *Ordo novus* auch eremitischer Ursprung und Seelsorge als Kriterien berücksichtigt werden.[30]

1.2 Norbert von Xanten und die Anfänge von Prémontré

Über Norberts Leben bis zu seiner Erhebung zum Erzbischof von Magdeburg (1126) sind wir nur durch wenige zeitgenössische Dokumente und drei narrative Quellen unterrichtet: die beiden hagiographischen und identitätsstiftenden Zwecken dienenden Viten Norberts, von denen die sog. Vita A aus dem Magdeburger Umkreis (ca. 1145–1161/64), die Vita B aus Prémontré (ca. 1152–1164) stammt, sowie die Bistumsgeschichte von Laon aus der Hand des Hermann von Tournai (vor 1147).[31] Norberts angebliche Schriften sind alle unecht.[32] Die genannten narrativen Quellen zeichnen ein Bild Norberts, das zwar in manchem Detail verschieden ist, aber in wichtigen Zügen übereinstimmt und durch weitere Dokumente gestützt werden kann.

Vom Höfling des Kaisers zum Wanderprediger

Nach neuesten Erkenntnissen wurde Norbert zwischen 1070 und 1075[33] wohl in Gennep im damaligen Niederlothringen als Sohn von Heribert Herr von Gennep und seiner Frau Hadwigis (Hedwig) geboren.[34] Er hatte einen (wohl älteren) Bruder namens Heribert. Der nachgeborene Norbert wurde zum geistlichen Stand bestimmt und an dem bedeutenden Chorherrenstift St. Viktor in Xanten mit einer Pfründe versorgt. Schon früh kam er an den Hof des Kölner Erzbischofs Friedrich I. und an den Hof König Heinrichs V. Er hatte reichliche Einkünfte und Besitzungen.

1.2 Norbert von Xanten und die Anfänge von Prémontré

Nach Hermann von Tournai begleitete Norbert mit Erzbischof Friedrich König Heinrich V. auf seiner Romreise 1110/11, die in der Gefangennahme des Papstes Paschalis II. und seiner Kardinäle gipfelte.[35]

In das Jahr 1115 fällt Norberts »Bekehrung« vom weltlichen Hofleben zu einem streng gregorianischen Bußleben, das von den Viten nach dem Vorbild der Bekehrung Pauli dramatisch gestaltet wird, doch historisch nicht gesichert ist. Es begann jedenfalls eine Zeit intensiver Suche nach einem ihm angemessenen Lebensideal. Kurze Zeit hielt er sich im Kloster der Reformbenediktiner in Siegburg unter Abt Kuno auf. Entgegen den Bestimmungen des Kirchenrechts ließ sich Norbert in dieser Zeit von Erzbischof Friedrich am gleichen Tag zum Diakon und zum Priester weihen. Anschließend kehrte er nach Xanten zurück und erhob dort schwere Anschuldigungen gegen die Lebensweise der dortigen Stiftsherren. Die Suche nach einem ihm gemäßen religiösen Leben führte ihn u. a. zu den Reformkanonikern von Klosterrath und an die Mosel zum Einsiedler Liudolf und seinen Gefährten. Zwei Jahre verbrachte er als Einsiedler auf dem Fürstenberg bei Xanten, predigte aber auch in der Umgebung. Am 28. Juli 1118 wurde er deshalb vor einer Synode in Fritzlar angeklagt, aus eigener Vollmacht zu predigen und eine ordensähnliche Kleidung aus Schaf- und Ziegenfellen zu tragen, ohne jedoch Mönch zu sein.

Norbert wartete aber die Entscheidung der Synode nicht ab, sondern zog von dannen, übergab dem neu gestifteten Kloster auf dem Fürstenberg einige seiner Besitzungen und ging barfuß mit einem Bußkleid als Wanderprediger nach Südfrankreich. Im Wallfahrtsort St-Gilles traf er Ende 1118 Papst Gelasius II. und ließ sich von ihm die Predigterlaubnis erteilen. Im Frühjahr 1119 hielt er sich in Valenciennes in Nordfrankreich auf, wo er am Palmsonntag predigte. Wenige Tage später besuchte er seinen Schulkollegen und Freund aus höfischen Zeiten, Bischof Burchard von Cambrai, der ob seines äußeren Erscheinungsbildes entsetzt war. In Valenciennes schloss sich ihm ein Kleriker des Bischofs an, Hugo von Fosses, der später erster Abt von Prémontré werden sollte.[36] Predigend und Frieden stiftend in den zahlreichen Fehden der Zeit zog Norbert nach dem Vorbild der Apostel durch Nordfrankreich und das südliche Belgien, begleitet vom Zustrom der Massen und dem Ruf eines Wundertäters. Zur Bestätigung seiner Predigterlaubnis durch den neuen

1 Eine neue Lebensweise (ordo)

Papst Calixt II. ging er im Oktober 1119 zur Synode von Reims und erreichte durch Bischof Bartholomäus de Joux von Laon eine Audienz. Der Papst beauftragte seinen Verwandten Bischof Bartholomäus, für Norbert zu sorgen und ihn mit nach Laon zu nehmen, wo er den Winter 1119/20 verbrachte und in der berühmten theologischen Schule Lektionen hören wollte, wogegen der monastische Eiferer Drogo, Prior des Benediktinerklosters St. Nikasius in Reims, heftig protestierte.[37] Bischof Bartholomäus versuchte, Norbert zum Abt des Stiftes St. Martin in Laon zu machen, was aber am Widerstand der Stiftsherren und an Norberts radikalen Vorstellungen scheiterte. Den Plan, Norbert in seinem Bistum sesshaft zu machen, ihn in die Klerusreform der Diözese Laon einzubinden und ihn damit von der suspekten Wanderpredigt abzuhalten, verfolgte Bartholomäus de Joux aber weiter.

Gründung von Prémontré, erste Klöster, erneute Wanderpredigt

Nachdem Norbert mit Bischof Bartholomäus verschiedene Orte für eine mögliche Klostergründung mit eremitischem Einschlag besichtigt hatte, einigten sie sich im Frühjahr 1120 auf das Tal von Prémontré, ca. 20 km westlich von Laon, wo sich eine Johannes dem Täufer geweihte Kirche befand, die zur Benediktinerabtei St-Vincent in Laon gehörte.[38] Doch Norbert ließ sich nicht an Prémontré binden, sondern zog im Frühjahr 1221 wieder auf Wanderpredigt und sammelte 13 Gefährten für seine neue Gründung. Unter diesen Gefährten befand sich Evermod, der spätere Bischof von Ratzeburg, den Norbert in Cambrai kennenlernte. Anders als Hermann von Tournai schildern die Viten auch die Anfangsschwierigkeiten einer noch ungefestigten und nach dem Vorbild der »neuen Eremiten« nicht auf eine Regel verpflichteten Gemeinschaft, die sich nur auf ein Leben nach dem Evangelium nach Art und Weise der Apostel (*vita apostolica*) geeinigt hatte. Wohl auch im Hinblick auf die kirchliche Anerkennung wählte Norbert die von den Reformkanonikern bevorzugte Augustinusregel in der Fassung des *Praeceptum longius* mit dem *Ordo monasterii* und dem *Praeceptum*.[39] Da sie in ihren Einzelvorschriften relativ unbestimmt ist, mussten viele Bereiche des klösterlichen Lebens erst langsam institutionalisiert werden, so auch der Identität stiftende Habit aus weißer Wolle, den die Viten einerseits als Zeichen der Buße deuten, andererseits mit den Engeln als Zeugen der Auferstehung am leeren Grab verknüpfen.[40] Bereits hier zeigt sich die für den Prämonstratenserorden dann typische Verbindung monastischer und kanonikaler Elemente. Auf diese Regel legte Norbert mit seinen Gefährten am Weihnachtsfest 1121 die Profess ab.

Doch schon vorher hatte er offenbar an einen weiteren Kreis von Klöstern gedacht. Denn im Herbst 1121, als der Klosterbau weit gediehen war, reiste Norbert nach Köln, um Reliquien für die neue Kirche zu holen, aber auch 30 Gefährten für seine Klöster anzuwerben. Auf dem Weg nahm er die Schenkung des Grafen Gottfried von Namur und seiner Frau Ermesinde an, aus der das Kloster Floreffe, die erste Gründung außerhalb des Bistums Laon, entstand. Die Schenkung wurde am 27. November 1121 beurkundet.[41] In Köln traf er möglicherweise auch den jungen Grafen Gottfried von Cappenberg, der dann 1122 seine Burg Cappenberg Norbert und seinen Brüdern übergab und in das erste rechtsrheinische Kloster verwandelte.[42]

Kaum ließ die Winterkälte nach, zog Norbert 1122 wieder aus, um zu predigen, nicht mit dem Habit, sondern mit seinem alten Bußgewand bekleidet. Am 18. November 1122 konnte endlich die Kirche von Prémontré durch Bischof Bartholomäus de Joux konsekriert werden. Im Winter 1123/24 war Norbert persönlich in Cappenberg, während dieses von Friedrich von Arnsberg, Gottfrieds Schwiegervater, belagert wurde.[43] Im Sommer 1124 predigte Norbert in Antwerpen gegen die radikalen Anhänger des gregorianischen Predigers Tanchelm († 1115) und erhielt die Abtei Sint-Michiels mit zwölf Klerikern, allerdings ohne die Pfarrrechte.[44] Damit war ein Schritt von Prémontrés Einsamkeit in den Umkreis einer bedeutenden Stadt getan. Weitere Schenkungen folgten. Zwischen 1124 und 1126 wurde zudem das Kloster St. Martin in Laon von Bischof Bartholomäus Norberts Obhut übergeben. Am 28. Juni 1124 bekam Norbert in Noyon durch die päpstlichen Gesandten Gregorius Papareschi (nachmals Innozenz II.) und Petrus Leonis (nachmals Gegenpapst Anaklet II,) die päpstliche Bestätigung seiner Gründung in Prémontré und seiner Lebensweise als Regularkanoniker. Damit war die Gründung institutionell abgesichert, jedoch wegen der unsteten Lebensweise ihres Gründers immer noch gefährdet, wie sich bald zeigen sollte.

Von Prémontré nach Magdeburg[45]

Im Winter 1126 brach Norbert von Prémontré zu einer Reise auf, die ihn zunächst nach Regensburg führte, wo er die Brautwerbung des Grafen Theobald II. von Blois, seit 1125 auch von Champagne, für Mathilde von Kärnten zu einem Erfolg führte. Von dort zog er weiter nach Rom. Am 11. Februar 1126 erhielt er die päpstliche Bestätigung durch den neuen Papst Honorius II., allerdings nicht für seinen *ordo*, sondern für ein Leben nach der Augustinusregel und für seine inzwischen gegründeten Klöster,[46] gefolgt von speziellen Urkunden für Cappenberg, Varlar und Ilbenstadt sowie Floreffe. Im Zug des Romaufenthaltes nahm Norbert auch an der Unterredung zwischen Honorius und Gerhoch von Reichersberg über die Klerusreform und die Regularisierung des Klerus teil.

Die Bestätigung war aber wohl nicht der einzige Grund seiner Romreise im Winter. Denn am 19./20. Dezember 1125 war Erzbischof Rutger von Magdeburg gestorben und Norbert wurde am Hof König Lothars III. als Nachfolger gehandelt. Dies wird auch durch Norberts Flucht aus Würzburg nach Ostern 1126 auf der Heimreise von Rom deutlich, um nicht dort zum Bischof gewählt zu werden. In Würzburg hatte er durch eine Blindenheilung so viel Aufsehen erregt, dass daraus schließlich durch Schenkungen die Gründung des Stiftes Oberzell 1128 erwuchs.[47] Nach Prémontré zurückgekehrt, regelte Norbert die Verhältnisse in den neuen Klöstern St. Martin in Laon, Vivières und Clairfontaine. Doch bereits im Sommer reiste er mit Graf Theobald von Champagne ab, um dessen Braut einzuholen. Das eigentliche Ziel der Reise aber war Speyer, wo Norbert auf dem Reichstag im Juni/Juli 1126 zum Erzbischof von Magdeburg gewählt und von König Lothar belehnt wurde. Damit war Prémontré seiner leitenden Figur beraubt.

Norberts Tätigkeit als Erzbischof von Magdeburg und Reichsfürst nach seiner Weihe am 25. Juli 1126 betraf u. a. den weiteren Ausbau seiner Gründungen und seines *ordo*. Als radikaler Verfechter der Gregorianischen Reform hatte Norbert in seiner Bischofsstadt massiven Widerstand zu ertragen, der bis zu Mordversuchen führte. Ein Grund dafür war u. a. die Übertragung des Stiftes Unser Lieben Frauen in Magdeburg an seine Gefährten, die nach langwierigen Verhandlungen durch

Norberts Urkunde vom 29. Oktober 1129 abgeschlossen wurde. Damit war in Sachsen ein zweites Zentrum des »norbertinischen« *ordo* geschaffen, das zunächst keine Bindung an Prémontré hatte, sondern allein von Norbert als Erzbischof von Magdeburg abhängig war. Die Übertragung wurde 1129 durch Papst Honorius II. bestätigt. Es folgte mit der Übergabe der Benediktinerabtei Pöhlde im Harz vor 1130 an Norberts Gefolgsleute erstmals ein Schritt über das Erzbistum Magdeburg hinaus in das Gebiet des Erzbistums Mainz. Seinem Stift Unser Lieben Frauen in Magdeburg übergab er 1130 das vor der Klosterkirche gelegene Hospital.

Mit der nächsten Klostergründung Gottesgnaden 1131 am Rand des Wendenlandes richtete Norbert den Blick nach Osten. Er gründete das Kloster als Vorposten zur Missionierung der Wenden und stattete es mit den beträchtlichen Gütern des sächsischen Grafen Otto von Reveningen aus. Bereits 1129 hatte Norbert seinen Gefährten Anselm zum Bischof von Havelberg geweiht, obwohl dieser Bischofssitz noch durch Einfälle der Wenden gefährdet war. Norbert betrachtet sich als Herrn des Klosters Gottesgnaden und setzte Amalrich als Propst ein, der allerdings bald ins hl. Land zog. Ihm folgte Evermod, der nur als Provisor eingesetzt wurde. Eine Bestätigungsbulle wurde nicht ausgestellt. Norbert selbst konnte sich um seine letzte Gründung und den stark heterogenen Konvent kaum kümmern, da er durch das Schisma von 1130 und durch seine diplomatische Tätigkeit für König Lothar sowie durch den Romzug von 1132/33 meist abwesend war. In ihren Gebräuchen und der Liturgie waren die Kanoniker von Gottesgnaden an das Kloster Unser Lieben Frauen in Magdeburg als ihr Mutterkloster gebunden, nicht an Prémontré, womit die Bipolarität der Klöster, die Norbert als eine Art »Eigenkirchenherrn«[48] unterstanden, überdeutlich wurde. Statt der wollenen und weißen Kleidung trug man in Magdeburg die in den meisten Kanonikergemeinschaften übliche Kanonikerkleidung aus weißem Leinen, das *Superpelliceum*, und darüber einen blau-schwarzen Mantel. Während in Prémontré der *Ordo monasterii* als Teil der Augustinusregel die Liturgie bestimmte, folgte man in Magdeburg und den davon abhängigen Stiften der Liturgie des Domes und des Xantener Stiftes.[49]

Im Oktober 1131 nahm Norbert am Konzil von Reims teil und erhielt Ende des Jahres die letzte päpstliche Bestätigung der Klöster Unser

1 Eine neue Lebensweise (ordo)

NORBERTVS Archieps Megdeburgen. Fūdator ordis p̄monstrateñ.

Abb. 1: Ältestes gedrucktes Bild Norberts, zuerst gedruckt im Breviarium Praemonstratense, Straßburg, Johann Grüninger 1490, hier entnommen aus dem Missale Praemonstratense, Straßburg, Johann Prüss 1502/04.

Lieben Frauen und Gottesgnaden zusammen mit allen anderen Gütern des Magdeburger Bistums durch Innozenz II. In dieser Urkunde wird auch Posen als Suffraganbistum von Magdeburg aufgeführt, während es bisher zur Kirchenprovinz Gnesen gerechnet wurde. Im August 1132 begann König Lothar seinen Feldzug von Würzburg über Augsburg und Innsbruck nach Rom zur Vertreibung des Gegenpapstes Anaklet II. und zur Erlangung der Kaiserkrone. An diesem Romzug nahmen neben Norbert auch Bischof Anselm von Havelberg und Propst Johannes von Oberzell teil. Letzterer erhielt in Pisa am 20. Februar 1133 eine päpstliche Bestätigung seines Klosters und der kanonikalen Lebensform nach der Regel des hl. Augustinus durch Innozenz II. Für die Zeit des Aufenthalts in Italien im Juni und Juli 1133 erhielt Norbert auch die Würde und Funktion des (stellvertretenden) Erzkanzlers für Italien, da der Erzbischof von Köln abwesend war. Als Belohnung für seine Dienste zur Beilegung des Schismas wurde er vom Papst zum Metropoliten der polnischen Bistümer ernannt. Von Rom zog man wieder über die Alpen zum Reichstag nach Würzburg im September 1133. Über Basel, Mainz, Köln, Aachen (6. Januar 1134) und Goslar (25. Januar 1134) kehrte Norbert, bereits ernstlich erkrankt, nach Magdeburg zurück, wo er am 6. Juni 1134 starb und im Kloster Unser Lieben Frauen begraben wurde.

Charisma und Institution

Bereits Norberts Leben führt vor Augen, dass er nicht dem Idealtyp eines Ordensstifters entsprach.[50] Dies wird auch in den Quellen deutlich. Während Hermann von Tournai die Gründung von Prémontré und Norberts Wirken als Erfolgsgeschichte darstellt und ihn über Bernhard von Clairvaux erhebt, führen die Viten (besonders Vita B) die Schwierigkeiten aus, in die Norberts Rückkehr zur Wanderpredigt und seine Wahl zum Erzbischof die junge Gemeinschaft in Prémontré stürzten. Die diesbezüglichen Urkunden ergeben zudem ein differenziertes Bild der Organisation der Norbert unterstellten Klöster.

Waren die Einigung in Prémontré auf die erweiterte Form der Augustinusregel und die Profess bereits mit Schwierigkeiten vor sich gegangen, so drohte nach Norberts Weggang die Gemeinschaft auseinanderzufallen.

Hinzu kamen die unterschiedlichen Organisationsformen und Besitzverhältnisse in den einzelnen Klöstern, die sich Norbert in der Urkunde Honorius' II. übertragen ließ.[51] Während Prémontré von Bischof Bartholomäus von Laon Norbert vollständig übertragen worden war, wurde die Eremitengemeinschaft von Clairfontaine nur seiner Obhut (*cura*) übergeben und 1131 eine eigene Abtei errichtet. Floreffe wurde Norbert vom Grafen von Namur übereignet, doch 1124 wurde den dortigen Brüdern vom Bischof von Lüttich das Recht der freien Abtswahl zugesprochen, was Norbert geflissentlich ignorierte. Cappenberg war Norbert und seinen Brüdern übergeben und die Übertragung 1123 durch Kaiser Heinrich V. bestätigt worden. Obwohl Norbert für Cappenberg 1126 eine eigene Papsturkunde für Varlar und Ilbenstadt ausstellen ließ, kam Cappenberg nach Norberts Tod in die Hand des Bischofs von Münster. Das von Otto von Cappenberg gegründete Varlar wurde Norbert wohl nicht übergeben, sondern kam schon 1129 an den Bischof von Münster, dem der Propst zum Gehorsam verpflichtet war. Ilbenstadt wurde von Gottfried und Otto von Cappenberg direkt dem Erzbischof von Mainz 1123 übereignet. Cuissy wird in den Urkunden Norberts nicht genannt, sondern erscheint erst 1132. Vivières wird zwar in der Urkunde von 1126 genannt, sein Status ist aber unklar. Die dauerhafte Reform des Stiftes St. Arnual bei Saarbrücken scheiterte wohl am Widerstand des Grafen Friedrich von Saarbrücken.[52] Die Urkunde der Übergabe von Sint-Michiels in Antwerpen an Norbert ist verfälscht, ebenso problematisch erscheint die Urkunde der Übergabe von St. Martin in Laon. Norbert war also weit weniger als ein »Eigenklosterherr« der von ihm 1126 beanspruchten Stifte. Selbst bei den Gründungen im Osten war das nicht durchgehend der Fall.

Hinzu kommen die unterschiedlichen Lebensstile Norberts und seiner Gefährten in Prémontré und Magdeburg. Trotz Norberts armen Auftretens bei seinem Einzug in die Bischofsstadt war das Leben eines Kirchen- und Reichsfürsten mit den Reformvorstellungen seiner ersten Gefährten nicht vereinbar. Gottfried von Cappenberg sah in Magdeburg nur »weltliches Getriebe und Lärm« (*seculi pompa et strepitus*) und zog sich von Norbert zurück.[53] Es dauerte auch bis 1128, bis Norbert durch eine Gesandtschaft aus Prémontré veranlasst wurde, seinen Gründungen im Westen, Floreffe (hier trotz des Rechts der freien Abtswahl) und Antwerpen eigene Äbte zu geben. Prémontré gestattete er aber eine freie Wahl, aus der sein Gefährte Hugo von Fosses als erster Abt hervorging. Dieser bestimmte dann nach der Vita A für Laon, Vivières und Bonne-Espérance eigene Äbte, die aber tatsächlich in Laon und Vivières schon früher geweiht waren.[54]

Frauen und Männer im Kloster und in der Welt

Während Norberts Viten über Frauen in seinem Umkreis schweigen, berichtet Hermann von Tournai, Norbert habe Scharen von Frauen zu Gott bekehrt, sodass zu seiner Zeit (vor 1147) schon mehr als (zehn-)tausend solcher Frauen in den Klöstern des Verbandes von Prémontré in strenger Abgeschiedenheit und harter Disziplin, mit einem hässlichen Kopftuch und rauen Gewändern gekleidet, Gott dienten.[55] Auch wenn Hermanns Zahlen und seine Einschätzung wohl übertrieben sind, ist an der Tatsache der Frauen in Norberts Umkreis nicht zu zweifeln. Denn Norbert nahm nach dem Ideal der Urgemeinde von Jerusalem neben den wenigen Kanonikern auch Männer und Frauen als Konversen auf, deren Zahl die der (meist zwölf) Kanoniker um ein Vielfaches übertraf. Zwischen 1123 und 1136 bestätigte Bischof Simon von Noyon, dass sich Rikvera de Clastris mit ihrem in die Ehe mitgebrachten Besitz Norbert *conversionis gratia* überantwortet hatte und somit als Konversin dort leben wollte.[56] Nach ihrer späteren Vita gab ihr Norbert den Schleier und nahm sie als Konversin auf. Nach kurzer Zeit schon wurde sie die Vorsteherin des in Prémontré errichteten Hospizes, eines *pauperum Xenodochium*.[57] Damit ist auch einem Grundanliegen Norberts entsprochen, der nach Vita B seinen Brüdern die Gastfreundschaft ausdrücklich empfohlen hat.

Die ersten Frauenklöster wurden im Klosterareal des Männerklosters errichtet, jedoch räumlich getrennt und mit einem eigenen Zugang zum Nonnenchor (meist auf der Empore) sowie einem eigenen Refektorium versehen. Man spricht deshalb statt von einem »Doppelkloster« mit Bruno Krings besser von einem »Annexkloster«, dessen Leitung der Abt des Männerklosters hatte, dem auch die Priorin als Vorsteherin des Frauen-

1 Eine neue Lebensweise (ordo)

Abb. 2: Rikvera de Clastris, Stich Michael van Lochum 1539.

klosters unterstand.[58] Die Lebensweise der Schwestern wird uns erstmals in den *Consuetudines* von ca. 1130[59] greifbar: Um Mitternacht stehen die Schwestern zur Matutin auf, sie beten still in der Kirche bzw. ihrem Oratorium (Kapelle) und feiern dort auch die Messe. Das Marienoffizium und die kleinen Horen beten sie auch während der Arbeit. Wegen ihrer strengen Klausur können sie nur bestimmte Dienste für die ganze Gemeinschaft übernehmen und nicht wie die männlichen Konversen in den Werkstätten oder auf den Höfen, den *Curiae*, eingesetzt werden. Die Schwestern verarbeiten Wolle, fertigen daraus Textilien und Kleider für alle Mitglieder des Gesamtklosters, flicken und waschen die Kleidung. Sie versorgen außerdem mancherorts die Schafe, melken sie und stellen Käse her. Ihre Tätigkeit im Hospital des Klosters erstreckt sich im Prinzip nur auf den Dienst für Frauen. Niemand hat Zugang zum Wohnbereich der Schwestern außer dem Abt, dem Provisor, allerdings nur in Begleitung zweier oder dreier älterer Konversen, und einem Priester, der den Kranken die Sakramente spendet oder nach dem Tod einer Schwester die *Commendatio animae* verrichtet. Die Statuten setzen weiter voraus, dass die Schwestern größtenteils lesen und schreiben können beziehungsweise es im Kloster lernen sowie dass sie wenigstens rudimentär mit Latein vertraut sind. Mit Erlaubnis des Abtes erhalten sie Bücher, den Psalter mit anschließenden *Cantica*, Hymnen und Gebeten, auch andere Gebetbücher, das Marienoffizium und die Bücher zu den Vigilien der Hochfeste, an denen sie dem Chorgebet der Kanoniker beiwohnen. Falls eine Schwester vor ihrem Eintritt weiteres gelernt hat, kann sie an Feiertagen mit Genehmigung des Abtes auch andere Bücher bekommen.

Seit etwa 1140 ging man aber bereits dazu über, die Frauen zunächst auf weiter entfernte Gutshöfe, dann in eigene Frauenklöster zu versetzen oder bei der Gründung eines Männerklosters ein eigenes Frauenkloster zu errichten. Von Prémontré aus wurden die ersten Schwestern um 1138 nach Fontenelle versetzt. Die sächsischen Klöster im Magdeburger Umfeld errichteten keine Frauenklöster und nahmen, von den Anfängen in Magdeburg abgesehen, auch keine Frauen auf.[60] Die Vita A macht sogar deutlich, dass Norbert als Wanderprediger verheiratete Frauen auch abwies und auf einen späteren Klostereintritt vertröstete, so in Laon um 1119/20.[61]

Norberts Faszination auch für Weltleute war beträchtlich. Als Prediger, Friedensstifter und Wundertäter war er vor 1126 ein gesuchter Ratgeber in geistlichen Dingen, z. B. für Graf Theobald von Blois und Champagne, bei dem auch Peter Abaelard nach seiner Flucht aus St-Denis Zuflucht suchte. Auch dem Grafen empfiehlt Norbert nach der Vita A, in der Welt zu bleiben und zu heiraten.[62] Aus solchen Berichten die viel spätere Institution eines »Weltlichen Dritten Ordens« bei den Prämonstratensern auf Norbert zurückführen zu wollen, ist jedoch historisch nicht haltbar.[63]

1.3 Von der Lebensweise zum Orden

Dem Bedeutungswandel vom *Ordo Norberti* als Lebensweise zum *Ordo Praemonstratensis* im Sinne eines Ordensverbandes entspricht die Entwicklung in Prémontré nach Norberts Weggang und seinem Tod in Magdeburg. Die Ausbildung von Ordensstrukturen ist das Werk des ersten Abtes von Premontré, Hugo von Fosses in seiner langen Amtszeit von 1128 bis 1161 († 1164).[64]

Hugo von Fosses, erster Abt von Prémontré und Organisator des Ordens

Nach neuesten Forschungen wurde Hugo von Fosses ca. 1085/90 in der Umgebung von Fosses-la-Ville, Bistum Lüttich, in einer begüterten, vielleicht dem örtlichen Adel angehörenden Familie geboren und wurde früh Kanoniker im dortigen Kollegiatstift.[65] Ab 1116 trat er als Mitglied der Kanzlei des Bischofs Burchard in Cambrai auf. 1119 schloss er sich Norbert an, ging aber nach dem 6. April zurück nach Fosses. In Valenciennes traf er im Mai 1119 wieder auf Norbert und zog mit ihm durch das südliche Brabant und den Hennegau. Im Oktober 1119 nahm er mit Norbert am Konzil von Reims teil, trennte sich dort aber wieder von Norbert, um wieder bei Bischof Burchard in Cambrai als Kanoniker in der Kanzlei zu arbeiten. Erst im Mai 1121 kam es erneut zu einem Kontakt mit Norbert, mit dem er dann nach Nivelles, Köln, Floreffe und Prémontré zog, wo er zu Weihnachten 1121 die Profess ablegte.[66] Vita B verschweigt die Auflösungstendenzen in Prémontré nach Norberts Weggang nach Magdeburg nicht.[67] Nach Konsultationen in Prémontré und Magdeburg wurde Hugo 1128 zum ersten Abt von Prémontré gewählt und von Bischof Bartholomäus von Laon benediziert. Vielleicht noch 1128 trafen sich die Äbte von Prémontré, Floreffe, Antwerpen, Laon, Vivières und Bonne-Espérance an einem nicht genannten Ort, um über die Lage und das weitere Vorgehen zu beraten, und beschlossen nach dem Vorbild des 1119 eingeführten Generalkapitels der Zisterzienser eine jährliche Zusammenkunft, »um die verkehrten Dinge im *ordo* zu verbessern«.[68] Im ersten Jahr waren es sechs, im zweiten neun, im dritten zwölf und im vierten 18 Äbte, die teilnahmen, allerdings keiner aus dem Magdeburger Bereich. Es handelt sich bei diesen jährlichen, rechtlich noch unbestimmten und nicht verpflichtenden Zusammenkünften nicht um formelle Generalkapitel, die später daraus erwachsen (s. S. 35). Die Zahlen zeigen die rasche Verbreitung des Ordens im Nordwesten Europas.[69]

Als Abt von Prémontré festigte Hugo sein Kloster und den Klosterverband vor allem durch drei Mittel (s. S. 34–38):

1. die Festlegung und Niederschrift der ersten *Consuetudines*, aus denen sich die Statuten entwickelten,
2. die Institutionalisierung von Generalkapitel und Visitation,
3. die päpstliche Privilegierung.[70]

Darüber hinaus erwies er sich als guter Wirtschafter, der den Grundbesitz von Prémontré mit Hilfe des Bischofs von Laon, des Adels und des Königs von Frankreich so erweiterte, dass er sich 1138, zehn Jahres nach seinem Amtsantritt, über drei Diözesen erstreckte und 26 Höfe umfasste,[71] was allerdings Norberts ursprünglichem Armutsideal in der *domus paupertatis meae* ebenso widersprach wie dessen Lebensstil am Kaiserhof. Es darf dabei nicht übersehen werden, dass bereits unter Hugos Amtszeit der erste theologische Traktat in Prémontré entstand, die *Harmonia* des Vivianus von Prémontré. Als »Geringster der Armen von

Prémontré« brachte dieser sich ca. 1140 im Anschluss an die Schule von St. Viktor in Paris ausgleichend in den Streit zwischen Abaelard und Bernhard von Clairvaux um das Verhältnis von Freiheit und Gnade ein.[72] Gegen Ende von Hugos Lebenszeit entstand als historische Legitimation und »Geltungsgeschichte« die Vita B (1152–1164), die in Prémontré den »Mythos Norbert« ebenso festigte, wie es in Magdeburg die Vita A getan hatte.[73]

Die ersten *Consuetudines* und ihre Fortschreibung im 12. Jahrhundert

Vielleicht schon beim ersten der jährlichen Treffen wurden aufgrund der Unbestimmtheit der Augustinusregel und der Auflösungstendenzen in der Filiation von Prémontré Gebräuche (*Consuetudines*) festgelegt.[74] Die ersten erhaltenen sind wohl frühestens 1130 entstanden, falls die wegen des anachronistischen Sprechens vom *Ordo Praemonstratensis* in der *Salutatio* verdächtige Bestätigungsbulle Innozenz' II. vom 12. April 1131 im Kern echt ist. Sie sind in Clm 17114 aus Schäftlarn erhalten und werden nach dem Editor Raphael Van Waefelghem als PW bezeichnet.[75] Diese Redaktion ist noch wenig systematisch, die Vorschriften für Kleriker und Konversen sind gemischt, die für die Schwestern (c. 74–81) bilden den Schluss. Die Kapitel 1–47 haben die gleiche Struktur wie die Gesetzgebung von Cîteaux, die Kapitel 45–60 (Schuld- und Strafkodex) weisen starke Parallelen mit den Statuten von Klosterrath auf.[76] Wir haben also eine Mischung aus monastischer und kanonikaler Tradition vor uns, die für das frühe Prémontré geradezu programmatisch ist.

Eine zweite Redaktion des *Liber consuetudinum* (P2), nun nach dem Vorbild des *Decretum Gratiani* in vier *Distinctiones* eingeteilt, entstand 1154, also noch in Hugos von Fosses Amtszeit. Sie wurde am 3. Januar 1155 von Hadrian IV. bestätigt. Sie ist erhalten in Clm 1031 (12. Jahrhundert, Windberg)[77] sowie in einer auf eine Handschrift aus Neustift bei Freising zurückgehenden Abschrift des 15. Jahrhunderts aus dem Augustinerchorherrenstift Indersdorf (Clm 7702), nach der sie von Wilfried M. Grauwen 1978 ediert wurde (nach dem Editor als PG bezeichnet).[78] Eine spätere Variante dieser Redaktion, die *Institutiones Praemons-*

tratenses von 1161/65, wurde bereits von Edmond Martène 1737 nach einer Handschrift aus St. Viktor in Paris herausgegeben (nach dem Editor als MA bezeichnet).[79] Die erste Distinktion regelt die Tagesordnung im Kloster, die Novizenaufnahme und außergewöhnliche Anlässe (Reisen, Krankheit, Aderlass), die zweite Distinktion beschreibt die Klosterämter (Abt, Prior, Subprior usw. bis zum Pförtner und Tischleser), die dritte enthält den Schuld- und Strafkodex, die vierte regelt das Verhältnis der Klöster untereinander (jährliches Generalkapitel, Errichtung von Abteien, Filiation, Visitation, Abtswahl) und enthält den ganzen Orden betreffende Bestimmungen hinsichtlich der einheitlichen Speise- und Kleiderordnung. Nach dieser Redaktion ist bislang bis 1222 keine Fortschreibung bekannt.[80]

Das Generalkapitel

Die erste Zusammenkunft der sechs Äbte der Filiation von Prémontré um das Jahr 1128 wird von den Viten A und B übereinstimmend berichtet, vom Beschluss eines jährlichen Treffens und der Zahl der Teilnehmer in den Folgejahren weiß nur die Vita B.[81] In der gefälschten Bulle *Sacer Ordo vester* Innozenz' II. vom 3. Mai 1134 (JL 7654) wird die Initiative des jährlichen *commune Capitulum* auf Norbert zurückgeführt, der hier zudem als *bonae memoriae*, also als verstorben, bezeichnet wird, obwohl er zu diesem Zeitpunkt noch lebte.[82] Die Bulle *Qui divina disponente* Innozenz' II. vom 21. Dezember 1138 (JL 79278) erkennt der Äbteversammlung das Disziplinarrecht zu, noch ohne von einem Generalkapitel zu sprechen. Die Bulle *Desiderium nostrum* Cölestins II. vom 6. Dezember 1143 (JL 8451) verbietet den Bischöfen, die Äbte der *Congregatio* am Besuch der Zusammenkunft (*conventus*) in Prémontré zu hindern.[83]

Durch das Fehlen von Protokollen der frühen Generalkapitel bis ins 15. Jahrhundert ist deren Überlieferung sehr lückenhaft.[84] Doch aus der Zeit zwischen 1140 und 1153 haben wir 22 Dekrete der jährlichen Kapitel summarisch im Windberger Codex Clm 1031 überliefert, von denen Dekret 13 verordnet, dass die *Consuetudines* zu den jährlichen Kapiteln *propter uniformitatem litere* mitzubringen sind, was zeigt, dass hier Änderungen auch außerhalb einer gesamten Statutenredaktion vorgenommen wurden.[85] Tatsächlich enthält erst die Statutenversion P2 von 1154 eine klare Bestimmung über das mit allgemeiner Zustimmung eingerichtete jährliche Kolloquium aller Äbte in Prémontré, als der Mutter aller Klöster: Es sollte jeweils am 9. Oktober, dem Fest des hl. Dionysius, stattfinden. Ziele sind:

- Festigung der Gebräuche,
- gegenseitiger Besuch,
- Wiederherstellung der Lebensordnung,
- Festigung des Friedens,
- Bewahrung der gegenseitigen Liebe.

Zugleich werden dem Abt von Prémontré und dem Generalkapitel die Korrektur- und Strafgewalt zugesprochen und alle zum Gehorsam diesen gegenüber verpflichtet. Bei Krankheit ist die Entsendung eines Stellvertreters verpflichtend. Das Fernbleiben wird unter Strafe gestellt.[86] Diesen Status gibt Hermann von Tournai wieder, der die Initiative für das jährliche *generale Capitulum* von Norbert ausgehen lässt und keine 30 Jahre nach der Gründung von Prémontré bereits 100 Äbte nicht nur aus Frankreich, sondern auch aus Schwaben, Sachsen und dem Baskenland als Teilnehmer nennt.[87] Wie oft bei Hermann ist dies freilich wohl eher eine Übertreibung und in Anbetracht der Tatsache, dass Mitte des 12. Jahrhunderts bereits 200 Klöster zum Prämonstratenserorden zählten,[88] auch eine ernüchternde Feststellung. Aus diesen Erfahrungen wurde in die erweiterte Statutenredaktion von 1161/66 als weiterer Hinderungsgrund die zu weite Entfernung aufgenommen.

Eine erhebliche Einschränkung des Generalkapitels brachte zudem das Schisma zwischen Alexander III. und Viktor IV. von 1159 bis 1177, in dem die meisten Teile des Reiches zu Viktor hielten, während Frankreich und damit Prémontré auf Alexanders Seite standen. In dieser Zeit kamen wohl nur Äbte aus dem Königreich Frankreich nach Prémontré zu dem erstmals in der Bulle *In Apostolicae sedis specula* Alexanders III. vom 27. April 1177 (JL 12813) in seinen Rechten voll umschriebenen *capitulum generale*.[89] 1178 hatten 18 spanische Äbte den Beschluss gefasst, nur noch zwei Äbte zum Generalkapitel zu entsenden und sich jährlich in Retuerta bei Peñafiel zu einem Kapitel zu versammeln, was Abt Hugo II. und das Generalkapitel bestätigten. Die englischen Klöster wurden 1182 verpflichtet, zwei Vertreter aus wechselnden Klöstern zu schicken.[90] Auch nach Beendigung des Schismas bedurfte es großer Anstrengungen und päpstlicher Bullen, um den Magdeburger Klosterverband zur Teilnahme zu bewegen.[91] Private sog. »Generalkapitel« einzelner Filiationen (wie Magdeburg, Spanien und England) wurden in einem Beschluss von 1198 streng verboten, um sich gegen eine *deformitas Ordinis* mit mehreren Köpfen zu wehren.[92] 1222 wurden für das unentschuldigte Fernbleiben härtere Strafen auferlegt, die bis zur Suspendierung und Absetzung des Abtes gingen.[93] Die »Integrationsinstanz« Generalkapitel[94] funktionierte aber trotz solcher Maßnahmen und Verbote in der Praxis nur bedingt.

Die Visitationen

Ein wichtiges Instrument zur Integration des Ordens und zur Durchsetzung einer uniformen Lebensordnung sind die Visitationen.[95] Bereits PW (um 1130) legte in Übernahme des zisterziensischen Filiationssystems fest, dass jeder Vaterabt mindestens einmal jährlich seine Tochterklöster visitieren soll.[96] Dies war im Hinblick auf die Verbreitung des Ordens über ganz Europa jedoch praktisch nicht möglich, zumal die reformierten Chorherrenstifte (z. B. Windberg) meist unmittelbar als Tochterklöster von Prémontré betrachtet wurden, und andere Klöster, wie z. B. Steinfeld, weit abgelegene Tochterklöster in Böhmen (Strahov, Želiv), Polen und Friesland besiedelt hatten. Nur in räumlich engeren Filiationsverbänden konnte diese Art der Visitation durchgeführt werden, selbst wenn man 1222 nicht mehr die persönliche Visitation durch den Abt forderte, sondern auch einen kompetenten Vertreter vorsah.[97]

Infolge des Ungenügens der bisherigen Bestimmungen wurde in der zweiten Statutenredaktion von 1154 verfügt, dass jährlich zwei Äbte als *Circatores* für bestimmte Provinzen ernannt werden.[98] Diese sollen die Abteien visitieren, Missstände korrigieren oder darüber beim nächsten Generalkapitel berichten. Im Fall von schweren Vorwürfen seitens der

Untergebenen gegen den Abt und dessen Hartnäckigkeit bleibt der Vaterabt aber die erste Korrekturinstanz, der ggf. die Sache den *Circatores* mitzuteilen hat. Diese bringen sie dann vor das Generalkapitel, das die eigentliche Disziplinargewalt ausübt. Sie haben eine subsidiäre Funktion. Zugleich wird damit die Disziplinargewalt der Ortsbischöfe ausgeschlossen.[99]

Wegen der lückenhaften Überlieferung der mittelalterlichen Quellen lässt sich nur schwer eine Aussage darüber treffen, ob und wie dieses nun zweistufige Visitationssystem im 12. Jahrhundert flächendeckend funktioniert hat. Bemerkenswert sind Generalkapitelbeschlüsse zwischen 1198 und 1222, wo die *Circatores* beschuldigt werden, die neuen *Institutiones Ordinis* (Statuten bzw. Bestimmungen des Generalkapitels) an die Klöster ihrer *circatio* nicht sorgfältig verteilt zu haben. Sollten sie dies auch im nächsten Jahr nicht tun, haben sie mit schwerer Strafe zu rechnen. Außerdem wird die Visitation durch die *Circatores* auch auf die Frauenklöster ausgedehnt und ihr Ablauf in Übernahme zisterziensischer Elemente im Detail festgelegt, ebenso die Art der Berichterstattung an das Generalkapitel.[100]

Eine dritte Visitationsinstanz nennt die Bulle *Cum sis pater* Alexanders III. vom 13. März 1169 während des Schismas (JL 14272), in der dem Abt von Prémontré das universale Visitationsrecht zugesprochen wird.[101]

Ein besonderes Problem war allerdings die Visitation von Prémontré selbst, das ja keinen Vaterabt über sich hatte.[102] 1134 verfügte Innozenz II. in der Bulle *Proprium est ecclesiae* (JL 7652), dass im Falle von Korrekturbedürftigkeit des Abtes von Prémontré die Äbte der drei Primarabteien St. Martin in Laon, Floreffe und Cuissy den Abt ermahnen und die Sache dem Urteil des Bischofs von Laon zuleiten sollen. Alexander III. verordnete 1177 in der genannten Bulle die jährliche Visitation von Prémontré durch die drei Primaräbte und verlieh ihnen das Korrekturrecht. Bei hartnäckigem Widerstand war das Generalkapitel zuständig.

Uniformitas in Liturgie und Gebräuchen: ein Desiderat

Das Ringen der frühen Prämonstratenser um eine einheitliche Observanz spiegelt sich in den Bestimmungen über die *uniformitas*, ein nie erreichtes Ideal des Ordens.[103] Bereits PW betont die Einheitlichkeit.[104] In einem Beschluss vor 1154 wird das Mitbringen der *Consuetudines* zum jährlichen Kapitel mit der *uniformitas litere* begründet.[105] Der Statutenredaktion P2 (1154) steht ein Prolog voran, der nach einem Zitat des Eingangs der Augustinusregel (Praeceptum I, 1) die äußere *uniformitas* als Zeichen der inneren Einheit des Ordens und des Friedens beschwört.[106] Dieser zisterziensisch beeinflusste Prolog wurde in allen Statutenredaktionen bis 1505 beibehalten. Doch gerade im Hinblick auf die rapide Ausbreitung der Klöster und die Devianz der Gebräuche in der Magdeburger Filiation (andere Kleidung, liturgische Ausrichtung am Domstift, Pröpste statt Äbte usw.) erscheint dieser Appell zur *uniformitas* als ein beredtes Zeugnis einer Mangelerscheinung. Die Uniformität muss nach den Statuten in Regelobservanz, Gebräuchen, Kleidung, Nahrung und in den liturgischen Büchern gewahrt werden. Dadurch sollte unter den Abteien eine unauflösliche Einheit für die Zukunft gewährleistet werden. Ferner sollen die liturgischen Bücher jeweils bei Gründung einer neuen Abtei von der Mutterabtei mitgegeben werden. Dadurch sollte wenigstens in den einzelnen Filiationen eine gewisse Uniformität gewährleistet sein.[107] Ihre Bestätigung findet die Verordnung der *uniformitas* in Gebräuchen und liturgischen Büchern in der Bulle Alexanders III. von 1177 und von da an in weiteren Bullen bis zum Jahr 1227 (JL 12831).[108]

Aus dem letzten Viertel des 12. Jahrhunderts stammt auch die erste erhaltene Fassung des liturgischen Gebräuchebuches, der *Ordinarius Praemonstratensis Ordinis*.[109] In ihm werden die liturgischen Vorschriften für die beiden täglichen Messfeiern (Frühmesse nach der Prim und Hochmesse am Vormittag), für das Chorgebet bei Nacht und bei Tag (kanonische Horen und Marienoffizium), dann die Besonderheiten an den Festen im gesamten Jahreslauf und schließlich das Totenoffizium geregelt. Diese Liturgie zeigt bereits eine Abkehr vom *Ordo monasterii*, aber noch eine Mischung aus kanonikaler und monastischer Tradition mit dem Schwerpunkt in Frankreich, besonders im Heiligenkalender,[110] während sich die sächsischen Klöster an Magdeburg orientierten. Auch in der Liturgie ergeben sich also deutliche regionale Unterschiede. Aus den frühesten handschriftlichen Zeugnissen (Missale nach 1150, Brevier 13. Jahrhundert) konnten Placide Lefèvre und Norbert Weyns die maßgeblichen liturgischen Bücher rekonstruieren.[111] Die Psalmenverteilung ist auch in Prémontré kanonikal, nicht monastisch. Bis in das 13. Jahrhundert ist sie streng numerisch aufgebaut.[112] Die Missalien verschiedener Abteien von 1150 bis zum Ende des 12. Jahrhunderts zeigen keine Einheitlichkeit, besonders in den Abteien, die sich als bestehende Chorherrenstifte der prämonstratensischen Reform angeschlossen hatten; denn vieles, was in den frühen Missalien noch enthalten ist, wurde durch den *Ordinarius* vom Ende des 12. Jahrhunderts abgeschafft. Diesem entspricht das um 1200 entstandene Missale von Prémontré, das bis zum Druck von 1578 weitgehend unverändert blieb.[113] Aus Arnstein schickte man nach dem Anschluss an die Filiation von Prémontré Schreiber dorthin, um die liturgischen Bücher zu kopieren, während man sich andernorts stärker an den Bischofssitzen oder Kirchenprovinzen orientierte.[114] Die frühesten Zeugnisse prämonstratensischer Gregorianik lassen den regionalen Einfluss des nördlichen Frankreichs erkennen, zeigen aber gegenüber der universalkirchlichen Praxis deutliche Eigenheiten.[115] Ebenso wenig wie die Liturgie der frühen Prämonstratenser streng einheitlich gestaltet war, kann man von einer prämonstratensischen Architektur insgesamt sprechen. Vielmehr orientierte man sich am Mutterstift oder nahm regionale Bauformen auch von Stiften der Säkularkanoniker auf.[116]

Prämonstratensische Seelsorge: Die Gesetzgebung

Das frühe Prémontré orientierte sich am *Ordo monasterii* mit Handarbeit und einer eher nahezu eremitischen Lebensweise in Abgeschiedenheit. Von Norberts Predigttätigkeit abgesehen, entwickelte sich dort zunächst keine eigenständige Form der Seelsorge. Die Prämonstratenser verstanden sich nicht als »geborene Seelsorger« oder Pfarrer, wenngleich sich sehr früh Plädoyers für eine Seelsorgetätigkeit finden.[117] Man verhielt sich gegenüber der Annahme von Kirchen (*altaria*) mit Seelsorge eher ablehnend. Auch die Übertragung von Sint-Michiels in Antwerpen an Norbert geschah zunächst ohne die Pfarrrechte.[118] PW enthält einen zisterziensisch inspirierten Passus, dass von nun an (*amodo*) Altäre nicht mehr übernommen werden dürfen, außer wenn dort ein Schwesternkloster errichtet wird.[119] Durch das *amodo* bleiben die schon im Besitz befindlichen Güter und Kirchen, insbesondere bei reformierten Chorherrenstiften, von der Bestimmung unberührt. Nach den ersten *Consuetudines* ist also die Seelsorge auf die Abtei samt ihrer bisherigen Ausstattung und die Schwesternklöster beschränkt. Zugleich wird das Ausleihen von Kanonikern an Kirchen eines anderen Ordens verboten, wenn nicht die eigene Observanz der Lebensordnung sichergestellt ist.[120] Nach 1140 sind Beschlüsse des Generalkapitels[121] zu datieren, die die Konzentration der Seelsorge auf die Abtei unterstreichen: Bei Beteiligung des Volkes kann einerseits am Ende der Messe der sonst nicht vorgesehene Schlusssegen gegeben werden, andererseits sind Weltleute zu Prozessionen im Kreuzgang nicht zugelassen. Auch Einladungen zu den großen Festen und zur Kirchweihe sollen wegen der Ordensobservanz vermieden werden.

Wie weit die Magdeburger Prämonstratenser über die Diözesanorganisation in Havelberg und die Funktion der Pröpste von Jerichow als Archidiakone hinaus tatsächlich in die Seelsorge in Pfarreien eingebunden waren, lässt sich wegen mangelnder Quellen kaum feststellen. Die prämonstratensische Seelsorge der Frühzeit ist jedenfalls nicht auf die Pfarrseelsorge zu reduzieren.[122]

Die zweite Statutenredaktion von 1154 verdeutlicht die Bestimmung von PW, gestattet ausdrücklich den Verbleib der bisherigen Kirchen (*altaria*) bei den Klöstern und untersagt nur den Zuerwerb von neuen.[123] Wenig später, in der Fassung von MA von 1161/65, ist dieser Passus entfallen, wohl ein Zeichen, dass die Realität der Norm nicht mehr entsprach. Er findet sich auch nicht mehr in der Redaktion von 1222/27.[124] Bereits in der zweiten Hälfte des 12. Jahrhunderts gab es Bestrebungen, mehrere Priester auf eine größere Pfarrei zu entsenden, wie es 1188 Clemens III. für Prémontré genehmigte (JL 16188), wobei einer als Pfarrer dem zuständigen Bischof präsentiert werden musste.[125] Teilweise wurden die Pfarreien auch von den Gutshöfen (*grangiae, curtes/curiae*) betreut, die zudem die seelsorgliche Betreuung der dort arbeitenden Konversen sicherstellen mussten.[126] Schließlich zeigt ein Generalkapitelbeschluss zwischen 1216 und 1222, dass auch die Predigttätigkeit zum Sammeln von Einkünften nach dem Muster der aufkommenden Bettelorden nicht unüblich war und verboten wurde. Aus der Zeit zwischen 1198 und 1216 stammt ein Generalkapitelbeschluss, der eine weitere Stätte prämonstratensischer Seelsorge nennt: die Bischofs- und Adelshöfe, an denen Prämonstratenser als Hofkapläne tätig waren. Diese Tätigkeit wurde vom Generalkapitel verboten.[127]

Als feste Stätten prämonstratensischer Seelsorge ergeben sich somit: an erster Stelle die Abtei selbst, dann die Frauenklöster und die Gutshöfe und zuletzt erst die Pfarreien sowie die Adels- und Bischofshöfe.

Nicht unerwähnt darf in diesem Rahmen die schriftliche Auseinandersetzung mit den Häretikern bleiben, wie sie Abt Bernard von Fontcaude (1177/88) in seinem Traktat gegen die Waldenser leistete.[128]

Die Konversen

Die weitaus größte Gruppe in den frühen Prämonstratenserklöstern waren die Konversen.[129] Im Kloster lebten sie in einem eigenen Gebäude. Das religiöse Ideal der geschwisterlichen Jerusalemer Urgemeinde war auch für die Konversen bestimmend. Sie trugen anfänglich denselben weißen Habit und Mantel (in der Magdeburger Filiation allerdings einen blau-schwarzen Mantel). Sie absolvierten ein eigenes Noviziat. In den Gutshöfen lebten sie unter der Aufsicht des *Provisor exteriorum* oder eines Magisters. Das Chorgebet wurde bei ihnen durch eine entsprechende Anzahl von Vater unser ersetzt. An lateinischen Gebeten sollten sie nach PW das Pater noster, Credo, den Psalm Miserere (50 Vg) und die Tischgebete lernen. Sie sollten wöchentlich beichten. Bücher waren ihnen untersagt. Auch sollte ihre Arbeit möglichst unter Stillschweigen erfolgen. Hinsichtlich des Fastens sollte man der Schwere ihrer Arbeit Rechnung tragen.[130]

Unter den Konversen finden sich häufig Adelige,[131] auch Stifter von Klöstern, die dann wie Graf Ludwig von Arnstein oder Hroznata in Tepl in ihr Kloster eintraten und dort oft in der wirtschaftlichen Verwaltung dank ihrer früheren Stellung und Kontakte erfolgreich für die neue Gründung wirkten. Kunsthandwerker und Künstler wurden auch an kirchliche und weltliche Höfe ausgeliehen.[132]

Nicht zuletzt unter dem Einfluss der anders gearteten Konversengesetzgebung von Cîteaux wurde jedoch die Stellung der Konversen schon Mitte des 12. Jahrhunderts von den Kanonikern klar unterschieden. Sie bekamen eigene Statuten, außerhalb der vier Distinktionen. Sie durften nicht die Tonsur erhalten und mussten nach unerlaubtem Verlassen des Klosters oder Hofes bei ihrer Rückkehr einen grauen Habit mit kurzem Skapulier tragen.[133] Solche Bestimmungen und die veränderten Wirtschaftsformen trugen zu Beginn des 13. Jahrhunderts zu einem merklichen Schwinden der Konversen in den Klöstern ebenso bei wie die Anziehungskraft der neuen Mendikantenorden, sodass die Konversen im späten Mittelalter eher eine Randerscheinung im Prämonstratenserorden darstellten.[134]

Wirtschaftsformen

Schon die Besitzentwicklung von Prémontré zeigt, dass die Prämonstratenser ähnlich wie die Zisterzienser zunächst auf Eigenwirtschaft auf ihren Gutshöfen und in den Werkstätten mittels der Vielzahl der Konversen unter Leitung von *Magistri* und eines *Provisor exteriorum* setzten.[135] Die Produktion deckte aber nicht bloß den Eigenbedarf, sondern brachte Überschuss, der in den entsprechenden Stadthäusern, die zugleich als Zufluchtsorte (Refugien) in Kriegs- und Krisenzeiten dienten, gelagert und auf den Markt gebracht wurden. Hinzu kamen Immobilien in Städten, die vermietet oder verpachtet wurden, sowie ggf. auch Bergwerke (z. B. Steinfeld in der Eifel). Von den friesischen Klöstern aus wurde auch Seehandel betrieben. Aus den oft ärmlichen Anfängen entwickelten sich so teilweise sehr wohlhabende Klöster (z. B. Steinfeld, Cappenberg oder Weißenau). Da sich entgegen der oft genannten Ansiedlung der Prämonstratenser in Abgeschiedenheit die meisten Klöster im Altsiedelland befanden, wurden zur Bildung von Gutshöfen auch Bauern und Dörfer umgesiedelt. Zumeist versuchte man, das eigene Territorium der Grundherrschaft zu arrondieren.

Der Rückgang der Konversen und eine Umgestaltung bzw. Krise der Landwirtschaft machten gegen Ende des 12. Jahrhunderts die Verpachtung von Höfen, Acker- und Weideland an Familien oder die Vergabe an Verwalter nötig, die dem Kloster Abgaben und Rechenschaft schuldeten.

Die Frauenklöster

Die räumliche Trennung der Frauen- und Männerklöster wurde weder durch einen Generalkapitelbeschluss noch durch das Zweite Laterankonzil veranlasst, sondern wurde wohl nach dem Muster anderer Kanonikergemeinschaften durchgeführt. Sie schuf vom Männerkloster abhängige oder von Anfang an für Frauen gestiftete und später einem Männerstift angegliederte Klöster.[136] Doch auch damit waren nicht alle Probleme behoben, wie ein zwischen 1154 und 1174 in der Zeit des Schismas verabschiedetes Dekret des Generalkapitels zeigt:

> »Weil wir in gefahrvollen Zeiten leben und unsere Klöster über die Maßen belastet sind, haben wir durch gemeinsamen Beschluss des Kapitels entschieden, fortan keine Schwester mehr aufzunehmen. Ein Abt, der diese Bestimmung übertritt, wird unnachsichtig abgesetzt«.[137]

Doch dieses Dekret konnte allenfalls in Frankreich Geltung erlangen, nicht im Reichsgebiet, dessen Äbte während des Schismas nicht am Generalkapitel teilnahmen. Möglicherweise war es von vornherein nur für Frankreich gedacht, um sich der Annexklöster zu entledigen. Im Reichsgebiet entstanden aber gerade in dieser Zeit zahlreiche Frauenklöster, denen nicht selten Töchter des Adels oder des städtischen Bürgertums übergeben wurden. Die bestehenden Frauenklöster wurden in einem vor 1198 beschlossenen Dekret von der Auflösung ausgenommen, was im gleichen Jahr von Papst Innozenz III. bestätigt wurde und erheblichen Widerstand der Schwestern vermuten lässt. In dieser Form ging die Bestimmung gegen die Frauenklöster auch in die Statutenredaktion von 1236 ein; allerdings sind hier die Ausnahmen auf Klöster beschränkt, die seit ihrer Gründung für Chorfrauen (*sorores cantantes*) errichtet wurden.[138] Hier wird also ähnlich wie in der Konversengesetzgebung den im 12. Jahrhundert sehr zahlreichen Konversinnen eine Absage erteilt.

Deren Aufnahme wird um 1240 schließlich generell in das Ermessen des Abtes gestellt, sodass sich von da an in den Chorfrauenstiften neben den *dominae* meist nur noch wenige Konversinnen fanden.[139] Mehrfach wurde auch gegen das ungeordnete Verlassen der Klöster durch Schwestern, gegen Privatbesitz und gegen Besuch von Weltleuten vorgegangen.[140] Die seelsorgliche Betreuung der Frauenklöster übernahmen meist einige Kanoniker des Mutterstiftes, die samt den Schwestern und den im Frauenkloster lebenden Konversen dem Propst unterstanden.[141] Bereits im 12. Jahrhundert kam es aber zu einer deutlichen Emanzipation der Frauenklöster vom Männerstift mit einer gewissen Gütertrennung und im 13. Jahrhundert zur Führung eines eigenen Siegels der Priorin oder Meisterin des Frauenstiftes, die nun mit dem Konvent Rechtsakte vornahm.[142]

1.4 Theologische Rechtfertigung und Spiritualität

Die neue Lebensform der Regularkanoniker Norberts in Prémontré und Magdeburg sah sich bald Angriffen ausgesetzt.[143] Der *Libellus de diversis ordinibus* schaut mit einer gewissen Hochachtung auf die raue Lebensweise in Prémontré und erinnert die Kanoniker an die Reinheit am Altar, die durch das angebliche Ausmisten von Ställen und ähnliche Arbeiten gefährdet sei.[144] Insbesondere aus dem monastischen Feld werden dagegen Bedenken gegen die Verbindung von scheinbarem Mönchtum und Predigt, die auch von Kanonikern und Päpsten mehrfach gerügte nicht dem Kanonikerstand entsprechende Wollkleidung, aber auch gegen Norberts Lebensstil in Magdeburg vorgetragen, der vom Eselreiter zum Höfling geworden sei, weshalb sich seine Anhänger nicht »Norbertiner« nennen wollten.[145] Die Mönche, allen voran Rupert von Deutz, hielten an der Vorrangstellung der monastischen *vita contemplativa* gegenüber der kanonikalen *vita activa* bzw. *mixta* fest.[146]

Anselm von Havelberg

Im Gefolge Ruperts von Deutz verfocht Abt Ekbert von Huysburg (1134/35–1154) anlässlich des Übertritts des Propstes Petrus von Hamersleben von den Regularkanonikern zu den Benediktinern die Superiorität der monastischen vor der kanonikalen Lebensweise. Dieses *opus onerosum* rief zwischen 1138 und 1146 die erste Verteidigung der neuen Lebensweise durch Anselm von Havelberg hervor.[147] Dieser war 1129 von Norbert zum Bischof der untergegangenen Diözese Havelberg geweiht worden, verbrachte aber die meiste Zeit am Königshof Lothars III., später in Diensten des Mainzer Erzbischofs Heinrich I., dann des Königs Konrad III., auf dem Wendenkreuzzug sowie in Legationen in Rom und Byzanz, wovon sein *Anticimenon* Zeugnis ablegt. Wie weit er an der Gründung von Jerichow beteiligt war, ist unklar. Von Friedrich I. Barbarossa, an dessen Hof er maßgeblich tätig war, wurde er 1154 zum Erzbischof von Ravenna ernannt. Anselm starb bei der Belagerung von Mailand am 12. August 1158.[148]

Die *Epistola apologetica* Anselms bestreitet gegen Ekbert die Höherwertigkeit des monastischen Lebens im Rekurs auf die *vita apostolica* in Gemeinschaft, Armut und Nachfolge Christi. Zugleich wendet sie sich gegen Ekberts Behauptung, Regularkanoniker dürften weder Pfarreien haben noch die Seelsorge im Volk leiten. Dagegen beharrt Anselm darauf, dass dem, der das bessere Leben führt, auch die Seelsorge an anderen anvertraut werden solle. Die Regularkanoniker vereinigen in ihrer asketischen Lebensweise die besten Elemente des kontemplativen und des aktiven Lebens, wie es im Leben Jesu selbst sichtbar wird. Das Leben der Apostel ist aber gekennzeichnet durch die Verkündigung des Evangeliums, Gründung von Kirchen, Ordination von Bischöfen und Einsetzung von Presbytern. Diese Tätigkeit hindert die Regularkanoniker aber nicht daran, sich bisweilen »bis zur höchsten Burg der Kontemplation zurückzuziehen«.[149] Für den Aufbau des Leibes Christi, d. h. der Kirche, sind Kleriker jedenfalls nötiger und nützlicher als Mönche, die sich nur um ihre Selbstheiligung kümmern. Auch wenn von Norbert hier nicht die Rede ist, wird die *Epistola apologetica* auch als programmatische Rechtfertigung von Norberts Magdeburger Lebensweise und seiner Gefährten bewertet. Denn Anselm stellt in seinem *Anticime-

non Norbert als den Erneuerer der *professio canonica* und *vita apostolica* vor und beschreibt in seinem Brief an Wibald von Stablo (1149/50) das Leben mit seinen Brüdern in der »Krippe« Havelberg, wenn auch idealisiert in biblischen Bildern, aber doch mit einem gewissen Realitätsbezug.[150] Von Prémontré freilich ist da keine Rede.

Philipp von Harvengt

Ebenfalls noch in Auseinandersetzung mit Rupert von Deutz stand der unmittelbare Norbert-Schüler und spätere Abt von Bonne-Espérance Philipp von Harvengt († 1183, Abt ab 1157). Er war Verfasser u. a. eines sehr beachtenswerten Kommentars zum Hohenlied und gilt literarisch als gebildeter Meister mittelalterlicher Reimprosa. Für den jungen Orden sind seine *Responsa* zum Stand und den Aufgaben eines *Clericus regularis* von großer Bedeutung, die später unter dem Titel *De institutione clericorum* zusammengefasst wurden.[151] Im Einzelnen behandelt Philipp die Würde der Kleriker im Verhältnis zu den Mönchen, das nötige Wissen, den Lebenswandel, die Enthaltsamkeit, den Gehorsam und das Schweigen der Kleriker. Bereits vorher hatte er in einer neuen *Vita Augustini* die Bedeutung seines gemeinsamen Lebens im *monasterium clericorum* und einer Aktion und Kontemplation verbindenden Lebensweise herausgearbeitet und so dem Orden den idealen »Regelvater« neu vorgestellt.[152]

Philipp beschreibt das urkirchliche Ideal von Prémontré in einem gemeinschaftlichen Leben in Abgeschiedenheit, Armut, Handarbeit, Schweigen und Enthaltsamkeit, im Hinblick auf den Dienst des Klerikers für Gott am Altar und – das ist für den Umkreis von Prémontré beachtlich – auf die Verkündigung des Wortes Gottes. Dazu wird auf die nötige literarische und theologische Bildung des Klerikers und die Klosterschule, die ein zweites Kloster sein soll, Wert gelegt.[153] Denn die Attribute des Klerikers sind in der Sicht der Weltleute nicht zuerst die Altargeräte, sondern Bücher, Schreibtafel und Griffel; *clericus* ist ja bedeutungsgleich mit *literatus*, was die perfekte Beherrschung des Lateinischen impliziert. Das Proprium der Kleriker ist das Studium der hl. Schrift (= Theologie), die unmittelbar über die klösterliche Gemeinschaft hinaus auch der Seelsorge zugutekommen soll; denn den Priestern ist an erster Stelle die Unterweisung des Volkes in der Predigt des Evangeliums anvertraut.

Adamus Scotus

Stärker kontemplativ ausgerichtet als bei Philipp von Harvengt ist die Sicht des neuen Ordens bei Adamus Scotus, Abt von Dryburgh in Schottland ca. 1184–1188 und nachmaligem Kartäuser in Witham († 1212), in seinem wichtigen Werk *De ordine et habitu atque professione canonicorum ordinis Praemonstratensis*, seinen Anleitungen zum Geistlichen Leben und in den zahlreichen Sermones dieses Meisters der geistlichen Schriftauslegung.[154] Adam hielt enge Verbindung zu Prémontré, nahm am Generalkapitel teil und beeinflusste durch seine Schriften die Geistigkeit des Ordens nachhaltig.[155]

Adam bietet die erste Auslegung der prämonstratensischen Professformel, in der die Selbstübergabe mit allem Besitz und allen Fähigkeiten an Gott und an die konkrete Kirche vor Ort stark betont wird. Der weiße Habit aus Wolle (Leinen ist nur für die Unterwäsche gestattet) symbolisiert u. a. den endzeitlichen Sieg Christi, dem die Regularkanoniker auf dem geistlichen Exerzierplatz des Gehorsams dienen. Im Kloster aber gibt es drei Stände, die Prälaten, die Offizialen (*obedientarii*) und die kontemplativ lebenden *claustrales*. Das Leben der *claustrales* ist gekennzeichnet durch drei Momente: Gebet, Lesung und Handarbeit. Ihr Stand ist nach Adam der freieste und ruhigste. Denn die ganze Lebensweise der Prämonstratenser zielt darauf ab, für die Liebe zu Gott Kriegsdienste zu leisten (*charitati militare*). Die *charitas* ist symbolisiert durch den Baum des Lebens in der Mitte des Paradieses. Im Vergleich zur Welt ist das Kloster zumindest in seiner Bestimmung ein Paradies und ein Ort des Friedens, ebenso wie die einzelne auf Gott bezogene und gereinigte Seele.[156]

Prämonstratensische Mystik im Mittelalter

Mystische Elemente wie Visionen und Auditionen finden sich in zahlreichen Viten von Prämonstratensern, angefangen von den Viten Norberts. Sie stehen allerdings in hagiographischem Kontext und sind als historische Fakten nicht nachweisbar. Sicher trug auch die kontemplative Lebensweise der frühen Prämonstratenser zur Förderung mystischer Begnadungen bei. Zwei mittelalterliche Angehörige des Ordens gelten übereinstimmend als Mystiker, auch wenn Mystik hier nicht im engsten Sinne einer Vereinigung mit Gott aufgefasst werden kann: Hermann Josef von Steinfeld und Christina von Hane.

Hermann von Steinfeld[157] (um 1160–1241) stammte aus Köln und trat in das Prämonstratenserkloster Steinfeld in der Eifel ein, wo er u. a. als Refektorar und Sakristan diente, aber auch in Schwesternklöstern als Seelsorger tätig war. Rigorose Askese und eine von den Mitbrüdern nicht immer verstandene mystische Marien-Frömmigkeit kennzeichnen sein Leben. Mystischer Höhepunkt ist die Vision seiner Vermählung mit Maria unter dem Beinamen Josef und des Tragens des göttlichen Kindes. In seinen heute als authentisch angesehenen Werken (Gebete und Hymnen an Christus, Maria, die hl. Ursula und ihre Gefährtinnen) zeigt sich eine gefühlsbetonte Brautmystik gegenüber Christus als Bräutigam der Seele. Im Gefolge Bernhards von Clairvaux zeichnet die Bildersprache Maria als eine am Symbol der Rose orientierte Minnedame, aber auch als »Schulmeisterin«, unter deren Rute zu leben keineswegs beschwerlich ist. Das Symbol der Rose kehrt wieder im Jubilus auf die hl. Ursula und ihre Gefährtinnen. Trotz vieler Parallelen (Rose usw.) zu den übrigen Werken ist die Verfasserschaft des ältesten bekannten Herz-Jesu-Hymnus ungesichert, des meist Arnulf von Löwen († 1150) zugeschriebenen *Summi regis cor aveto*, in dem eine auf das Mitleiden mit Christus zentrierte Passionsmystik zum Ausdruck kommt.

Christina von Hane[158] (fälschlicherweise oft »von Retters« genannt, 1269–1292) wurde mit sechs Jahren dem Prämonstratenserinnenstift Hane bei Bolanden übergeben, wo sie 1281 die Profess ablegte. Ekstasen und Visionen, verbunden mit schweren Krankheiten, strengster Askese und Selbstpeinigungen, kennzeichnen ihr durch eine deutsche Vita überliefertes Leben. Ihre oft über Wochen dauernden Visionenreihen neh-

Abb. 3: Vermählung des hl. Hermann Josef mit Maria, undatierte Zeichnung nach Antonis Van Dyck.

men deutlichen Bezug zum liturgischen Kalender. Im Mittelpunkt steht eine starke Christusmystik, die das Kind in der Krippe ebenso einbezieht wie das schmerzhafte Miterleben der Passion Christi, eine enge Beziehung zu Maria als Lehrmeisterin klösterlicher Zucht, aber auch Betrachtungen über die Trinität und die hl. Weisheit. Die Verehrung der Gefährtinnen der hl. Ursula, von denen Hane Reliquien besaß, und die

Sorge für die Armen Seelen im Fegefeuer sind weitere aus der Frömmigkeit der Zeit bekannte Erscheinungen. Christinas Mystik ist gefühlsbetont und innig. Trotz starker Individualität bleibt sie rückgebunden an Ordensobservanz und Liturgie.

2 Ausbreitung im Wandel der Lebensformen

Mit der raschen Ausbreitung des neuen Ordens im 12. und frühen 13. Jahrhundert ging auch ein Wandel der Lebensformen einher. Das gregorianische Reformideal, die Ausrichtung an der Urkirche und die Bewegung der (Adels-)Konversionen verebbten spätestens gegen Ende des 12. Jahrhunderts. Statt dessen traten die Sicherung und Stabilität der Klöster, neue Wirtschaftsformen und die persönliche Absicherung des Lebens im Kloster durch Pfründe und Pitanz in den Vordergrund. Die meist auf dem Land ansässigen und begüterten Prämonstratenserstifte verloren oft ihre Attraktivität zugunsten der neuen Stadtkultur und der aufblühenden Mendikantenorden des 13. Jahrhunderts.

2.1 Wege und Probleme der Ausbreitung

Die »explosionsartige« Ausbreitung der Prämonstratenser im 12. Jahrhundert ist mehrfach beleuchtet worden.[1] Besondere Probleme bereiten dabei u. a. die häufigen Frühdatierungen der Klostergründungen und die Unklarheit der faktischen Übernahme der Prämonstratensergewohnheiten bei reformierten Chorherrenstiften.[2]

Wurden von 1121 bis zum Tod Norberts 1134 ingesamt 68 Klöster gegründet,[3] so sind es von 1134 bis zum Tod Hugos von Fosses 1162 ca. 140 neue Niederlassungen des Ordens. Dagegen verzeichnen wir von 1162 bis 1200 nur etwa 90 Neugründungen, sodass das 12. Jahrhundert ca. 300 Neugründungen aufzuweisen hat. Für das 13. Jahrhundert sind

2.1 Wege und Probleme der Ausbreitung

insgesamt nur noch 110 neue Klöster zu verzeichnen, im 14. gar nur noch sechs.

Geographisch breitete sich der Orden von Prémontré zunächst nach Nordfrankreich, Brabant, Flandern, die Normandie und Lothringen aus, dehnte sich dann mit Cappenberg (1122), Varlar und Ilbenstadt (1123) aber schon bald nach Westfalen und in die Wetterau aus.[4] Bald kamen Franken (Oberzell bei Würzburg) und Schwaben hinzu. Die Magdeburger Filiation siedelte an den Grenzen des damaligen sächsischen Territoriums und stieß später weit nach Osten vor. Eine eigene große Filiation bildete sich von Steinfeld in der Eifel aus, die bis nach Friesland (Mariengaarde 1173) und Böhmen (Strahov, Želiv nach 1140) reichte. In der zweiten Phase verbreitete sich der Orden über ganz Europa: Spanien (Retuerta und La Vid ca. 1160), England (Newhouse 1143), Schottland (um 1150 Dryburgh), das damals dänische Küstengebiet Schwedens (Thomarp, Lund um 1150/55) und von dort bzw. Friesland aus nach Pom-

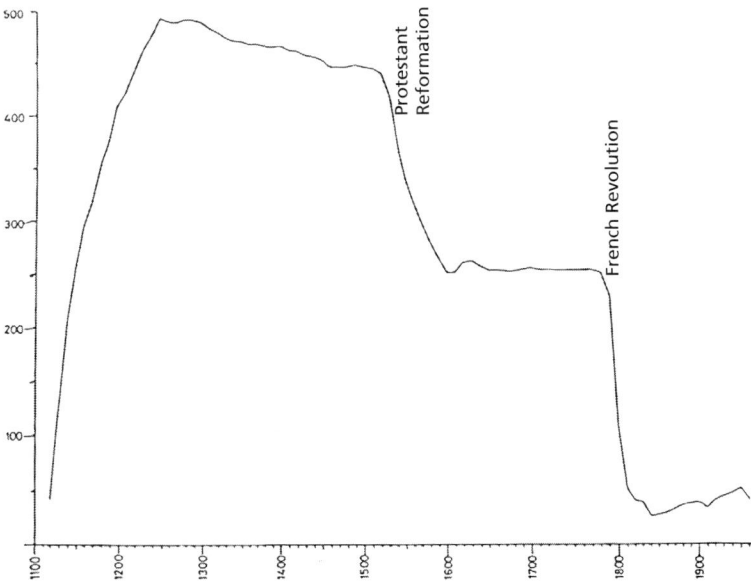

Abb. 4: Zahl der selbstständigen Kanonien des Prämonstratenserordens 1121–1990.

mern (Belbuck, Grobe-Pudagla). Hinzu kommen das Domstift in Riga und Kreuzfahrergründungen in Palästina. Eine neue Gründungswelle erfasste zu Beginn des 13. Jahrhunderts schließlich noch Ungarn (ursprünglich von Riéval in Lothringen aus), wo im 13. Jahrhundert ca. 30 Klöster entstanden, und Irland. Zwei bemerkenswerte Wege der Ausbreitung sollen genauer dargestellt werden: Kreuzzüge und Slawenmission.

Kreuzzugsgründungen

Noch zu Norberts Lebzeiten erfasste die Kreuzzugsbewegung den jungen Orden, und zwar – geradezu typisch für die Kräfteverteilung – sowohl von Magdeburg als auch von Prémontré aus.[5] 1131 gründete Norbert das Kloster Gottesgnaden am Rand des Wendenlandes, dessen erster Abt Amalrich nach kurzer Zeit eine Pilgerreise ins hl. Land unternahm und dort erster Abt von St. Habakuk (Ramla) in der Diözese Lydda, später Erzbischof von Sidon wurde (1153–1170). 1159 sind dort 35 Brüder bezeugt. Das Kloster St. Samuel auf dem Freudenberg (Nebi Samwil) bei Jerusalem verdankt seine Gründung noch König Balduin II. von Jerusalem (1118–1131) und Königin Melisendis (1131–1151), die zuerst Bernhard von Clairvaux angeboten hatten, Mönche nach Palästina zu entsenden. Dieser empfahl der Königin aber die Prämonstratenser als »Männer des Rates [...] entflammt vom Geist, geduldig in der Bedrängnis, mächtig in Wort und Tat ... Nehmt sie auf wie Krieger des Friedens, sanft zu den Menschen, heftig gegen die Dämonen!«[6]

Die Prämonstratenser wurden so im hl. Land sesshaft, allerdings nicht an den prominentesten Orten (Hl. Grab, Tempel), die anderen Kanonikergemeinschaften vorbehalten waren.[7] Zahlreiche Urkunden belegen ihre Wirksamkeit, auch als Vermittler zwischen rivalisierenden Ritterorden. Nach Jerusalems Einnahme durch Saladin 1187 sammelten sich die Brüder in St. Samuel in Akkon. Wie eng die Beziehungen zu Prémontré trotz der Entfernung waren, zeigen etwa die Briefe des Abtes Gervasius von Prémontré (1209–1220). Möglicherweise diente auch die gleichnamige Abtei St. Samuel in Barletta (Apulien) zeitweise als Refugium wie später die letzte überlebende Kreuzfahrergründung Episcopia/Bellapais auf Zypern, die unter der Oberhoheit des Erzbischofs von Nikosia bis ins 16. Jahrhundert bestand.

Pilgerfahrten und Kreuzzüge ins hl. Land hatten jedoch auch Auswirkungen in Europa. So wurde Bischof Heinrich Zdik von Olmütz nach seiner Rückkehr aus Jerusalem der Förderer der Prämonstratenser in Böhmen, die er in Strahov (*Mons Sion*) und Litomyšl (*Mons Oliveti*) ansässig machte. Gilbert, Graf von Auvergne, gründete nach seiner Rückkehr vom Kreuzzug das Kloster Neuffontaine. Auch die biblische Namensgebung mancher Klöster in Böhmen und Schwaben (z. B. Sorec/ Sorech für Schussenried[8]) erinnert an die hl. Stätten. Bedeutenden Einfluss nahmen die Prämonstratenser auch auf den Fünften Kreuzzug, z. B. Egidius van Leeuw, Abt von Middelburg in Zeeland († 1236), als Kreuzzugsprediger und Kreuzfahrer nach Damiette.[9]

Wendenkreuzzug und Slawenmission

Der Wendenkreuzzug 1147 ist eng mit der Geschichte der Prämonstratenser im Osten der damaligen christlichen Welt verbunden.[10] Nach mehreren gewaltsamen Aufständen und Einfällen der heidnischen Slawen, meist zusammenfassend »Wenden« genannt, begannen nach dem Reichstag von Frankfurt 1147 die deutschen Fürsten unter der Führung von Heinrich dem Löwen und Albrecht dem Bären, dem Aufruf Eugens III. und Bernhards von Clairvaux folgend, als Teil des Zweiten Kreuzzugs einen Feldzug gegen die ostelbischen Slawen. Als päpstlicher Legat fungierte Bischof Anselm von Havelberg, der mit dem Nordheer unter Albrecht dem Bären bis nach Stettin zog. Der in seinem Erfolg und in seiner Notwendigkeit schon bei den Zeitgenossen umstrittene Kreuzzug diente weniger der Bekehrung der Slawen als der deutschen Siedlungspolitik im Osten. Auf diese Weise war in der Folgezeit die Wiedererrichtung kirchlicher Strukturen möglich, nicht zuletzt durch die Gründung neuer Klöster und die Wiederherstellung alter Bischofssitze. So konnte Anselm dann in sein verarmtes Bistum zurückkehren und mit Hilfe seiner Prämonstratenser kurze Zeit Aufbauarbeit leisten.[11]

Die Gründungen von Magdeburg aus, wo sich bereits Norbert an der Slawenmission versucht hatte, weisen schon vorher eine deutliche Stoßrichtung nach Osten und Norden in das Missions- und Neusiedelland auf:[12] Brandenburg und Leitzkau (1138), Jerichow (ca. 1144), Ratzeburg

(1154) und schließlich von Jerichow aus Gramzow (1177), die östlichste Gründung in der Sächsischen Zirkarie. Von Jerichow aus wurde das entfernteste Kloster in Riga mit Prämonstratensern besetzt. Magdeburger Einfluss zeigt sich aber auch in Grobe auf Usedom im Herzogtum Pommern (vor 1159), das 1177 von Havelberg aus neu besiedelt wurde und später unter dänischen Einfluss kam. Von Dänemark aus wurde Belbuck bei Treptow in Pommern besiedelt. Später entsandte das Kloster Mariengaarde in Friesland auf Bitten der Herzogin Anastasia von Pommern einen Männer- und Frauenkonvent nach Belbuck. Die östlichen Gründungen wurden alle nicht an abgelegenen Orten wie in Frankreich, sondern teilweise in oder bei bedeutenden Zentren der staatlichen und kirchlichen Herrschaft errichtet, sodass sich aus ihnen später teilweise Domstifte entwickeln konnten.

Domstifte

In den in den Siedlungs- und Missionsgebieten im Osten und Norden wieder- oder neu errichteten Diözesen stellten manche Prämonstratenserstifte durch ihre Kanoniker das Domkapitel und leisteten damit einen wichtigen Beitrag zum Aufbau kirchlicher Strukturen: Brandenburg, Havelberg, Ratzeburg, Riga, Mežnote und Børglum.[13] Diese Domstifte besaßen meist eine größere Anzahl von inkorporierten Pfarreien, die aber nur zum Teil mit Prämonstratensern besetzt wurden, und waren in ihrer Verfassung und Disziplin sehr verschieden. Während z. B. in Ratzeburg das Gemeinschaftsleben mit persönlicher Armut bis in das 14. Jahrhundert gepflegt wurde, wurde dieses in Havelberg bereits im 13. Jahrhundert abgeschafft und der Dompropst erhielt seine eigene Hofhaltung mit Kaplänen.

Bischof Anselm von Havelberg holte zum Aufbau seiner Diözese nach dem Wendenkreuzzug Prämonstratenser aus Magdeburg. Als 1161 der bislang in Leitzkau residierende Bischof nach Brandenburg zurückkehren konnte, bildete das Prämonstratenserstift das Domkapitel mit dem Recht, die Kanoniker selbst zu berufen. In dem 1154 von Heinrich dem Löwen gegründeten Bistum Ratzeburg war Evermod, vorher Propst von Magdeburg, zugleich Bischof und Propst des prämonstratensischen Domkapitels, ebenso seine Nachfolger Isfried und Ludolf. In Børglum schloss sich ein an Steinfeld ausgerichtetes Domkapitel zwischen 1152 und 1170 dem Prämonstratenserorden an, wobei dem Bischof zugleich der Abtstitel zukam. Der Bischof war allerdings nur selten Prämonstratenser, da das Wahlrecht des Kapitels in der Regel mit dem Anspruch des dänischen Königs kollidierte. Dem Konvent stand vielmehr ein Propst vor. In Riga, wohin Bischof Albert Prämonstratenser aus Gottesgnaden, Scheda und Cappenberg berufen hatte, schloss sich das Domkapitel unter dem aus Scheda kommenden Propst Johannesx vor 1227 dem Orden an. Die kurzzeitige Zugehörigkeit des Kapitels von Semgallen in Mežnote zum Orden (ab ca. 1233) endete mit dem Untergang des Bistums in einem litauischen Aufstand 1251. Als 1313 das Bistum Litomyšl als Suffraganbistum von Prag errichtet wurde, wurde aus dem dortigen Prämonstratenserstift ein Domkapitel mit zwölf Kanonikern gebildet. Dem Rest des Konvents stand ein Prior vor.[14]

Adelsgründungen und Vogtei

Hinsichtlich der Gründer der neuen Klöster lassen sich unterscheiden:

- bischöfliche Gründungen, wie etwa Prémontré selbst und die meisten dänischen Klöster (auch Neustift bei Freising, Schäftlarn u. a.)
- Gründungen der Landesherren (Könige von Frankreich, Spanien, Böhmen, Herzöge von Pommern usw.)
- die zahlreichen Gründungen des Adels auf ihren Gütern, teilweise in Umwandlung von Adelssitzen in Chorherrenstifte (z. B. Windberg, Pernegg), nicht selten bei fehlenden Nachkommen.

Eine Sonderform sind die vom Adel gestifteten Frauenklöster, die nicht von einem Annexkloster aus besiedelt wurden, sondern bereits als Frauenstifte konzipiert waren (besonders in der Westfälischen Zirkarie und in Franken) und dann einem Abt als Vaterabt unterstellt wurden.

Adelsgründungen hatten vielfältige Aufgaben zu erfüllen, deren vornehmste in spiritueller Hinsicht das Gebet und Totengedenken für die Stifter war. Daneben bildeten »Hausklöster« den spirituellen Mittelpunkt des jeweiligen Herrschaftsbereiches, deutlich z. B. bei Veßra in der Grafschaft Henneberg oder im Versuch der Meisterin Gertrud von Thüringen (1227–1297) und ihrer Schwester Sophie, Herzogin von Brabant, Altenberg an der Lahn als geistliches Zentrum der neuen Landgrafschaft Hessen zu etablieren.[15] Mit den geistlichen Verpflichtungen waren meist auch wirtschaftliche verbunden, teilweise auch eine starke Einflussnahme der Gründerfamilien auf ihre Klöster mittels der von ihnen behaupteten Vogtei, der weltlichen Schutzherrschaft. Obwohl die Prämonstratenser in ihren Statuten schon ca. 1130 Vogteien ablehnten,[16] war die Vogtfreiheit unter päpstlichem oder kaiserlichem Schutz oder das Recht der freien Vogtwahl oft nur auf dem Papier gegeben. Übergriffe der Vögte auf das Klostergut sind ebenso zu verzeichnen wie langwierige Auseinandersetzungen mit den Konventen, in denen sich die Klöster mit teilweise gefälschten bischöflichen oder päpstlichen Urkunden zu wehren versuchten.[17]

Schulen, Kollegien, Wissenschaft

Die Prämonstratenser unterhielten an ihren Klöstern zumindest teilweise interne Schulen zur Heranbildung ihres Nachwuchses.[18] Schulen für Schüler, die nicht dem Kloster oder Orden beitreten wollen, wurden dagegen vom Generalkapitel zwischen 1140 und 1153 abgelehnt. Gleiches galt für die Schulen und Schülerinnen der Frauenklöster.[19] Über den Lehrplan der inneren Schulen sind wir leider kaum unterrichtet. Gelegentlich sind Namen der Scholaster überliefert. Aus den Schriften und Briefen des Abtes Philipp von Harvengt wird deutlich, dass in den als *claustrum alterum* aufgefassten Schulen die klassische Bildung und die Auslegung der hl. Schrift ihren vorrangigen Platz hatten.[20] Zugleich diente die *schola disciplinae* der Einübung des richtigen Lesens und Singens als Voraussetzung für die Zulassung zu den Höheren Weihen.[21] Berühmt waren die lateinischen Schulen der friesischen Klöster, insbesondere von Mariengaarde, wo sich u. a. Hermann Josef von Steinfeld die nötige Bildung aneignete.[22]

Das 12./13. Jahrhundert war aber auch die Blütezeit der theologischen Schulen, aus denen dann Universitäten entstanden. Prominente

Vertreter des Ordens hatten in Paris, Oxford und Köln studiert. Philipp von Harvengt pflegte um die Mitte des 12. Jahrhunderts den Briefkontakt mit Scholaren von Paris. Vom Generalkapitel wurde allerdings zu Beginn des 13. Jahrhunderts der Besuch auswärtiger Schulen verboten. Die dorthin entsandten Kanoniker sollten zurückgerufen werden.[23] Diese Bestimmung wurde in den Statuten von 1236/38 dahingehend geändert, dass nun ein solcher Besuch einer auswärtigen Schule nur dann erlaubt war, wenn das Generalkapitel zugestimmt hatte.[24]

In Paris, wo schon 1210 die Abtei Hermières die Verwaltung eines *xenodochium* der Hl. Dreifaltigkeit übernommen hatte, das wohl auch den dort Studierenden offenstand, verfügte 1252 die Theologische Fakultät, dass die Religiosen in einem eigenen Kolleg wohnen mussten. Noch im selben Jahr gründete der Abt von Prémontré Johannes von Rocquigny, selbst ehemaliges Mitglied der Pariser Universität, das Kolleg St. Anna in der rue Hautefeuille, das 1255 bereits erweitert werden musste. 1294 bestätigte König Philipp IV. das Kolleg, das für das ganze Mittelalter das einzige Kolleg in einer Universitätsstadt blieb und universitäre Ausbildung mit klösterlicher Disziplin verbinden sollte.[25] An der Universität spielten die Prämonstratenser keine besondere Rolle. Ein Magister Johannes Praemonstratensis ist allerdings 1295 bei der Disputation eines *Quodlibet* bezeugt.[26]

Der vornehmliche Raum prämonstratensischer Wissenschaft blieb das eigene Kloster. Hier blühte im 13. Jahrhundert die Geschichtsschreibung mit den Weltchroniken des Propstes Burchard von Ursberg (1215–1231) und Roberts von Auxerre († 1212).[27] Für die Kloster-, Ordens- und Regionalgeschichte bedeutend sind die friesischen Chroniken von Mariengaarde und Bloemhof (Wittewierum)[28] und die Chronik des Abtes Gerlach (Jarloch) von Mühlhausen/Milevsko.[29]

2.2 Wandel der Lebensformen

Mit der Ausbreitung des Ordens ging aber auch ein Wandel der Lebensform einher. Das Ideal der *vita apostolica* in Gütergemeinschaft und persönlicher Armut in einer Gemeinschaft von Männern und Frauen verlor an Anziehungskraft. Nun ging es darum, in ein bestehendes, hierarchisch gegliedertes Kloster einzutreten, dort eine gute Ausbildung zu genießen und ggf. Ämter im Kloster oder außerhalb zu bekleiden. In diesem Wandel orientierten sich die Prämonstratenserstifte zunehmend an den Lebensgewohnheiten weltgeistlicher Stifte oder anderer alter Orden, während zu Beginn des 13. Jahrhunderts die neuen Bettelorden die Idee radikaler Armut aufnahmen und eine große Attraktivität gewannen. Diese Entwicklung weist regional große Unterschiede auf und kann hier nur in allgemeinen Zügen dargestellt werden.

Pfründe und Pitanz

Das deutlichste Zeichen einer neuen Lebensweise in den Männer- und Frauenklöstern des Ordens ist die Abkehr von der Gütergemeinschaft und die Rückkehr zum Pfründensystem (*praebenda*), wie es schon seit dem 9. Jahrhundert in vielen Klöstern üblich war.[30] Das Kloster war gegenüber den Konventualen zu bestimmten Unterhaltsleistungen an Wohnung, Speise und Trank, ggf. auch an Kleidungsstücken verpflichtet. Was über den persönlichen Bedarf hinausging, z. B. von der festgelegten Essensration im Refektorium, konnte von einzelnen Mitgliedern verschenkt oder verkauft werden. Alle Mitglieder und Bediensteten des Klosters erhielten somit ihren Unterhalt in Form von Pfründen, wobei einzelne Formen nach Stand unterschieden wurden (Abts-, Herren-, Frauen-, Jungherren-, Konversen- und Novizenpfründen usw.). Der Ordenseintritt wurde damit zur Einpfründung in ein Stift mit den daraus abgeleiteten Ansprüchen. Jede Herabsetzung der Reichnisse, z. B. gerade in Notzeiten, rief Widerstand hervor. Deshalb wurde bei der Minderung der Reichnisse durch das Generalkapitel im Jahr 1307 bei Widerstand mit schwerer Bestrafung gedroht. Die einzelnen Ämter der Wirtschaftsführung (Kellermeister, Kastner usw.) hatten zudem eigene

Kassen und Ansprüche, sodass ein Gefälle zwischen armen und reichen Chorherren und Chorfrauen entstand. Wurden die Pfründen auf eine bestimmte Zahl (*numerus clausus*) beschränkt, ergaben sich Wartezeiten auf eine Pfründe, wie sie vornehmlich in Frauenklöstern feststellbar sind.

Die Pfründen der einzelnen Mitglieder konnten auch durch Erbbeteiligungen und Leibrenten von Seiten der Verwandten aufgebessert werden. In den Frauenklöstern wurde die Mitgift allgemein üblich, auch in Form von Gütern, die nach dem Tod der Inhaberin an den Konvent fallen sollten. Einzelne Konventualen erhielten auch Ländereien in Pacht, die nach dem Tod des Inhabers ggf. nach Leistung einer Sterbeabgabe (Kurmende) an den Grundherren an andere Konventualen verpachtet werden konnten. Leibrenten für einzelne Mitglieder konnten nach deren Tod in Erbrenten für das Stift umgewandelt werden. Solche Leibrenten sind z. B. im Kölner Frauenstift Dünnwald bereits seit 1190 nachweisbar.[31] Was über die Pfründe hinaus für den Lebensunterhalt benötigt wurde, mussten die Konventualen aus ihrem Eigenvermögen (*Peculium*) bestreiten, das sich aus Naturalien und Geld, Renten und Gehältern zusammensetzte, im Normalfall aber nicht vom Kloster zur Verfügung gestellt wurde.[32] Zwar wurden auf den Generalkapiteln 1247 und 1261 Beschlüsse gegen die Proprietarier, d. h. Kanoniker mit Eigenbesitz, gefasst und das Armutsgelübde erneut eingeschärft sowie am Ende eines jeden Generalkapitels die Proprietarier exkommuniziert, doch diese Maßnahmen blieben in der Praxis fruchtlos.[33]

Mit Rücksicht auf die Pfründen wurden ab dem 13. und 14. Jahrhundert, besonders in Notzeiten, inkorporierte Seelsorgestellen mit eigenen Kanonikern besetzt, die damit aus der Versorgungslast des Stiftes ausschieden. So setzte die Abtei Steinfeld z. B. in der Wirtschaftskrise des 14. Jahrhunderts Chorherren auch auf nicht dem Stift zugehörige Pfarreien.[34]

Der Aufbesserung des Lebensunterhaltes der »armen« Klosterleute ohne Amt dienten die reichen Pitanzstiftungen, oft hervorgegangen aus Jahrestagsstiftungen an die Klosterkirche. Aus diesen Stiftungen wurden an bestimmten Tagen den zelebrierenden Priestern und den Konventualen über die in der Pfründe festgelegten Rationen hinaus Speise und Trank, gelegentlich auch Geldmittel für die Beschaffung der Kleidung zugeteilt.³⁵ Die Verwaltung des gesamten Pitanzwesens oblag dem Amt des Pitanzers, in manchen Stiften (z. B. Veßra) nach dem Vorbild der Kollegiatstifte auch Obleier genannt,³⁶ in dem das Stiftungswesen, soweit es vom Kustos (Küster) und Abt unabhängig war, vereinigt war.

Die Pfründe eines Männer- oder Frauenklosters konnte aber auch Weltleuten (Männern und Frauen, auch Weltpriestern) gegen eine entsprechende Schenkung, meist des gesamten Vermögens und der künftigen Einkünfte, zugesprochen werden in Form der sog. Herrenpfründen.³⁷ Dem Pfründnehmer wurden dabei Wohnung, Holz und Verpflegung im Kloster zugesichert, ohne dass er Gelübde ablegen musste. In einem Verpfründungsvertrag wurden die Einzelheiten der Pfründe festgelegt, die sich meist an den Reichnissen der klösterlichen Herrenpfründe, bei Adeligen auch an der Prälatenkost orientierte. Der Pfründner (Donate) begab sich damit in die rechtliche Obhut (Munt) des Klosters und seines Abtes.

Neue Wirtschaftsformen

Durch die Einführung des Pfründensystems wurde die Zahl der Konversen ab ca. 1200 deutlich geringer. Pfründen für Laienbrüder waren kaum attraktiv; zudem zogen die neuen Bettelorden die Bevölkerungsschichten, aus denen sich bislang die Konversen rekrutierten, mehr an. Die Kräfte zur Bewirtschaftung der großen Eigenhöfe eines Stiftes schwanden dadurch, aber ebenso durch die allgemeine Landflucht. Die Hörigen der Klöster zog es in die Städte. Einschneidend wirkte auch die allgemeine Wirtschaftskrise in der kaiserlosen Zeit im letzten Drittel des 13. Jahrhunderts, in der viele Klöster zu Güterverkäufen gezwungen waren und zudem eine Verarmung des Adels eintrat, die den Rückgang von Schenkungen und Vermächtnissen zur Folge hatte. In dieser Krisenzeit wurden besonders in Deutschland viele Frauenklöster aufgelöst oder zum Aussterben verurteilt, zumal wenn sie keine Chorfrauen, sondern nur Konversinnen aufweisen konnten.³⁸ Eine zweite Wirtschaftskrise folgte im Reichsgebiet in der zweiten Hälfte des 14. Jahrhunderts.³⁹

Die großen Grangien wurden zumeist in kleinere Höfe aufgeteilt und – abgesehen von mindestens einem Eigenhof zur Versorgung des

Klosters und seiner Bediensteten – an Pächter oder Meier vergeben, die ihrerseits ebenso wie die Untertanen zu Abgaben und Diensten für das Kloster verpflichtet wurden. So kam es mehrfach zu Teilungen oder Zusammenlegungen von Gütern. Die Klöster waren oft bestrebt, ihre Grundherrschaft möglichst zusammenzuführen, weit entlegene Güter abzustoßen oder mit näher gelegenen zu tauschen. Von wirtschaftlicher Bedeutung war insbesondere der Erwerb von Mühlen und weiteren Gewerken (Erzgruben, Salinen usw.), aber auch der Kauf und Verkauf von Hörigen und der Erwerb von vermietbaren Immobilien in den aufblühenden Städten. Die Wirtschaft der Prämonstratenser dürfte sich dabei regional kaum von derjenigen anderer Klöster unterschieden haben. Ihre wichtigsten Erwerbsformen waren Dotation, Schenkung, Verzichtleistung als Sühne, Tausch von Gütern, Rechten und Zehnten. Dazu trat seit dem Ende des 13. Jahrhunderts der Ankauf von verzinslichen Renten, wobei der Zins meist in Geld, gelegentlich auch in Naturalien bestand. Die Eintreibung von Grundzinsen konnte Beauftragten auch auf Lebenszeit in Form einer Leibrente übertragen werden.[40]

Bereits im 14. Jahrhundert kam es in einzelnen Klöstern zur Aufteilung des Güterbesitzes und der Einkünfte in den Bereich der Abtei, des (in Pfründen aufgeteilten) Konventes und der einzelnen Ämter. So verkaufte z. B. 1426 ein Propst von Schlägl eine halbe Mühle einem Konventualen mit der Auflage, dass sie nach dessen Tod an den Konvent falle.[41] Die Verwaltung des äbtlichen Tafelgutes oblag dabei z. B. in Wilten dem Provisor, die der Konventgüter dem Kellermeister.[42]

Adelsexklusivität und Bürgertum

Im Pfründensystem war es möglich, einige oder alle Pfründen eines Klosters für Adelige zu reservieren, wobei der ritterliche Adel den größten Anteil stellte, Herrscherfamilien dagegen eher selten vertreten waren. Doch blieben die meisten Stifte ständisch gemischt. Mangels Namenslisten der Konvente haben wir allerdings für das Mittelalter hierzu nur wenige verlässliche Nachrichten. Die generalisierenden Feststellungen der älteren Literatur und die Untersuchungen von Johannes Ramackers zu Stiften der Westfälischen Zirkarie betreffen größtenteils das späte Mittelalter und die Frühe Neuzeit. Die Adelsexklusivität musste auch nicht notwendig zu einer Minderung der klösterlichen Disziplin führen.[43] Während *Hermannus quondam Judaeus* bei seinem Aufenthalt in Cappenberg um 1130 noch hervorhebt, dass dort Adelige und Gemeine ohne Unterschied lebten, scheint sich dort bald nach 1200 eine Adelsexklusivität durchgesetzt zu haben.[44] Jedenfalls geht Gregor IX. 1232 gegen Mitglieder vor, die sich durch Simonie eine Klosterpfründe und damit ein geistliches Amt verschafft hatten.[45] Als Simonie konnten dabei bereits das übliche Eintrittsgeld (in Cappenberg im 14. Jahrhundert 20 Mark), die Überlassung von Erbansprüchen und Geschenke von Seiten der adeligen Familien betrachtet werden, wie uns die Bedenken Emos von Bloemhof in seiner Chronik zeigen.[46] 1312 gestattete Clemens V. den Cappenberger Kanonikern, die ihnen gehörigen oder zufallenden Güter für sich zu behalten. Im 15. Jahrhundert scheint auch das Gemeinschaftsleben soweit aufgegeben worden zu sein, dass einzelne Chorherren auf ihren Gütern lebten.[47] In Arnstein dagegen lassen sich im 14. Jahrhundert noch bürgerliche Kanoniker neben Adeligen nachweisen, während Hamborn sehr früh dem Adel vorbehalten war, wobei hier jedoch auch Adelige die Pfarrstelle besetzten, ebenso als Pröpste und Prioren in den abhängigen Frauenstiften fungierten.[48] Im schwäbischen Weißenau finden wir neben Bürgerlichen auch Konventualen aus ritterbürtigen Geschlechtern und der niederen Ministerialität.[49]

Eine ähnliche Entwicklung lässt sich auch in den Frauenklöstern des Ordens feststellen, die ständisch zunächst heterogen waren. Die späteren Chorfrauen wurden oft schon im Kindesalter von ihren Familien dem Kloster übergeben, in der Klosterschule erzogen und dann in den Konvent aufgenommen. Damit sicherten sich aber ggf. die adeligen Familien des Umlandes ihren Einfluss auf das Kloster, auch in wirtschaftlicher Hinsicht. So setzte 1392 der Adel des Siegerlandes im Frauenstift Keppel die Einführung der Adelsexklusivität zur Sicherung der Versorgung der eigenen Töchter durch. Das Stift Altenberg an der Lahn blieb trotz der Bemühungen, es als geistlichen Mittelpunkt der neuen Landgrafschaft Hessen zu etablieren, gemischtständig.[50] Gleiches gilt für das schwäbische Maisental, das Frauenkloster von Weißenau, wo neben Frauen aus der welfisch-staufischen Spitzenministerialität und Adela von

Vohburg, der ersten Frau Friedrich Barbarossas, zahlreiche ritterbürtige Chorfrauen und bürgerliche Konversinnen aus den umliegenden Städten verzeichnet sind.[51] Die volle Exklusivität wurde in den Frauenstiften meist erst in der Neuzeit erreicht.

In gemischtständigen Stiften konnte es auch zu Konflikten durch den Einfluss von außen kommen. In Niederilbenstadt versuchte 1498 die Reichsburg Friedberg, die Führung an sich zu reißen und so die standesgemäße Versorgung der Töchter der Burgmannenfamilien sicherzustellen.[52] Im Frauenstift Rehna, in das auch Töchter des Mecklenburger Herrscherhauses eintraten, finden wir neben dem mecklenburgischen Adel viele Bürgerstöchter aus Lübeck, was Herzog Magnus II. von Mecklenburg 1485 anlässlich einer Visitation dazu bewog, die Lübecker Bürgerstöchter aus Rehna zu vertreiben, da die Lübecker sich weigerten, die ihren Töchtern zustehenden Renten nach dem Willen des Herzogs dem Konvent zu überschreiben.[53]

2.3 Entwicklung der Institutionen

Zirkarien und Kataloge

Die rasche Ausbreitung der Prämonstratenser im 12. Jahrhundert erforderte, von der Zentrale in Prémontré aus gesehen, eine regionale Gliederung in Provinzen, die im Orden in Anknüpfung an das Gebiet, das ein *Circator* im Auftrag des Generalkapitels zu visitieren hatte, *Circariae* genannt wurden.[54] Zugleich war es wichtig, den Überblick über die bestehenden Klöster mittels eines Katalogs zu behalten. Der älteste erhaltene Katalog aus dem Jahr 1217 stammt aus Berne (Niederlande), verzeichnet die Klöster nach Regionen bzw. Kirchenprovinzen und Bistümern, vermerkt die Filiationen und kennt nur für England eine Einteilung in drei Zirkarien.[55] Der nächste Katalog (*Ninoviensis I*) vor 1240 hat bereits eine durchgängige Gliederung in Zirkarien, während der *Ninoviensis II* eine in einem längeren Zeitraum angelegte Klösterliste nach Regionen und Kirchenprovinzen bietet, aber nicht von Zirkarien spricht und den Stand des Ordens von ca. 1235 bis 1270 wiedergibt. Um 1290 entstand dann der *Vetus registrum* genannte offizielle Katalog, in dem neben den Diözesen und Kirchenprovinzen auch die Tallien (Ordenssteuern) der einzelnen Zirkarien verzeichnet sind. Doch weit abgelegene Einzelklöster werden hier nicht mehr Zirkarien bzw. Kirchenprovinzen zugeteilt, sondern ausschließlich der Filiation von Prémontré zugerechnet. Dagegen bringt der um 1320 zu datierende Katalog (*Tongerloensis*) wieder eine klare Zirkarieeinteilung.[56]

Die durchgängige Strukturierung des Ordens nach Zirkarien ist also wohl ein Werk der ersten Hälfte des 13. Jahrhunderts. Die Zirkarien sind dabei in der Frühzeit keine selbstständigen Institutionen mit eigener Jurisdiktion, sondern regionale Gliederungseinheiten zur Visitation und Verwaltung des Ordens, wobei man sich stark an den Kirchenprovinzen orientierte. Wechsel von Klöstern in eine andere Zirkarie (oft aus politischen Gründen), Trennung und Zusammenlegung von Zirkarien (z. B. Wadgassen und Ilfeld, Schwaben und Bayern) sind mehrfach festzustellen.

Generalkapitel und Definitorium

Die weite Verbreitung des Ordens, bestehend aus autonomen Klöstern fern der Zentrale in Prémontré, hatte unmittelbare Folgen für die wichtigste Jurisdiktionsinstanz, das Generalkapitel. Es erwies sich als unmöglich, aus den fernen Zirkarien die Prälaten jährlich zum Generalkapitel nach Prémontré zu verpflichten. Dennoch blieb der Anspruch bestehen und wurde durch Erhöhung des Strafmaßes bei unentschuldigtem Fernbleiben (bis zur Absetzung des Abtes) in den Statuten von 1222/27 untermauert.[57] Zugleich wurde die Strafkompetenz des Generalkapitels als Kontrollinstanz stark ausgeweitet, z. B. auch hinsichtlich der Neugründungen, Weihezulassung und Abtswahlen. Die nötigen Informationen sollten durch die Visitatoren an die Zentrale geliefert werden. Eine gewisse Superiorität des Generalkapitels über den Abt von Prémontré wird daran deutlich, dass dieser dem Generalkapitel zum Gehorsam verpflichtet und ihm als Korrektionsinstanz unterworfen ist.

Für die Durchführung des Generalkapitels und dessen Entscheidungen wurde eine weitere Instanz von großer Bedeutung: das Definitorium als das eigentliche Entscheidungsgremium im Generalkapitel.[58] In der Bulle Alexanders III. von 1177 wurde eingeschärft, alles unverbrüchlich zu halten, was der Abt von Prémontré mit Personen, die *sanioris consilii et magis idonei* erschienen, gerecht und in weiser Voraussicht angeordnet hat. Die hier nur hinsichtlich ihrer Kompetenz, nicht nach ihrem Rang umschriebenen Entscheidungsträger werden in der Beschreibung des Generalkapitels in Emos *Chronicon* 1217 nach zisterziensischem Vorbild *diffinitores* genannt.[59] Nach Emos Beschreibung standen neben den liturgischen Feiern am ersten Tag des Kapitels die Verbrüderungen, am zweiten die Bestellung der Definitoren und die Berichte der Visitatoren auf dem Programm. Die Definitoren berieten am Nachmittag und ggf. noch am dritten Tag, bevor dann die Entscheidungen über Absetzungen von Äbten, Strafen und Dispensen im Beisein aller Äbte verkündet wurden.

Den Definitoren kam also neben den Visitatoren eine entscheidende Rolle zu. Beiden wurde deshalb auch in der Reformbulle Gregors IX. vom 23. Juni 1232 in einem Atemzug Versagen hinsichtlich ihrer Aufsichtspflicht vorgeworfen.[60] Nach den Statuten von 1234/36 konnten den Definitoren zur Beratung der Prior von Prémontré und für die Schreibarbeiten Notare beigegeben werden. Die Bestellung der Definitoren wurde zunächst nicht weiter geregelt, war also Sache des Abtes von Prémontré, doch mit Beratung der drei Primaräbte, die auch zu Definitoren bestellt wurden. Als Gregor IX. 1232 den jährlichen Austausch aller Definitoren forderte, war dies nicht mehr möglich. 1246 einigte man sich auf die beratende Mitwirkung der Primaräbte an der Bestellung und ihre Bestellbarkeit. Diese Bestimmung wurde allerdings formell durch die Bulle *Cum Sancti Martini* Innozenz' IV. vom selben Jahr verworfen, sodass der Status quo von 1234/36 wiederhergestellt wurde. So ging die Regelung auch in die Statuten von 1244/46 und 1290 ein, allerdings mit der Beschränkung, dass nur einige der Definitoren jährlich ausgetauscht werden sollten.[61]

Regionalität versus Zentralität

Prémontré und das Generalkapitel gingen zwar dank der Bulle Alexanders III. von 1177 gestärkt aus dem Schisma des 12. Jahrhunderts hervor, doch hatte die Zentrale mit einigen Problemen zu kämpfen. Von 1171 bis 1209 regierten zehn Äbte in Prémontré, von denen sechs abgesetzt wurden. Erst mit Abt Gervasius (1209–1220), dessen Briefsammlung eine wichtige Quelle für den Kontakt mit den Zirkarien ist, trat wieder kurzzeitige Stabilität ein.[62] Ihm folgte der ehemalige kaiserliche Kämmerer Konrad von Waldhausen-Staufen, der 1233 wegen des Widerstandes gegen Gregor IX. und als Parteigänger und Verwandter des 1227 erstmals gebannten Kaisers Friedrich II. wohl untragbar geworden war und unter dem Vorwand der Verschwendung abgesetzt wurde. Er wurde durch den gerade aus Rom gekommenen Abt Wilhelm aus dem englischen Dale (1233–1238) ersetzt.[63]

In dieser Zeit kam es 1224 zu einem ersten Ausgleich zwischen Prémontré und Magdeburg, in dem sich die Stifte der Sächsischen Zirkarie verpflichteten, alle drei Jahre am Generalkapitel teilzunehmen.[64] Die Klöster Arnstein und Veßra wurden aus der Zirkarie ausgegliedert und der Zirkarie Westfalen bzw. Ilfeld zugewiesen, was sich u. a. im Wechsel vom Propst- zum Abtstitel zeigt. Da sich auch die dreijährige Teilnahme als unmöglich erwies, wurde 1239 vereinbart, dass ab 1240 jedes dritte Jahr ein einziger Propst aus der Zirkarie teilnehmen sollte, die Pröpste von Gramzow und Themenitz aber jährlich. Ob dies tatsächlich der Fall war, lässt sich bezweifeln. In den Jahren 1293–1295 wurden Verhandlungen über die Vorrechte der Magdeburger Filiation in Prémontré geführt und 1295 das erste »Generalkapitel« der Sächsischen Zirkarie abgehalten, das Magdeburgs Superiorität als Mutter und Haupt der anderen Klöster festschrieb und außerdem verordnete, dass jedes dritte Jahr die Pröpste am 6. Juni zu einem Kapitel erscheinen sollten, bei dem mit zwei bis drei gewählten Definitoren die entsprechenden Beschlüsse gefasst werden und die vereinbarten Taxen abzuliefern sind. Darüber hinaus wurde jährlich am 6. Juni ein Jahrestag für Norbert abgehalten, zu dem die Pröpste erscheinen und eine bestimmte Summe abliefern mussten. Ab 1295 gibt es also die sächsischen Triennalkapitel. Deren Protokolle sind allerdings erst seit dem 15. Jahrhundert überliefert.[65]

Kaum war dieser Ausgleich mit Magdeburg erreicht, bahnte sich in England eine neue Auseinandersetzung an.[66] König Edward I. hatte im Konflikt mit Friedrich dem Schönen von Frankreich die Klöster stark besteuert und ab 1304 die Zahlung der Tallien an Prémontré untersagt. 1307 wurden vom Parlament im Statut von Carlisle alle Zahlungen an ausländische Instanzen und Auslandsreisen, bei denen Geld außer Landes gebracht wurde, verboten. Den englischen Prämonstratensern war damit auch die Teilnahme am Generalkapitel unmöglich gemacht. 1310 erklärten sie dies dem Abt von Prémontré Adam de Crécy, doch dieser bestand auf der Zahlung bei Androhung der Exkommunikation und entsandte Kollektoren nach England. Einige Äbte appellierten gegen dieses Vorgehen an den hl. Stuhl. Erst 1314 wurde die Exkommunikation der zahlungsunwilligen englischen Abteien wieder aufgehoben und 1316 ein Ausgleich erreicht, in dem die englischen Äbte von teuren und gefährlichen Seefahrten zum Generalkapitel befreit und nur die Visitatoren und neugewählten Äbte dazu verpflichtet wurden. Dem Abt von Prémontré blieb zwar das Visitationsrecht, doch ohne Vergütung der Reisekosten. Die Abgaben für den Orden wurden auf die in den Privilegien und Statuten ausdrücklich festgelegten beschränkt. Auch hier kann allerdings der tatsächliche Besuch der Generalkapitel in den folgenden Jahren mangels überlieferter Akten nicht festgestellt werden.

Die Kontakte der Zentrale mit den Regionen verliefen hauptsächlich über die Visitatoren, die freilich die abgelegenen Zirkarien nicht jährlich besuchen konnten und sich nicht selten Eigenmächtigkeiten der einzelnen Äbte bzw. Pröpste gegenübersahen. Als Abt von Prémontré visitierte Wilhelm von Louvignies (1288–1304) persönlich in England, Schwaben, Bayern, Österreich und Böhmen. Aufgrund des Versagens der Visitation durch die weit entfernten Vateräbte wurden entweder einzelne Äbte mit der Visitation ganzer Zirkarien betraut (z. B. 1235 der Abt von Hamborn für Ungarn) oder die Klöster der Paternität näher gelegener Abteien unterstellt, wie 1294 die ungarischen Stifte den Stiften Strahov, Litomyšl, Hradisko, Zábrdovice und Louka. Für die Stifte der Böhmischen Zirkarie wurden meist eigene Visitatoren bestellt.[67]

Reformen unter Gregor IX. und Innozenz IV.

Die päpstliche Kurie wurde bislang meist nur auf Verlangen der Äbte von Prémontré und anderer Klöster in Einzelangelegenheiten aktiv, vornehmlich zur Bestätigung oder Wahrung der Rechte dieser Klöster bzw. des Gesamtordens.[68] Gregor IX. (1227–1240), der Kanonist Hugo von Segni, dagegen bemühte sich in der Zeit der Ausbildung der Mendikantenorden auch um eine Reform der alten Orden. Am 23. Juni 1232 beauftragte er in der Bulle *Audivimus et audientes* die Äbte von S. Alessio in Rom, das er gerade 1231 den Prämonstratensern übergeben hatte, ferner von Antwerpen und Middelburg, dem Orden seine Reformmaßnahmen vorzulegen mit dem Auftrag, diese beim nächsten Generalkapitel zu verabschieden.[69]

Wie in allen Reformbullen werden die bestehenden Zustände in düsteren Farben geschildert, um die Maßnahmen zu rechtfertigen. Das ist ein gutes Stück »Reformrhetorik«. Nachlässigkeit in der Kontrolle durch Visitation und Definitoren werden für die Missstände verantwortlich gemacht. Daher sollten diese Ämter künftig jährlich ausgetauscht werden, wobei zirkariefremde Visitatoren ernannt werden sollen, sodass die einzelnen Klöster nicht wissen, von wem sie visitiert werden. Inhaltlich werden u. a. die kanonische Form der Abtswahl, die *vita communis* zwischen Abt und Konvent, die Vermeidung von jeglichem Überfluss, z. B. auch an Bildern im Refektorium, und die jährliche Rechenschaft der Verwaltung vor dem ganzen Kapitel eingefordert sowie heimliche Kreditaufnahmen und die Vergabe von Gütern an Verwandte verboten. Fasten, Schweigen und Handarbeit sollen wieder wie am Anfang des Ordens gehalten werden. Die Klausur der Frauenklöster wurde verschärft, ebenso der Zugang zur Klausur der Männerklöster eingeschränkt.

Doch beim Generalkapitel erhob sich dagegen lauter Protest und der Abt von Prémontré, Konrad von Waldhausen, appellierte dagegen nach Rom, begab sich dann im Winter 1232 selbst dorthin, um durch seine Unterwürfigkeit Milderungen zu erreichen. Doch am 22. März 1233[70] gab Gregor IX. in der Bulle *Gravis est admodum* den Äbten von Antwerpen und Middelburg, verstärkt durch zwei Zisterzienseräbte, erneut den Auftrag, die reformunwilligen »Rebellen« zu reformieren. Äbte, die sich der Reform widersetzten, sollten für ein halbes Jahr von allen priesterlichen Funktionen suspendiert werden. Dies wurde vom Orden wegen der Bestellung von ordensfremden Personen als Visitatoren als Affront empfunden. Nach der Absetzung des Abtes Konrad von Prémontré erreichte sein Nachfolger Abt Wilhelm schließlich, dass ihm selbst mit der Bulle *Olim intellecto* vom 18. Februar 1234 die Durchführung der Reform in abgemilderter Form übertragen wurde.[71] Die Visitatoren in entlegenen Provinzen durften nun aus diesen selbst genommen werden, die Rechnungslegung erfolgte nur vor den Offizialen und Senioren. Die immer wieder geforderte *uniformitas* der Bücher und Gebräuche sollte behutsam angegangen werden. In dieser Form fanden die Reformbestimmungen Gregors IX. dann teilweise Eingang in die Statutenredaktion von 1236.[72]

Abt Wilhelm von Prémontré sah sich allerdings einer Revolte der Konversen gegenüber, ebenso wohl Widerständen im Konvent, sodass er 1238 zum Rücktritt gezwungen und ein neuer Abt gewählt wurde, wogegen er nach Rom appellierte. Vom Papst wieder eingesetzt, resignierte er aber wegen des Widerstandes erneut und wurde 1239 zum päpstlichen Legaten ernannt.

Während der Vorbereitung des Konzils von Lyon schärfte Innozenz IV. am 9. März 1245 in der Bulle *Sedis apostolicae* die Reformdekrete Gregors IX. erneut ein, allerdings mit beträchtlichen Milderungen.[73] So entfiel die Bestimmung, dass die Visitatoren immer aus anderen Zirkarien auszuwählen sind. Auch die Strafen bei Fleischgenuss wurden gemildert, ebenso wurde Fleischgenuss bei Krankheit, schwerer Arbeit oder für Weltleute genehmigt. Matratzen in den Betten wurden gestattet, ein mäßiger Aufwand im Refektorium, in der Bedienung und Begleitung der Äbte wurde ebenso zugelassen. Das Eintrittsalter wurde für Kanoniker auf 18, für Konversen auf 25 Jahre festgesetzt. Kein Abt konnte in Zukunft gezwungen werden, Konversinnen aufzunehmen. Die Möglichkeit, Kanoniker als Hofkapläne oder Beichtväter an Adelshöfe zu versetzen, wurde ausdrücklich eingeräumt. Das Bilderverbot wurde auf solche Bilder beschränkt, die dem Geist des Ordens widersprechen. Trotzdem drohte Innozenz wieder damit, ordensfremde Visitatoren einzusetzen.

Doch auch diese Maßnahmen stießen in Prémontré auf heftigen Widerstand, sodass der Papst Kardinal Odo von Chateauroux als Legaten entsandte, um einen Kompromiss zu erreichen, der dann am 26. Januar

1246 bestätigt, allerdings am 8. August 1246 als die Privilegien des Ordens beeinträchtigend wieder aufgehoben wurde.[74] Diese kurzfristige Einigung brachte eine deutliche Stärkung des Ordens und des Abtes von Prémontré, dem künftig die Durchsetzung der Reformen in den einzelnen Häusern oblag. Er war nur durch das Generalkapitel absetzbar. Die Visitatoren sollten die Durchführung der Reformen subsidiär überwachen. Bei der Bestellung der Definitoren erhielten die drei Primaräbte, denen auch die Visitation von Prémontré oblag, ein Mitspracherecht. Entscheidend ist auch die Klausel, dass alle in dieser Vereinbarung nicht direkt angesprochenen Bestimmungen der Statuten unberührt bleiben. Damit hatte der Orden den päpstlichen Eingriff zu einem guten Teil abgewehrt und ging in seinen Instanzen gestärkt aus dem Streit hervor.

Die Entwicklung der Gesetzgebung

Die Reformen Gregors IX. führten zu einer Revision der Statuten auf den Generalkapiteln 1236 bis 1238, wobei der bisherige Text von 1222 weitgehend beibehalten und durch Reformbestimmungen aus der Bulle *Olim intellecto* vom 18. Februar 1234 sowie durch weitere Beschlüsse des Generalkapitels ergänzt wurde.[75] Bemerkenswert ist dabei die Ausweitung der Kontrollrechte des Generalkapitels auf das Wirtschaftsleben der Stifte, die Wahl und Resignation von Äbten sowie auf die Erteilung von Dispensen.[76] Wie die Edition von Placide Lefèvre zeigt, setzt spätestens mit dieser Redaktion auch bereits die Glossierung einzelner Bestimmungen in den Handschriften ein.

Veranlasst durch die abgeänderten Reformdekrete Innozenz' IV., verabschiedete das Generalkapitel im Oktober 1244 eine neue Statutenredaktion. Diese Redaktion musste durch die Reformdekrete Innozenz' IV. von 1245 sogleich wieder verändert werden und wurde 1246 endgültig verabschiedet, wobei die Bestimmungen der Bulle zu einem großen Teil in gemilderter Form eingearbeitet wurden.[77] Erwähnenswert sind darin darüber hinaus die Vorsichtsmaßnahmen gegen Visitationen von außen (dist. 1 c. 5), die Genehmigung wertvollerer Kleidung für die Äbte (dist. 2 c. 13), Strafmaßnahmen gegen vagierende

Pfarrer (dist. 3 c. 4) sowie gegen Diffamierung des eigenen Klosters und des Ordens (dist. 3 c. 6). Überschreitet der Eigenbesitz 20 Pfund Sterling, ist eine Kerkerstrafe vorgesehen (dist. 3 c. 11). Ferner werden Bestimmungen über die Verwahrung des Siegels des Generalkapitels und die Kollektion der Ordenssteuern (dist. 4 c. 1) sowie die materielle Sorge für die Schwesternklöster (dist. 4 c. 11) getroffen.

Im Jahre 1279 nahm das Generalkapitel unter dem Abt Ägidius van Biervliet (1278–1281) eine erneute Statutenredaktion vor, in der 18 Bestimmungen verändert oder aufgehoben wurden, wobei ausdrücklich eine Milderung der ursprünglichen Strenge betont wird, besonders in den Strafmaßnahmen der Prälaten gegenüber Untergebenen. Die Erlaubnis von 1244/46, inkorporierte Pfarreien mit Weltpriestern besetzen zu dürfen, wird widerrufen. Die Profess von unehelich Geborenen wird bei Strafe der Suspension und Exkommunikation des Prälaten verboten. Die Beschlüsse des Generalkapitels sind nun wegen der geringen Teilnahme nicht mehr von den eigenen Prälaten, sondern von den Visitatoren den Konventen zu verkünden.[78]

Schon elf Jahre später verabschiedete das Generalkapitel unter Wilhelm von Louvignies die wegen der Edition von Le Paige lange Zeit für die ursprünglichen gehaltenen Statuten von 1290.[79] Im Generalkapitel wird nun das Prinzip der dreifachen Lesung eingeführt. Im ersten Jahr wird der Beschluss als vorläufig rechtskräftig verkündet und den Visitatoren aufgetragen, ihn durchzusetzen. Nach einer Prüfung an den Erfahrungen im zweiten Jahr wird er im dritten Jahr endgültig beschlossen und rechtskräftig.[80]

- Die Aufnahme von Novizen und Konversen über die wirtschaftlichen Verhältnisse des Klosters hinaus wird unter Strafe gestellt (dist. 1 c. 14);
- Fleischgenuss auf Reisen und außerhalb des Klosters wird gestattet (dist. 1 c. 18);
- die Resignation der Prälaten und ihre Pension werden genauer geregelt (dist. 2 c. 1);
- Leinenhemden werden bei evidenter Notwendigkeit mit Erlaubnis des Abtes in Männerklöstern gestattet, den Schwestern generell (dist. 2 c. 13);

- die Strafen gegen eingefangene Apostaten (d. h. entflohene Mitglieder, die sich auf Dauer vom Orden trennen wollen) und Proprietarier werden verschärft (dist. 3 c. 8);
- die Prälaten der Zirkarien werden bei ungerechter Behandlung einzelner Klöster zur Wahrung der Rechte und Hilfestellung verpflichtet (dist. 4 c. 2);
- die Veräußerung von Klostergut an Verwandte wird, von Notfällen abgesehen, verboten und unter schwere Strafe gestellt, die Appellation an weltliche Instanzen wird verboten (dist. 4 c. 4);
- die Abtswahl durch freie Stimmabgabe wird abgeschafft und nur die Wahl durch Wahlmänner oder göttliche Inspiration zugelassen (dist. 4 c. 6);
- Verweigerung der Visitation und Schädigung der Visitatoren wird unter Strafe gestellt (dist. 4 c. 8);
- das Verbot von Geldgeschäften wird aufgehoben (dist. 4 c. 9);
- das gemeinsame Essen mit Frauen sowie das Übernachten von Frauen in den Abteien werden untersagt, an Kirchweihen, Ablasstagen und bei Begräbnissen aber der Zugang zum Kreuzgang gestattet (dist. 4 c. 13).
- Mitglieder, die Schwestern geschwängert oder Frauen zum Geschlechtsverkehr in die Klausur eingeführt haben, sind für zehn Jahre in ein entferntes Kloster zu versetzen (dist. 4 c. 15);
- Mitglieder, die der Unzucht überführt werden, sind im eigenen Haus auf Dauer einzukerkern (dist. 4 c. 16);
- Pfarrer, die sich weigern, auf Befehl des Abtes ins Kloster zurückzukehren, sind gleichfalls in ein entlegenes Kloster zu verbannen;
- die Pfarrer haben überdies das, was sie nicht zum eigenen Lebensunterhalt brauchen, ihren Prälaten auszuhändigen (dist. 4 c. 21).

Diese Statuten, in denen die organisatorischen, wirtschaftlichen und disziplinären Probleme der Zeit deutlich zur Sprache kommen, wurden in der Folgezeit durch die Dekrete der Generalkapitel ergänzt. Diese wurden zunächst, wie schon 1154 vorgesehen, als Anhang zur vierten Distinktion gesammelt,[81] 1322 aber zu einer fünften Distinktion vereinigt und dem unveränderten Corpus der Statuten von 1290 angeschlossen.[82] Von diesen erweitern c. 1–5 einzelne Kapitel der Statuten

(Strafbestimmungen, Generalkapitel, Appellation, Novizenaufnahme vor dem 18. Lebensjahr), ohne dass eine neue Redaktion nötig wurde, die restlichen c. 6–19 bringen zusätzliche Bestimmungen, teils liturgische Vorschriften wie die verpflichtende Einführung des Fronleichnamsfestes (c. 6), teils disziplinäre Verfügungen. Bemerkenswert ist das Verbot der eigenmächtigen Vergabe von Vieh auf Halbpacht durch Religiosen, des Handels mit Getreide und Wein ohne Wissen des Prälaten, was alles unter den Tatbestand des verbotenen Eigenbesitzes fällt und dem Armutsgelübde widerspricht (c. 9). Ebenso wird wegen des Beigeschmacks der Simonie die Resignation von Prälaten verboten, die vom Amt nur zurücktreten, um die aus den Klostergütern und Kapitalien in ihrer Amtszeit angehäufte Pension genießen zu können (c. 12). Weitere Problemfelder sind die Pfarrer, die nicht ins Kloster zurückkehren wollen (c. 14. 18), das Zusammenleben adeliger und nichtadeliger Chorfrauen, entflohene und geschwängerte Schwestern, die dann drei Jahre lang einen grauen Konversenhabit tragen müssen (c. 17), und die Vergabe von Pfründen und Renten an Weltleute oder Kleriker, wodurch das Vermögen der Klöster so vermindert wird, dass auch die Zahl der Kanoniker verringert werden muss und weder zum Chorgebet noch zu den übrigen Verpflichtungen hinreicht (c. 19).

Da bis 1505 keine weitere Statutenredaktion erfolgte und die wenigen bislang gedruckten Generalkapitelbeschlüsse des 14. Jahrhunderts, von den disziplinären Problemen der Pfarrseelsorge abgesehen, wenig signifikant sind,[83] wurden die Statuten von 1290 mit der Ergänzung von 1322 zu einem »Rechtsaltertum«, das den Anforderungen der geänderten Lebens- und Wirtschaftsweise nicht mehr entsprach.[84]

3 Von der Reform zur Reformation

Was im 11. und 12. Jahrhundert mit der Gregorianischen Reform begonnen hatte und von der Armutsbewegung und den Bettelorden des 13. Jahrhunderts aufgegriffen wurde, sollte im 14. Jahrhundert erneut zum Programm werden: die Erneuerung der Kirche an Haupt und Gliedern aus dem Geist des Ursprungs. Es sollte allerdings noch einige Zeit dauern, bis der im 15. Jahrhundert überall zu hörende Ruf nach einer Kirchenreform auch den Orden erfasste.[1] Denn das Große Abendländische Schisma (1378–1417) hatte im Orden wie in der katholischen Kirche insgesamt zu einer Spaltung in Obödienzen geführt. Während Prémontré mit Frankreich, Spanien und Schottland nach Avignon ausgerichtet war, banden sich England, Dänemark, Schweden, Polen, Ungarn und die größten Teile des Reichsgebietes, also auch Magdeburg, mit Böhmen unter Karl IV. und König Wenzel an Rom. Die Überlieferung der Generalkapitel aus dieser Zeit ist allerdings äußerst dürftig.[2] Nach dem Konzil von Pisa erkannte Prémontré mit Frankreich, England und großen Teilen des Reiches (außer Bayern) den Pisaner Papst Alexander V. (1409–1410) und seinen Nachfolger Johannes XXIII. (1410–1415) als rechtmäßigen Papst an.

3.1 Eigenart und Hindernisse der Reform

Die Reform des 15. Jahrhunderts ist weithin nur durch normative Texte als Quellen belegt. Wie sie in den einzelnen Klöstern in die Praxis umgesetzt wurde, bleibt oft unsicher. Auch hier werden in »Reformrhetorik« die bestehenden Verhältnisse als abzustellende Missstände beschrieben, um die Notwendigkeit der Reform zu begründen. Zudem kamen die Reformbestrebungen im Orden meist von außen und mussten oft durch Landesherren, Bischöfe oder päpstliche Legaten durchgesetzt werden.

Status quo oder rückwärtsgewandte Reform?

Das Auseinanderklaffen von kirchlicher Realität im Klerus und biblischer Verkündigung, gemessen an der ursprünglichen Lebensweise Christi, war im 14. Jahrhundert offensichtlich[3] und rief u. a. scharfe Reaktionen von John Wyclif (um 1330–1384) und Jan Hus (1370/71–1415) hervor.[4] Die geschichtliche Kirche ist für Wyclif einem Verfallsgesetz unterworfen und seit der Konstantinischen Schenkung sind für ihn die meisten Päpste Häretiker. Sein Ideal der ursprünglichen Lebensweise Christi (*primaeva religio Christi*), verkörpert durch arme Priester ohne Besitz, widerspricht den »Neuerungen«, die seit Konstantin in die Kirche eingedrungen sind und sich in den vier geistlichen Gruppierungen (*sectae privatae*) ausbildeten, die für Wyclif die Quadriga des Teufels bilden:

1. dem mit Pfründen ausgestatteten Klerus,
2. den begüterten Mönchsorden,
3. den Kanonikern und Lehrern an den Kathedralschulen,
4. den Mendikanten.

Wyclif verortet sich selbst in der ersten, ursprünglichen und freien Gefolgschaft Christi, wie bei den Aposteln. Dem entsprechen charismatische apostolische Prediger (*viri apostolici*), d. h. unbepfründete Priester, die auch die Lebensweise der Apostel einschließlich des Barfußgehens wieder aufnehmen. Man fühlt sich in vielem an Norberts Anfänge erinnert. Bezeichnend ist, dass die Reform den schlechten Status quo durch ein »Zurück zu den Anfängen« überwinden will und die »Verfallserscheinungen« als Neuerungen gegenüber der ursprünglichen Observanz einstuft. Neuerungen aber sind zudem meist häresieverdächtig (*Novitas culpabilis, haeresis manifesta).*[5] Insbesondere für Hus ist ein Lebensstil, der den Forderungen des Evangeliums widerspricht, ein Fall von Häresie; denn Häretiker ist für ihn, wer der hl. Schrift in Rede, Schrift oder Tat widerspricht. Durch die Tat sind hier die für Hus zentralen disziplinären Abweichungen Simonie, Konkubinat, Prostitution, Spiel usw. als häretisch gebrandmarkt.[6]

Die »Amtskirche« hatte also einerseits die teilweise wirren Zustände im Großen Abendländischen Schisma zu überwinden, andererseits eine Reform auf den Weg zu bringen, in der die Missstände beseitigt werden, ohne radikale Forderungen zuzulassen. Eine Flut von Reformschriften um das Konstanzer Konzil belegt dies. Zudem waren bei den Franziskanern seit 1370 Observanzbewegungen entstanden, die gegenüber den Konventualen zur ursprünglichen Regelbefolgung, allerdings entsprechend den Weisungen der Päpste, zurückwollten. Sie verfolgten das Ziel einer »strikten Observanz« gegenüber den »Laxisten«, insbesondere hinsichtlich des Armutsgelübdes. Es ist bezeichnend, dass die Franziskaner auf dem Konstanzer Konzil unmittelbar nach der Verurteilung von Wyclifs Lehren am 6. Juli 1415 die Initiative für eine Diskussion um die Ordensreform und darüber hinaus um die Kirchenreform ergriffen.[7] Auch die übrigen Mendikantenorden, aber auch die Mönche und Kanoniker wurden von der Observanzbewegung ergriffen. Zentraler Punkt war auch hier die Armutsfrage mit der Abschaffung des Pfründensystems und dem Vorgehen gegen Proprietarier. Für die Benediktiner wurde der Äbtetag in Petershausen am 28. Februar 1417 von großer Bedeutung, auf dem, inspiriert von der Melker und Kastler Reform, ein monastisches Reformprogramm verabschiedet wurde, das u. a. gegen das Privateigentum der Mönche vorging, häusliche und universitäre Studien empfahl und genauere liturgische Vorschriften enthielt.[8] Für die Regularkanoniker wurde allerdings in Konstanz keine Reform initiiert.

Die Quellen zur Reform des 15. Jahrhunderts stammen zum größten Teil aus Kreisen der Befürworter der Reformmaßnahmen. Sie lassen sich folglich als Erfolgsgeschichten lesen, wie es z. B. ein Nachtrag zur Weltchronik des Johannes Rothe in Mildenfurth bezeugt: *do wart och Mildenfort reformert*.[9] Die einzelnen Konvente und Konventualen standen aber vor der Entscheidung, von dem für sie normalen und erwählten Zustand, auf den sie Profess abgelegt hatten (mit Einpfründung usw.), und den damit übernommenen Rechten abzugehen oder ggf. in ein anderes, nicht reformiertes Kloster auszuweichen, wo sie ihren guten Glaubens übernommenen Lebensstil weiterführen konnten.[10] Nur selten wurde sog. »Reformunwilligen« gestattet, im selben Haus ihre alte Observanz weiter zu pflegen. Sie schrieben im Normalfall auch keine Verteidigungstraktate der bestehenden Verhältnisse, sondern schufen Fakten. So mehren sich gerade im 15. Jahrhundert Fälle von Klosterflucht angesichts der oft rücksichtslosen Durchsetzung von Reformen, z. B. auch eines Windesheimer Chorherren von Agnietenberg bei Zwolle in das nicht reformierte Prämonstratenserstift Hamborn 1475.[11] Ein herausragendes Beispiel ist die Klosterflucht der Benediktiner von Ottobeuren von 1467 bis 1486, wo fast ein ganzer Konvent unter Mitnahme der Pretiosen, Urkunden und Pontifikalien vor den Reformmaßnahmen und Repressalien des Augsburger Bischofs das Kloster verließ, einen Gegenabt wählte und diesen schließlich in das eigene Kloster zurückführte, unter Einschaltung aller wichtigen politischen Instanzen, eines einflussreichen überregionalen Netzwerkes und nicht ohne militärische Auseinandersetzungen.[12]

Die Exemtion

Gegenüber etwaigen Reformmaßnahmen von außen und zur Stärkung der eigenen Ordensautoritäten war es deshalb ein wichtiger Schritt, dass Prémontré in Pisa vom neugewählten Papst Alexander V. am 31. Juli 1409 die Exemtion aller Klöster, Personen und Besitzungen von der Jurisdiktion und Disziplinargewalt der Diözesanbischöfe erreichte.[13] Bisher hatte nur eine Teilexemtion geherrscht, nach der die Prämonstratenser der Disziplinargewalt der Ortsbischöfe weitgehend entzogen waren.[14] Auch mussten die Äbte und Pröpste nicht an Diözesansynoden teilnehmen und waren den Ortsbischöfen zum Gehorsam verpflichtet, obwohl sie nicht von bischöflicher Seite, sondern vom Vaterabt bestätigt wurden. Den Bischöfen kam allerdings das Recht zu, die Äbte zu benedizieren und sie damit indirekt anzuerkennen. Auch hinsichtlich der Visitation konnten sich die Prämonstratenser frühzeitig der bischöflichen Jurisdiktionsgewalt entziehen. Durch die Bulle Alexanders V.

wurde nun der Orden insgesamt direkt dem hl. Stuhl unterstellt und der Gewalt der Bischöfe entzogen.

Ein besonderes Problem stellten allerdings die Prämonstratenser in Pfarreien dar, die nach einer Modifikation der Exemtion vom 1. März 1410 hinsichtlich der Seelsorge den Bischöfen unterstellt blieben und zu den von den Bischöfen auferlegten Abgaben verpflichtet waren.[15] Die Exemtionsbulle Alexanders V. wurde 1423 vom Konzil von Basel bestätigt.[16]

Die Rolle der Landesherren und die regionale Entwicklung

Eine nicht zu übersehende Rolle bei der Reform der Klöster spielten die Landesherren, die teilweise aus eigener Initiative in der Aufrichtung ihres Kirchenregiments tätig wurden. So war z. B. Herzog Albrecht V. von Österreich (1404–1439) ein eifriger Anhänger der Melker Reform. Deren Ziele waren:

- Erneuerung der Liturgie,
- Förderung des Nachwuchses,
- gute Verwaltung,
- rege Bautätigkeit,
- wissenschaftliche Tätigkeit und Förderung des Schulwesens.[17]

Ähnlich wirkten die Herzöge Albrecht III. (1438–1460) und Albrecht IV. von Bayern (1465–1508) in ihrem Territorium auf eine Reform und gute Verwaltung der Klöster hin.[18] Herzog Johann I. von Kleve ließ sich die Reform seiner Klöster (u. a. Hamborn) ebenso angelegen sein wie die Kölner Kurfürsten in ihrem Erzbistum, besonders hinsichtlich der Frauenklöster.[19] Doch nicht selten bedeuteten die Aktivitäten der Landesherren aus eigener Machtvollkommenheit auch eine Bedrohung der Eigenständigkeit und Freiheit des Klosters.[20]

Ganz anders verlief die Entwicklung in Böhmen, wo nach der Hinrichtung Jan Hus' und dem Tod König Wenzels 1420 Unruhen ausbrachen, in denen zahlreiche Klöster von den Taboriten niedergebrannt und die Konventualen vertrieben oder getötet wurden. Verschont blieb nur Teplá/Tepl. Der ehemalige Prämonstratenser von Želiv/Selau, Jan Želivsky, zählt als Prediger und Führer der hussitischen Bewegung in der Prager Neustadt (erster Prager Fenstersturz 1419) zu den bedeutendsten Figuren der hussitischen Bewegung (hingerichtet 1422). Erst in der gemäßigten utraquistischen Periode konnten sich in Strahov und anderen Klöstern wieder kleine Konvente sammeln, doch waren einige Klöster zu klein und starben aus (Dolní Kounice, Litomyšl, Louňovice, Milevsko, Želiv).[21]

In dem durch den Hundertjährigen Krieg und die nachfolgenden Kriege geschwächten Frankreich ergriff erst König Karl VIII. (1483–1498) die Initiative und legte dem neu gewählten Abt von Prémontré, Jean de l'Escluse (1497–1512), ein vier Punkte umfassendes Reformprogramm[22] für den Orden vor:

1. frommes Leben in strikter Klausur wie in den Anfängen,
2. einwandfreies sittliches Leben ohne Frauen in der Klausur und ohne Weinverkauf,
3. »echte« *vita communis* mit Abschaffung des Privateigentums, Ablieferung der Einnahmen an den Prälaten und jährliche Rechnungslegung der Prälaten,
4. Fasten und Abstinenz nach Regel und Statuten.

Sollten sich die Prämonstratenser der Reform widersetzen, werde er sie mittels Angehöriger anderer Orden durchsetzen. Diese Reformpunkte, die ein weithin kontemplatives Ordensleben vorschrieben, wurden am 1. April 1497 vom Generalabt versandt und im Generalkapitel 1498 verpflichtend gemacht.

Die Kommende

Ein wesentliches Hindernis der Durchsetzung der Ordensreform im 15. und 16. Jahrhundert war die Vergabe von Abteien des Ordens in Kommende, d. h. im kirchenrechtlichen Sinne an nicht dem Orden angehörige, meist weltgeistliche Kleriker als Kommendataräbte durch den hl.

Stuhl oder mit dessen Erlaubnis durch die Landesherren.²³ Obwohl schon auf dem Konzil von Basel die Abschaffung der Kommende gefordert wurde,²⁴ wurde sie durch den hohen Finanzbedarf des Papsttums in Avignon und die Reservation der Besetzung von Abteien durch den Papst zu einem probaten Mittel der päpstlichen Finanzpolitik: Einerseits konnte die Kommende durch den Kandidaten erkauft werden, andererseits war die Wiedererlangung des Rechts der freien Abtswahl (in Tongerlo 1502 z. B. 2000 Gulden) sehr einträglich. Da die Kommendataräbte im Normalfall nur an den Einkünften aus den Klöstern interessiert waren, reduzierten sie den von einem Prior geleiteten Konvent so weit wie möglich durch Verbot der Neuaufnahme von Novizen oder durch Vertreibung. Dies führte nicht nur zu einer deutlichen Verarmung des liturgischen und klösterlichen Lebens, sondern in vielen Fällen auch zum Aussterben des Klosters, das dann als Domäne dem Kommendatarabt verblieb. Auf diese Weise und durch Übertragung an andere Orden gingen im 15. und 16. Jahrhundert die Klöster des Ordens in Italien zugrunde.²⁵ Verbreitet war das Kommendesystem in Frankreich, Spanien, Polen und Ungarn.

In Brabant, wo u. a. die mächtige Abtei Tongerlo in Kommende gegeben wurde, erreichte der Abt von Park, Dietrich Van Tuldel, mit Unterstützung der Landstände und des Statthalters Maximilian von Österreich in persönlichen Verhandlungen in Rom zwar 1476 eine Bulle von Sixtus IV., mit der die Kommende für den Orden verboten wurde, doch 1478 annullierte derselbe Papst seine Zusage. 1515 gestattete Leo X. Kaiser Karl V. für seine Territorien, dass ohne die landesherrliche Zustimmung keine Abteien mehr besetzt werden konnten. Dies hatte eine massive Einmischung der Landesherren und der Regierung in die Abtswahlen zur Folge, in denen nun von jedem Wähler drei Kandidaten bestimmt werden mussten.²⁶

Einen Höhepunkt erreichte das Kommendewesen, als 1535 Prémontré selbst von Paul III. an Kardinal Francesco Pisani in Kommende gegeben wurde, der es nach heftigem Widerstand des in dieser Zeit kaum besuchten, finanziell sehr schwachen und hauptsächlich durch Pariser Professoren geführten Generalkapitels 1561 an Kardinal Ippolito d'Este vermachte (bis 1571).²⁷ Die Kardinäle bestimmten dann als Kommendataräbte von Prémontré jeweils einen Generalvikar für den Orden. Zum

Generalkapitel 1564 erschien kein einziger Prälat, sodass den restlichen Teilnehmern der Orden dem Zusammenbruch nahe erschien.[28] Da auch die Primarabteien St. Martin in Laon und Cuissy zeitweise in Kommende waren, blieb nur der Abt von Floreffe aus der früheren Ordensleitung übrig. Dieser durfte aber wie auch die brabantischen Äbte nicht nach Prémontré reisen. Denn Papst Julius III. hatte am 1. Oktober 1552 Karl V. als König von Spanien und Herzog von Brabant gestattet, alle Klöster seiner Länder einer inländischen Leitung zu unterstellen, von ausländischen Oberen zu trennen (auch hinsichtlich der Ordenssteuern) und jede Visitation durch solche zu verbieten.[29]

Päpstliche Reformaufträge

Die Impulse zur Ordensreform des 15. Jahrhunderts kamen meist im Zusammenwirken von Ordensinstanzen und päpstlicher Kurie zustande.[30] Teilweise ging es dabei um regionale Einzelmaßnahmen wie die Abschaffung des schwarzen Habits in England, die Martin V. 1429 den Visitatoren auftrug. Doch bereits 1438 schickte Eugen IV. ein sehr allgemein gehaltenes Mahnschreiben an das Generalkapitel, die Klosterreform in Angriff zu nehmen. Angesichts des Widerstandes im Orden richtete 1451 Generalabt Johannes Auget (1449–1458) im Namen des Generalkapitels einen eindringlichen Appell an alle Prämonstratenser, in dem erstmals scharf gegen die angebliche Wurzel aller Missstände, den Eigenbesitz (*proprietas*), vorgegangen und Proprietariern das kirchliche Begräbnis verweigert wird. Ihre Leichen müssen vielmehr in der Mistgrube (*in sterquilinio*) entsorgt werden.[31]

Angesichts des Widerstandes gegen die Durchsetzung mittels der Visitationen erbat Generalabt Auget von Nikolaus V. 1454 eine Bulle, in der der Papst die Behinderung der Visitatoren, u. a. durch Heranziehung weltlicher Kräfte, unter Strafe verbot. Auf Bitten des Generalprokurators Dietrich Van Tuldel erließ Pius II. am 26. Juli 1462 eine Bulle an die Dekane von Paris, Cambrai und St-Quentin, also Ordensfremde, um die die Prälaten des Ordens gebeten hatten, die Statuten den zeitgenössischen Gegebenheiten insbesondere hinsichtlich Fasten und Abstinenz anpassen zu dürfen. Der Papst beauftragte die drei Prälaten (*docto-*

3 Von der Reform zur Reformation

res maximi) mit der Statutenrevision. Doch diese entsprach nicht dem Wunsch des Ordens. Am 4. Juni 1464 erließ der Papst daher auf Bitten des Ordens eine neue und für die Folgezeit entscheidende Bulle, in der er das Generalkapitel beauftragte, die Reform selbst in Angriff zu nehmen. Als wesentliche Reformpunkte erscheinen hier:

- die Verpflichtung auf die drei substantiellen Gelübde (Armut, Keuschheit, Gehorsam) und die Augustinusregel,
- Abstinenz von Fleisch am Mittwoch und Freitag, ebenso durch den ganzen Advent und von Septuagesima bis Ostern, auch außerhalb der Klöster (mit Dispensmöglichkeit im Krankheitsfall),
- gemeinsame Mahlzeit im Refektorium und gemeinsames Dormitorium,
- Stillschweigen,
- strenge Klausurbestimmungen für Männer- und Frauenklöster,
- Professalter von 18 Jahren,
- Verpflichtung zu Armenpflege und Gastfreundschaft,
- Rechnungslegung des Prälaten,
- Bestrafung bei Übertretungen.[32]

Durch diese im Vergleich zu anderen sehr gemäßigten Reformbestimmungen kam es im Prämonstratenserorden nicht wie in anderen Orden zur Abtrennung eines »observanten«, strikt an den Gebräuchen der Anfangszeit ausgerichteten Reformzweiges.[33]

Reformbestimmungen der Generalkapitel sind wegen der lückenhaften Überlieferung dieser Jahre nur vereinzelt nachzuweisen. 1480 wurde die Rechnungslegung der Prälaten, 1481 die Versorgung des Konvents mit Kleidung verordnet, Kleidervorschriften erlassen und eine detaillierte Revision der seit 1322 nicht mehr veränderten Statuten in Angriff genommen, die 1502 zum Abschluss kam (s. S. 90–92).[34]

Mittel der Durchsetzung

Das wichtigste Mittel zur Durchsetzung der Reform war die Visitation, nun weniger durch die Väteräbte als vielmehr durch die vom Generalkapitel beauftragten Visitatoren für die einzelnen Zirkarien oder Klöster.[35] Die Itinerare, Formulare und Rezesse, oft nach demselben Schema gestaltet, zeigen in fast allen Klöstern mehr oder weniger übereinstimmende Reformpunkte:

- Einhaltung der Gelübde,
- wöchentliche Beichte,
- einmal jährlich Beichte vor dem Prälaten,
- strenge Klausurbestimmungen,
- Installation einer Pforte und Verbot des eigenmächtigen Verlassens der Klausur,
- gemeinsames Dormitorium mit eigenen Zellen, die zumindest durch einen Sehschlitz in der Tür einsehbar sein müssen,
- Verbot von Federbetten,
- Abschaffung des Privateigentums und der Gütertrennung zwischen Abt und Konvent,
- Uniformität in der Kleidung,
- genaue Verrichtung der Liturgie nach den Büchern des Ordens,
- Pflege der Predigt und Schulung der jungen Mitbrüder darin,
- gemeinsame Mahlzeit mit Tischlesung im Refektorium, aus dem nichts mitgenommen werden darf,
- Verteilung der Pitanzen an den ganzen Konvent, nicht an Einzelpersonen,
- strikte Einhaltung des Stillschweigens,
- Fasten und Abstinenz.

Zur Reform eines Klosters holte man oft für einige Zeit Mitbrüder in leitende Funktionen (Prioren, Novizenmeister) aus einem bereits reformierten Kloster, eine Praxis, die vor allem in der Sächsischen Zirkarie gepflegt wurde. So breiteten sich die Reformen regional von ihren Zentren aus.[36] Gegen Widerspenstige, Vagabunden und Delinquenten wurde mit Zwangsmaßnahmen vorgegangen, die von den in den Statuten vorgesehenen leichteren Strafen bis zur Strafversetzung in ein anderes Kloster oder zur Einkerkerung reichten. 1502 wurde vom Generalkapitel die Errichtung eines zentralen Kerkers in Laon beschlossen, 1527 ein ebensolcher für die Normannischen Zirkarien in Isle-Dieu.[37] Häufig musste sich das Generalkapitel im 15./16. Jahrhundert allerdings nicht nur mit Widersetzlichkeit gegen Reformen oder Obere befassen, sondern auch mit Unzucht, Körperverletzung, Tötungsdelikten (u. a. durch Gift), Verschleuderung des Klostergutes, Simonie und Brandstiftung.[38] Doch mit Zwangsmaßnahmen allein lässt sich eine Ordensreform nicht durchsetzen, solange ein reformgesinnter Nachwuchs fehlt. Deshalb wurde sehr bald das Augenmerk auf eine solide Ausbildung der jungen Mitbrüder gerichtet. Diese sollte sowohl die klösterliche Disziplin als auch die hl. Schrift und Theologie (im Hinblick auf die Predigt) und ggf. (z. B. in Averbode 1502) die Rechtswissenschaften umfassen.[39]

Widerstand

Die rückwärtsgewandten Reformideen der Kirchen- und Ordensleitung stießen keineswegs überall auf Begeisterung. Denn die lokale Tradition des Klosters, in das man eingetreten war, mit der ihm eigenen Wirtschaftsweise und die Pfründenausstattung, auf die man die Profess abgelegt hatte, waren ein Rechtsgrund, gegen die als unangebracht empfundenen Neuerungen, die durch die Reform eingeführt wurden, Widerstand zu leisten.[40] Zudem fehlte bei der durch Zwangsmaßnahmen durchgesetzten Reform oft die theologische und spirituelle Begründung. Nicht selten führten die durch die Visitatoren, Landesherren oder Bischöfe durchgesetzten Reformen zu einer Spaltung des Konventes und zum Übertritt der sich verweigernden Kanoniker in ein noch nicht reformiertes Kloster.[41] Als z. B. Herzog Johann I. von Kleve 1467 in Hamborn die Reform durchsetzen wollte, entschieden sich nur der Abt und zwei Konventualen dafür, drei wollten sie ein Jahr ausprobieren und nach Bedenkzeit entscheiden, drei weitere erbaten sich sogleich Bedenkzeit, einer wollte sofort in ein nicht reformiertes Kloster übertreten. An ihrer Stelle holte man drei Mitbrüder aus dem reformierten Sayn, um die Reform einzuführen. Doch diese resignierten angesichts des »wilden Lebens« sehr bald. Auch die Empfehlung des Generalkapitels und die Androhung von Gefängnisstrafen konnten daran nichts ändern. Nicht einmal die Entlassung der Widerspenstigen und ihre Abfindung mit einer Pension durch den Herzog brachten den gewünschten Erfolg, als man 1487 mit Johann Stael einen entschiedenen Reformgegner zum Abt gewählt hatte.

Auch in den Frauenklöstern ließ sich die Reform mit strenger Klausur, Chorgebet, Gemeinschaftsleben und Stillschweigen und einem geistlichen Leben nicht widerstandslos durchsetzen. Als der Vaterabt von Steinfeld in dem von ihm abhängigen Frauenstift Ellen ca. 1476 die Reform durchsetzen wollte, blieben nur fünf Schwestern im Kloster; die restlichen flohen (wohl zu ihren adeligen Verwandten) oder gingen in nicht reformierte Klöster. Andernorts wurden manche aber auch zur Strafe für ihre Widerspenstigkeit in reformierte Klöster gesteckt. Der Widerstand in Reichenstein wurde vom Abt von Steinfeld 1484 durch Verhängung des Kirchenbanns und anschließende Umwandlung in ein Männerkloster (1487) gebrochen. Die beiden letzten Professschwestern wurden mit Pensionen entlassen.

Universitätsstudien

Einen nicht zu unterschätzenden Faktor im klösterlichen und intellektuellen Leben des 15. und 16. Jahrhunderts stellen die Mitbrüder dar, die an den zahlreichen neu gegründeten Universitäten studiert und teilweise auch gelehrt hatten. Sie brachten unter dem Einfluss des Humanismus die neue, der Bibel und den Kirchenvätern zugewandte Theologie mit nach Hause und gelangten nicht selten in führende Positionen. Das freiere Leben an den Universitäten war gelegentlich auch Anlass zu disziplinären Maßnahmen und zum Misstrauen gegen die Universitätsstudien.[42]

Auch die Theologie hatte sich im 14. und 15. Jahrhundert teilweise von der scholastischen Methode gelöst und in den Dienst der Kirchenreform gestellt. Zu den führenden Autoren der Reformbewegung zählte Johannes Gerson (1363–1429), Kanzler der Universität Paris, der durch seinen Einfluss über alle Schulgrenzen hinweg zum »Kirchenvater des 15. Jahrhunderts« geworden ist.[43] Seine Vorlesungen sind nicht nur Auslegung der hl. Schrift, sondern auch Stellungnahmen zu aktuellen Fragen anhand einzelner Bibelverse. So handeln sie z. B. von Fasten und

Abstinenz, vom Vorrang des aktiven oder kontemplativen Lebens und von der mystischen Theologie, d. h. der Theologie des Geistlichen Lebens. Gerson weist der Theologie pastorale Aufgaben zu: Unterweisung der einfachen Gläubigen und Lösung der moralischen Probleme der Zeit sollten vordringliche Ziele der Theologie sein. Dafür empfiehlt er die literarische Form kleiner Traktate, wie sie im 15. Jahrhundert zuhauf geschrieben wurden. Er will eine einfache, pastorale und kirchlich ausgerichtete Theologie auf biblischer Grundlage verbreiten, die das gesamte Geistliche Leben umfasst und nicht nur den Verstand, sondern gerade auch das affektive Leben einbezieht. Denn nur die *boni et devoti* könnten Gott wirklich erkennen.

Im Bereich der Melker Reform waren vor allem die Wiener Theologen an der Universität und am Herzogshof einflussreich, allen voran Heinrich von Langenstein (1325–1397), Nikolaus von Dinkelsbühl (um 1360–1433) und Heinrich Totting von Oyta (ca. 1330–1397). Neben die universitäre Tätigkeit tritt hier, z. B. bei Heinrich von Langenstein, eine eindeutig pastorale Akzentuierung in zahlreichen kleinen Traktaten und Erklärungen, z. B. des Vaterunsers, des Ave Maria, des Glaubensbekenntnisses usw.[44]

Die zunächst antiakademische Bewegung der *Devotio moderna* erfasste durch die religiöse Betreuung der Studenten, dann auch durch die Brüder vom gemeinsamen Leben (Fraterherren) die Universitäten, besonders in Tübingen, wo u. a. Gabriel Biel (um 1419–1495) lehrte.[45] In der Orientierung an Bibel und Kirchenvätern (Hieronymus) wurden hier Universitätstheologie, klerikale Lebensform augustinischer Ausrichtung und seelsorgliches Engagement zu einer neuen Lebensform vereinigt, die nicht zuletzt auch die Prämonstratenser beeinflusste.

Für Frankreich war immer noch Paris das Zentrum der Studien und entwickelte durch das Kolleg eine gewisse Attraktivität. Mehrfach musste sich allerdings das Generalkapitel mit dem baulichen und disziplinären Zustand des Kollegs befassen. Doch ist nicht zu übersehen, dass gerade in der Zeit der Kommende von Prémontré die reformgesinnten Doktoren und Professoren von Paris, an erster Stelle der spätere Generalabt Jean Despruets, eine führende Rolle im Generalkapitel übernahmen und diese Ordensinstitution vor dem gänzlichen Erlöschen bewahrten.

3.1 Eigenart und Hindernisse der Reform

In den Niederlanden wurde die 1426 eröffnete Universität Löwen mit ihren zahlreichen Kollegien das geistige Zentrum. So ließen z. B. die Äbte begabte junge Leute dort studieren in der Hoffnung auf späteren Ordenseintritt. Aus Löwen holte man auch die Lehrer für das eigene Klosterstudium.[46] Von 1453 bis 1527 sind in der Matrikel 128 Prämonstratenser verzeichnet.[47]

Für die Jahre 1372 bis 1522 hat James J. John 153 Ordensangehörige aus 27 Klöstern an den Universitäten Prag, Erfurt, Leipzig, Rostock, Greifswald, Wittenberg und Frankfurt an der Oder identifiziert.[48] 13 von ihnen wurden später Bischöfe und mindestens 35 Äbte oder Pröpste. Bedeutsam für das geistige Klima ist die Tatsache, dass sich die Prämonstratenser-Bischöfe selbst finanziell und rechtlich um die Universitäten bemühten, so die Brandenburger Bischöfe, allen voran der gelehrte Stephan Bodeker (1421–1459), ein anerkannter Hebraist,[49] und die Äbte von Pudagla und Belbuck um Greifswald, Bischof Johannes Parchentin von Ratzeburg um Rostock. Brandenburg entsandte allein 35 Studenten an Universitäten. Mehrere Prämonstratenser gelangten auch in hohe akademische Positionen als Dekane und Rektoren. 1496 beschloss das Triennalkapitel der Sächsischen Zirkarie, dass die Domstifte Havelberg und Brandenburg immer einige Studenten bis zum Doktorat an den Universitäten haben sollten, was 1514/15 auf alle Stifte der Zirkarie ausgedehnt wurde. Die Studenten wurden nicht nur zum eifrigen Studium angehalten, sondern auch zu den sonntäglichen Ansprachen im Kapitel verpflichtet.[50]

Ähnliches lässt sich anhand der Matrikeln der Universitäten für das restliche Reichsgebiet feststellen, unter denen Wien, wo sich von 1377 bis 1525 83 Prämonstratenser immatrikulierten (24 allein aus Louka/Klosterbruck), Köln, Freiburg, Heidelberg, Tübingen und Ingolstadt die führenden waren.[51] Speziell für die angesichts der politischen Bedeutung der Klöster wichtige Rechtswissenschaft hatte Bologna immer noch große Anziehungskraft.

Die Reformstatuten von 1505

Das nachhaltigste Ergebnis der Ordensreform des 15. Jahrhunderts war die Revision der Statuten.[52] Nach dem Reformauftrag Sixtus' IV. von 1476 veranstaltete man 1481 unter Generalabt Hubert de Monthermé eine Revision der einzelnen Distinktionen, die zahlreiche Reformvorschläge zur Anpassung der Gebräuche nach Maßgabe der Bulle Pius' II. von 1464 enthielt. Viele Bestimmungen sollten in das Ermessen der Prälaten vor Ort gelegt werden. In den Fasten- und Abstinenzbestimmungen folgte man den Erleichterungen in der Bulle Pius' II., ebenso im Professalter. Zum Besuch des Generalkapitels waren nicht mehr alle Prälaten verpflichtet, sondern mindestens zwei Deputierte aus jeder Zirkarie, falls nicht der Generalabt ausdrücklich mehr einberief. Der Beginn des Generalkapitels wurde vom 9. Oktober auf den vierten Sonntag nach Ostern (*Cantate*) verlegt.[53] Doch wurden nicht alle hier gemachten Vorschläge in die Endfassung aufgenommen, z. B. nicht die weitreichenden Ermessensentscheidungen und Dispensmöglichkeiten der Prälaten.

Die Statutenreform sollte allerdings noch viel Zeit in Anspruch nehmen und wurde erst nach dem Reformdekret König Karls VIII. von 1497 unter Generalabt Jean de l'Escluse auf dem Generalkapitel 1498 mit Energie vorangetrieben. 1501 wurde der überarbeitete Text vorläufig und 1502 definitiv verabschiedet. Am 11. März 1503 genehmigte Papst Alexander VI. die Promulgation, doch sein Tod vor dem Erlass der Bulle verhinderte diese. Julius II. stellte dann am 26. November 1503 die für die Folgezeit verbindliche Bulle *Rationi congruit* aus, in der das Reformwerk approbiert wurde und die Abstinenzvorschriften Pius' II. ausdrücklich für alle Zeiten verbindlich gemacht wurden. Zugleich verlieh der Papst den zuständigen Ordensinstanzen das Recht, ohne neuerliche päpstliche Approbation die Statuten (mit Ausnahme der drei substantiellen Gelübde und deren Observanz) zu ändern und an neue Gegebenheiten anzupassen, sofern die Bestimmungen des Ordens nicht vom Kanonischen Recht abweichen.[54]

Die Promulgation der Statuten erfolgte durch das Generalkapitel 1505, das auch die Drucklegung beschloss. Allerdings war die Auflage so klein, dass die Klöster in entfernteren Regionen oft kaum Exemplare erhielten.[55] Deshalb ließ 1588 Johannes Queschwitz, Abt des von der Ju-

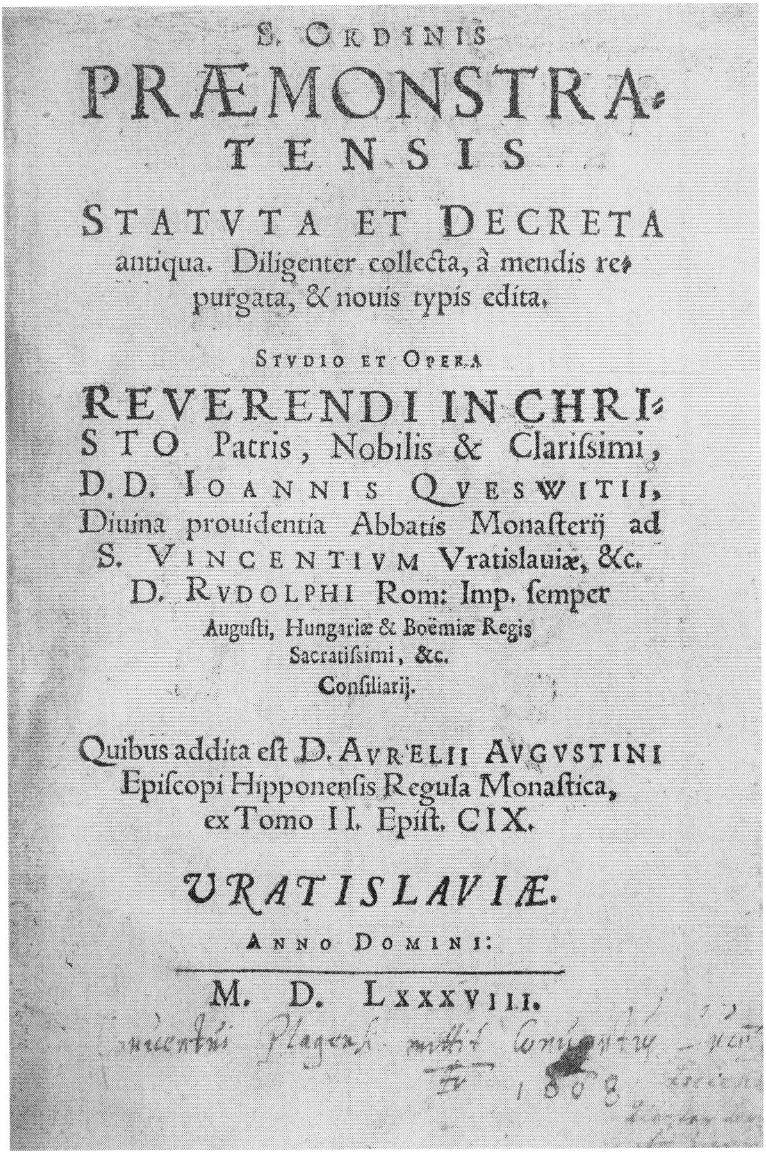

S. ORDINIS
PRÆMONSTRA‑
TENSIS

STATVTA ET DECRETA
antiqua. Diligenter collecta, à mendis re‑
purgata, & nouis typis edita,

STVDIO ET OPERA

REVERENDI IN CHRI‑
STO Patris, Nobilis & Clarifsimi,
D. D. IOANNIS QVESWITII,
Diuina prouidentia Abbatis Monafterij ad
S. VINCENTIVM Vratislauiæ, &c.
D. RVDOLPHI Rom: Imp. semper
Augufti, Hungariæ & Boëmiæ Regis
Sacratifsimi, &c.
Confiliarij.

Quibus addita eft D. AVRELII AVGVSTINI
Epifcopi Hipponenfis Regula Monaftica,
ex Tomo II. Epift. CIX.

VRATISLAVIÆ.

ANNO DOMINI:

M. D. LXXXVIII.

Abb. 5: Titelblatt der *Statuta et decreta* von 1505 in der Ausgabe Breslau 1588, ohne Druckerangabe.

risdiktion des Ordens exemten und direkt dem hl. Stuhl unterstellten Stiftes St. Vinzenz in Breslau, für sein Kloster eine Neuausgabe drucken, die auch in der Böhmischen Zirkarie Verbreitung fand.[56] Die Rezeption der neuen Statuten, die bis zur Revision von 1627/30 in Kraft blieben, wurde durch die Visitatoren überprüft.[57] Ihre faktische Umsetzung in den einzelnen Klöstern ließ jedoch hinsichtlich der Abschaffung des Eigenbesitzes und der Trennung zwischen Konvents- und Abtsgütern sowie hinsichtlich der Klausurbestimmungen noch lange auf sich warten. Während sie in Frankreich und den Niederlanden auf Zustimmung stießen, erhob sich in den strenger reformierten Klöstern der Sächsischen Zirkarie Widerstand, da diese in den »laxeren« Statuten von Prémontré nur einen Rückschritt in der Reform sahen und sie schließlich nach einem Verbot des Bischofs von Magdeburg 1513 ablehnten.[58]

3.2 Reformzentren

Während die Zentrale in Prémontré den Reformgedanken der Konzilien nur sehr langsam umsetzte, gab es an der Peripherie des Ordens bereits Reformpläne und deren tatsächliche Verwirklichung, allerdings zunächst von außen veranlasst. Dadurch entstanden im Orden Reformzentren, die dann auf andere Klöster ausstrahlten.

Unter dem Einfluss der Melker Reform

Die vom Benediktinerstift Melk ausgehende Reformbewegung erfasste im 15. Jahrhundert dank der Förderung durch Herzog Albrecht V. von Österreich und ihrer Verwurzelung in der Theologie der Wiener Universität auch die Prämonstratenser. Einen Anlass dazu boten Auseinandersetzungen zwischen Propst Bernhard (1418/19–1427) und Konventualen im Stift Schlägl im Jahr 1420.[59] Da der Vaterabt Svatomir von Milevsko/Mühlhausen wegen der totalen Vernichtung seines Klosters durch die

3.2 Reformzentren

Hussiten nicht persönlich visitieren konnte, wandte er sich an den Landeshauptmann des Landes ob der Enns, Reinprecht von Wallsee, mit der Bitte, die Visitation durchzuführen. Dieser beauftragte mit einer Vollmacht Herzog Albrechts den Ritter Andreas Herleinsperger, Vizedom des Hochstiftes Passau, also einen Laien, Schlägl zu visitieren und in einigen Punkten zu reformieren, die der Konvent auch anzunehmen bereit war:

- Befolgung der Ordensregel, aus der täglich ein Abschnitt vorgelesen werden soll,
- genaue Verrichtung des Offiziums mit Gesang,
- Nachtruhe im Dormitorium,
- Verbot des Verlassens der Klausur ohne Erlaubnis des Propstes und ohne Begleitung eines Mitbruders oder Familiaren (ausgenommen Küchenmeister und Verwalter),
- Lektüre in der Freizeit.

Die Reichnisse der Pfründen sollen den Mitbrüdern nach alter Gewohnheit und den Bestimmungen des Ordens zugeteilt werden. Der spezielle Weinkeller ist unter doppeltem Verschluss zu halten. Die Liste der Punkte zeigt, dass hier an die grundsätzliche Abschaffung des Pfründenwesens und des Eigenbesitzes noch nicht gedacht ist. Ebenso wenig stand die Abschaffung der Trennung von Propst- und Konventgütern zur Debatte. Denn 1426 verkaufte der Propst eine halbe Mühle an einen Konventualen.[60]

Die Früchte dieser gemäßigten Reform sollte dann Propst Andreas Rieder (1444–1481) ernten, unter dem Schlägl dank eifriger Förderung von Studium, Scriptorium und Bibliothek (mit Werken aus der Nähe der Melker Reform) zu einem geistigen Zentrum wurde, das u. a. bis in das schwäbische Ursberg ausstrahlte, von wo der spätere Abt Ulrich Seckler (1459–1469) nach Schlägl u. a. zur Übung in der Predigt geschickt wurde.[61]

3 Von der Reform zur Reformation

Der Einfluss von Windesheim

Von der Windesheimer Kongregation der Augustiner-Chorherren, der das Konzil von Basel 1435 die Reform der deutschen Augustiner-Chorherrenstifte übertragen hatte, gingen auch weitreichende Reformimpulse auf die Prämonstratenser in Friesland, Westfalen, im Rheinland und in Sachsen aus.[62] Damit kam auch die Spiritualität der *Devotio moderna* in die Prämonstratenserklöster. Diese Reform ging weiter als die Melker, war an einem kontemplativen Ordensleben orientiert und forderte die Abschaffung des Eigenbesitzes der Chorherren, was natürlich auf erheblichen Widerstand stieß.

Ein erstes Reformzentrum Windesheimer Prägung war das friesische Kloster Bloemhof in Wittewierum bei Groningen, wo 1430 Johannes Gerhardi aus dem Kloster Agnietenberg zum Abt gewählt wurde. Von dort strahlte die Reform auf die Friesische Zirkarie und Westfalen aus.[63] Der Abt von Wittewierum visitierte 1449 auf Bitten des dortigen Reform-Propstes Johannes Lamberti von Steinheim (1435–1453) aus der Zisterzienserabtei Marienfeld das adelige Stift Clarholz, um die Reform Lambertis zu unterstützen. Clarholz selbst wurde im östlichen Teil der Westfälischen Zirkarie zu einem Zentrum der Reform, das u. a. die Pröpste der Frauenklöster Rumbeck und Ellen stellte.[64]

Die überragende Figur der Windesheimer Reform war aber der Hildesheimer Chorherr Johannes Busch (1399–1479/80), dessen »Windesheimer Chronik« eine erstrangige Quelle der Ordensreform darstellt.[65] Seine Tätigkeit erstreckte sich über die Augustiner-Chorherren hinaus auf die Klöster der Sächsischen Zirkarie.

Die Reform in der Zirkarie Sachsen

In den von Magdeburg abhängigen Klöstern der Sächsischen Zirkarie findet sich der Reformgedanke bereits im 14. Jahrhundert, als Propst Werner von Magdeburg (1303–1317) und das Triennalkapitel u. a. die Residenzpflicht der Pfarrer, die Tonsur und den Verzicht auf Eigenbesitz einschärften. Diese Bestimmungen wurden in die Beschlüsse des Triennalkapitels von 1424 aufgenommen, das darüber hinaus genauere Kleidervorschriften erließ, das öffentliche Tanzen der Chorherren verbot und die gerechte Zuteilung der Rationen und Pitanzen durch die Prälaten anmahnte. Zugleich wird die Einhaltung der Statuten, die in jedem Haus in beglaubigter Abschrift vorhanden sein müssen, eingeschärft.[66] Die eigentliche Reform des 15. Jahrhunderts in Sachsen verdankt sich aber dem Zusammenwirken von Johannes Busch, Kardinal Nikolaus von Kues und den von der Windesheimer Reform beeinflussten Erzbischöfen Friedrich von Beichlingen (1445–1464) und Johann Pfalzgraf bei Rhein (1466–1475).[67] Ein erster Reformversuch des Marienstiftes in Magdeburg durch Johannes Busch 1442 scheiterte am Widerstand des Priors und der Bürgerschaft. Bischof Friedrich von Beichlingen entfernte mit Buschs Hilfe den reformunwilligen Konvent und berief Prämonstratenser aus den reformierten Klöstern Heiligenthal und Wittewierum nach Magdeburg. Die neuen Mitglieder des Konvents sollten in Buschs Kloster Sülte das Ordensleben kennenlernen und wurden 1447 nach Magdeburg geschickt, wohin sich auch Busch für einige Zeit begab. Von Magdeburg aus erfasste die Reform die Stifte Gottesgnaden, Quedlinburg, Mildenfurth, Kölbigk und Klosterrode, die sich zu einer eigenen Union innerhalb der Zirkarie zusammenschlossen.[68] Reformansuchen kamen auch aus Lorsch (1476, abgelehnt) und St. Vinzenz in Breslau (1482, angenommen).[69]

1451 hielt sich Kardinal Nikolaus von Kues als Legat in Sachsen auf und ernannte am 3. Juli 1451 Propst Eberhard Woltmann von Magdeburg zum Visitator der Zirkarie mit dem Auftrag, die Reform in den Stiften durchzuführen und jährliche Kapitel abzuhalten. Am 20. April 1458 folgte ein ausführlicheres Reformdekret von Erzbischof Friedrich, in dem neben genauer Verrichtung des Offiziums und statutengetreuem Leben auf das jährliche Kapitel der Union zur Überwachung der Reform gedrängt wurde. Tatsächlich blieb es aber bis 1473 wohl bei den Triennalkapiteln. 1469 legte das Triennalkapitel allerdings generelle Richtlinien einer Reform fest, die deutlich an der Bulle Pius' II. vom 26. Juli 1462 orientiert sind.[70]

Erst das Reformdekret des Erzbischofs Johann bei Rhein vom 10. November 1472 brachte die Wende, sodass ab 1473 neben den Triennalkapiteln der Zirkarie tatsächlich Annualkapitel der Union stattfanden. Das Dekret nimmt die Bestimmungen Bischof Friedrichs wieder auf, ver-

3 Von der Reform zur Reformation

schärft aber die Fastenvorschriften: Abstinenz von Fleisch am Montag, Mittwoch und Samstag, zu Abend auch am Dienstag und Donnerstag, sowie von Septuagesima bis Ostern und im Advent, dauerndes Fasten (eine Mahlzeit und Kollation, d. h. ein kleines Abendessen) vom Fest der Kreuzerhöhung (14. September) bis Ostern. An höheren Festen können zu Abend zwei Eier oder etwas Äquivalentes gereicht werden. Des Weiteren werden Silentium, einheitliche Kleidung, Klausur und das Verbot, außerhalb des Klosters im Umkreis einer Meile zu essen oder zu trinken, eingeschärft. Weitere Statuten sollen vom Annualkapitel selbst erlassen werden.[71]

Das Annualkapitel 1473 beschloss sogleich die Errichtung eines gemeinsamen Kerkers in Gottesgnaden (erneut 1482), nahm das Reformdekret auf und richtete es an den Bestimmungen der Statuten aus. Fleisch wurde nur für Sonntag (mittags und abends), Dienstag und Donnerstag (mittags) gestattet. 1475 wurden die Schankstuben in den Klöstern abgestellt. Da sich die Reform der Pfarrer schwierig gestaltete, wurde 1478 beschlossen, künftig keine Chorherren mehr auf inkorporierte Pfarreien zu exponieren. Im Hinblick auf die »laxeren« Verhältnisse in Prémontré gab es bereits beim Triennalkapitel 1490 Überlegungen, die Exemtion von Prémontré beim hl. Stuhl zu betreiben. Die Reform blieb jedoch in der Praxis oft ohne Umsetzung, sodass 1511 die Reformbestimmungen erneuert und 1516 genauere Anweisungen für die Visitatoren zur Überwachung der Durchführung gegeben wurden.[72] 1510 wurde den Prälaten der Sächsischen Zirkarie genehmigt, das Generalkapitel nur alle sechs Jahre zu besuchen, ebenso wurden die Annualkapitel offiziell anerkannt. Dem Protest aus der Zirkarie gegen das Fasten bei Wasser und Brot an allen Vortagen von Marienfesten sowie an allen Freitagen der Fastenzeit und gegen das dauernde Stillschweigen wurde stattgegeben und die Prälaten zur Annahme der Statuten angehalten.[73]

Eine nicht zu unterschätzende Rolle spielten in der Sächsischen Zirkarie auch die Landesherren im Ausbau ihres Kirchenregiments, die die Bischöfe von Brandenburg und Havelberg zunächst in ihrer ablehnenden Haltung gegenüber der Magdeburger Reform bekräftigten. Doch 1446/47 ließ sich Kurfürst Friedrich II. von Papst Eugen IV. das Recht übertragen, die Domstifte von Brandenburg und Havelberg in weltgeistliche Stifte umzuwandeln, was jedoch zunächst nicht erfolgte. Dagegen wandelte Herzog Johann IV. von Sachsen-Lauenburg 1504 das Domstift Ratzeburg in ein weltgeistliches Stift um. Ihm folgt Kurfürst Joachim von Brandenburg 1506 mit der Umwandlung von Brandenburg und Havelberg unter dem Vorwand der Reform, bestätigt durch Julius II. Doch hielten sich gewisse Frömmigkeitselemente aus prämonstratensischer Zeit auch noch später, selbst nach der Reformation.[74]

Nikolaus von Kues und die gescheiterte Reform des Stiftes Wilten

Das Beispiel einer misslungenen Reform bietet das Stift Wilten unter dem Brixener Bischof Nikolaus von Kues.[75] Nach der Rückkehr von seiner Visitationsreise durch Deutschland nahm er 1452 Wiltens Reform nach Magdeburger Vorbild in Angriff, die er unter Abt Erhard (1452–1458) durchzusetzen versuchte. Der reformunwillige Teil des Konventes, der sich zwar schriftlich auf die Observanz verpflichtet hatte, fand in Rot an der Rot, Wiltens Mutterstift, Aufnahme und appellierte an den Papst. Nikolaus beauftragte Propst Eberhard Woltmann von Magdeburg mit der Reform, der diese 1454/54 mit Hilfe der aus Magdeburg mitgebrachten Brüder durchführte. Am 26. April 1454 löste Nikolaus Wilten aus der vereinigten Bayerischen und Schwäbischen Zirkarie und gliederte es der Sächsischen Zirkarie ein. In den Kapiteln der Saxonia findet sich aber keine Spur einer Zugehörigkeit. Damit war Wilten zugleich aus der Paternität von Rot und dem Verband mit Prémontré gelöst und der Jurisdiktion des Brixener Bischofs unterstellt, was dann zu dem erst 1665 entschiedenen Exemtionsstreit mit Brixen führte.[76] Die von Nikolaus 1455 angeordnete Visitation durch den Propst des Augustiner-Chorherrenstiftes Neustift bei Brixen, den Abt der Zisterzienser von Stams und den Windesheimer Chorherren Hermann von Halle, also Ordensfremde, brachte jedoch den Magdeburger Propst 1456 dazu, die Magdeburger Konventualen wieder aus Wilten abzuziehen. Im folgenden Jahr verwehrten sich auch die Prälaten der Bayerischen und Schwäbischen Zirkarie gegen die bischöfliche Reform und kündigten ihrerseits eine Visitation an, die allerdings wegen der massiven Drohungen des Bischofs unterblieb.

Nikolaus versuchte nun, Wilten als Reformzentrum für die bayerischen Stifte Steingaden und Schäftlarn bei Herzog Albrecht III. von Bayern-München attraktiv zu machen. Dieser hatte sich mit dem Anliegen der Reform von Steingaden, Schäftlarn und Windberg an Papst Pius II. gewandt, der Nikolaus mit der Reform beauftragte. Präses der am 12. Januar 1459 ernannten Reformkommission war der neue Abt von Wilten Ingenuin Mösl (1458–1464). Doch die Kommission kam offenbar nicht mehr zur Arbeit. Denn inzwischen hatte sich der Abt von Wilten im Konflikt des Bischofs von Brixen mit Herzog Siegmund von Tirol auf die Seite des Landesfürsten gestellt und war vom Papst am 8. August 1460 mit dem großen Kirchenbann belegt worden, von dem er erst am 2. September 1464 gelöst wurde.

Nach dem Tod des Kardinals Nikolaus von Kues am 11. August 1464 wurde die unter Beteiligung der nach Rot geflohenen Konventualen durchgeführte Wahl des neuen Abtes Johann Lösch (1464–1469) vom Vaterabt von Rot bestätigt und die Reform rückgängig gemacht.

Prémontré und die Ordensinstanzen

Die Reformen von außen fanden in den bis 1480 nur spärlich überlieferten Akten der Generalkapitel, abgesehen vom Reformappell des Generalabtes Auget 1451, nur wenig Widerhall. Doch nahm man 1460 Kontakt mit Kardinal Nikolaus von Kues auf, allerdings weniger in Reformangelegenheiten, sondern vielmehr zur Erlangung von Vergünstigungen in Rom.[77] 1483 wurde jedoch der Abt von Steinfeld, das sich zu einem Zentrum der Reform in der Westfälischen Zirkarie entwickelte, beauftragt, die Zirkarien Westfalen und Friesland zu visitieren, wofür ihm weitreichende Vollmachten erteilt wurden. Auch später spielte der Abt von Steinfeld im Auftrag von Prémontré eine zentrale Rolle in der Reform der Klöster, besonders der zahlreichen Frauenstifte.[78] Die Generalkapitel nach 1505 befassten sich in der Durchsetzung der neuen Statuten meist nur mit Missständen in einzelnen Klöstern oder mit der Reform einzelner Zirkarien. Das Mittel war hier die Visitation, notfalls mit Hilfe des weltlichen Arms. So wurde 1505 König Jakob IV. von Schottland gebeten, die Reform in seinem Reich zu überwachen und zu unterstützen. 1506 setzte man deutliche Bemühungen zur Restitution und Reform der mährischen Klöster Hradisko und Zábrdovice. Man spürte allerdings auch den Widerstand der Kommendataräbte. 1514 beauftragte man die Äbte von Retuerta und La Vid als Generalvikare mit der Reform in Spanien, 1515 musste man feststellen, dass die Reform in Schwaben und Bayern nicht durchgeführt sei. 1516 nahm man die Ungarische Zirkarie ins Visier und unterstellte die Klöster drei neuen Vateräbten aus der eigenen Zirkarie.[79]

Für die weitere Reform von Prémontré aus wurde das 1517 vom Generalkapitel unter dem tatkräftigen Generalabt und *Reformator Generalis*, Jacques de Bachimont (1513–1531), verabschiedete Reformdekret *Vineam Domini Sabaoth* maßgebend, das angesichts der fehlenden Umsetzung der Statuten von 1505 die dort enthaltenen Fasten- und Abstinenzbestimmungen einschärft, ferner den Frauen den Zugang auch zu den Werkstätten des Klosters verbietet (ausgenommen die Stifterinnen). Frauen schlechten Rufs durften sich nicht innerhalb der Klostermauern aufhalten. Sollten Prälaten gegen diese Bestimmungen verstoßen, drohte ihnen die Absetzung. Alle Bestimmungen der ersten Distinktion der Statuten (Tagesordnung und Offizium) waren genauestens zu befolgen. Weltleute und Weltpriester durften grundsätzlich nicht am klösterlichen Mahl teilnehmen. Die Kleidervorschriften wurden erneuert, der Besuch von Hochzeiten und Jahrmärkten wurde verboten, ebenso die Übernahme von Taufpatenschaften, das Essen mit Frauen, auch mit leiblichen Schwestern, im Klosterbereich oder in den Gärten. Den Prälaten wurde die Überwachung der Seelsorger hinsichtlich Konkubinat und weiblichem Personal verordnet. Dieses Personal war binnen drei Tagen wegzuschaffen. Zur besseren Befolgung sollte dieses Reformstatut einmal wöchentlich verlesen werden.[80]

1518 wurde den Prälaten auch die Sorge für die Kleidung der Mitbrüder übertragen, um der Gefahr des Eigenbesitzes entgegenzuwirken. 1519 befasste man sich ausführlich mit der Reform in der Zirkarie Westfalen, gab den Visitatoren die Vollmacht, wenigstens alle drei Jahre alle Prälaten der Zirkarie zu einem Kapitel einzuberufen und legte das Professalter auf 16 Jahre fest. 1520 wurde dem Abt von Teplá/Tepl die Reform in Böhmen und Mähren übertragen, 1521 dem Abt von Lidlum die Reform in Friesland, Holland und Geldern. 1523 stand wie-

3 Von der Reform zur Reformation

der Schottland auf der Tagesordnung, 1526 die Zirkarien Ilfeld und Wadgassen und 1528 Neuffontaine, das unter Kommende stand. Die wiederholten Reformaufträge für dieselben Regionen zeigen auch den aktenkundigen Widerstand, insbesondere von Seiten der Proprietarier und Pfarrer. Das Generalkapitel musste sich auch weiterhin mit Fragen der Pitanz und der Essens- und Weinrationen befassen.[81] Das Generalkapitel 1531, das sich erstmals auch mit der Ausbreitung der »Lutherischen Seuche« in Schwaben konfrontiert sah, betrieb erneut die Umsetzung des Dekrets *Vineam Domini Sabaoth* von 1517 und verbot u. a. die Teilnahme von Frauen am Mahl, das Mitnehmen von Speisen aus dem Refektorium und das geheime Lagern von Wein und Bier.[82] Mit der Kommende in Prémontré ab 1535 verebbte der Reformimpuls im Generalkapitel. Doch wurde noch 1542 die Reform von Bellapais auf Zypern beschlossen, das 1571 von den Türken erobert wurde. Schließlich wurde das unter Kardinal Pisani im Niedergang begriffene Prémontré 1544 selbst einer Reform unterzogen.[83]

Drei großräumige Reformbewegungen wurden darüber hinaus vom Orden initiiert, die im Folgenden gesondert dargestellt werden sollen: England, Böhmen und Ungarn.

Die Reform in England

Die Englischen Zirkarien waren durch das Abendländische Schisma und den Hundertjährigen Krieg weitgehend von Prémontré getrennt. Sie hielten seit 1387 eigene »Generalkapitel« ab und unterstanden einem eigenen Generalvikar. Auch hinsichtlich des Ordenskleides und der Liturgie wurde die Uniformität aufgegeben und ein schwarzer bzw. blauer Habit eingeführt, der aber 1429 auf Befehl des Papstes wieder einem weißen weichen musste. Die meist armen englischen Klöster hatten zudem oft unter der Unterdrückung durch weltliche Herren zu leiden und konnten nur wenige Studenten an Universitäten schicken.[84]

Die Reform in England ist weithin das Werk des Generalvikars Richard Redman, Abt von Sharp (1458–1505), zugleich Bischof von St. Asaph (1472–1495), Exeter (1492–1501) und Ely (1501–1505). Durch seine Beziehungen zum König, nach Rom und zum Generalkapitel, dem er alle sieben Jahre Bericht erstatten musste, konnte er mit umfassenden Vollmachten visitieren. Seine gut dokumentierten Visitationsreisen durch alle Klöster geben einen lebendigen Eindruck von den Problemen, Auseinandersetzungen und Verfehlungen in manchen Klöstern. Nach diesen befanden sich neun Klöster in einem allseits befriedigenden Zustand, in sechs Häusern wurden schwere Verfehlungen festgestellt, sieben weitere waren in einem mittelmäßigen Zustand. Mit Milde und Strenge, durch Versetzungen, Strafen und detaillierte Anordnungen wurde auch hier versucht, für Disziplin zu sorgen, was auch so weit gelang, dass bei Redmans Tod 1505 England gut reformiert dastand.[85]

Redman konnte 1503 noch die Aufhebung der Trennung von Prémontré erreichen und den langen Streit wegen der nicht bezahlten Tallien beilegen. Doch unter Redmans wenig geeigneten Nachfolgern als Generalvikar wurden die Kontakte zum Generalkapitel nur sporadisch gepflegt und der Streit um die Tallien eskalierte, bis die Englischen Zirkarien 1512 von Papst Julius II. die volle Autonomie von Prémontré erreichten.[86]

Die Reform in Böhmen

Von den böhmischen Stiften war einzig Teplá/Tepl von der Zerstörung durch die Hussiten weitgehend verschont geblieben. Hier konnte daher die Reform am frühesten ansetzen, allerdings von zwei Seiten, den Ordensinstanzen und dem König.[87] Die Anfänge gingen vom Orden aus, als 1458 der Speinsharter Propst Georg Ochs von Gunzendorf zum Visitator für Böhmen und Mähren bestellt wurde. 1459 übertrugen Abt Simon de Terrière von Prémontré (1458–1470) und das Generalkapitel die Paternität über Teplá/Tepl, wo wegen Nachlässigkeit und mangelnder Sorge des Abtes der Gottesdienst fast erloschen sei, von Strahov, dem selbst Mitbrüdern mangelten, an Speinshart mit dem Auftrag, Teplá/Tepl zu reformieren.[88] Erste Reformbestimmungen sind aber erst aus dem Jahr 1465 erhalten, als König Georg von Podiebrad (1458–1471) im Streit zwischen Abt Sigismund Hausmann (1459–1506) und Propst Georg Plotner von Chotěšov/Chotieschau den Abt von Hradisko als

3 Von der Reform zur Reformation

Richter einsetzte: Die Rechte des Abtes von Teplá/Tepl sind zu wahren. Wirtshausbesuch und Spiele wurden verboten, die Klausur der Schwestern verschärft. Streitigkeiten seien nicht vor ordensfremden Instanzen auszutragen. Der Propst von Chotěšov/Chotieschau durfte keine Apostaten oder Klosterflüchtlinge aus Teplá/Tepl aufnehmen. Silentium und Tischlesung wurden ebenso angeordnet wie das Anbringen von Fenstern in den Türen der Zellen.

Nach Georg Ochs von Gunzendorf wurde 1476 Abt Johannes Schiltl von Osterhofen zum neuen Visitator u. a. für Böhmen, Mähren und Österreich ernannt. Dieser berief die Äbte von Strahov, Teplá/Tepl, Milevsko/Mühlhausen und Želiv/Selau sowie die Pröpste der Frauenstifte Chotěšov/Chotieschau und Doksany/Doxan für den 19. März 1476 zu einer Konferenz nach Schlägl ein, um ihnen die Punkte der Reform vorzulegen. Sein Nachfolger Ulrich Hummel von Windberg beließ es 1482 bei einem Schreiben mit der Aufforderung, die substantiellen Gelübde zu halten, verordnete gemeinsame Mahlzeiten mit Tischlesung, Rechnungslegung über die Einkünfte und die Bezahlung der Tallien, urgierte die Verrichtung des Offiziums und die Klausur. Von Teplá/Tepl schickte man Matthäus de Utvina, den späteren Abt von Strahov, nach Knechtsteden, damit er dort die Reform der Westfälischen Zirkarie kennenlerne. König Vladislav II. (1471–1516) trieb die Reform in eigener Vollmacht voran und forderte 1483 vier bis sechs Mitbrüder aus dem reformierten Stift Mildenfurth in der Sächsischen Zirkarie an. Damit gewann Teplá/Tepl Anschluss an die Magdeburger Reform. Die Äbte von Teplá/Tepl und Strahov begaben sich persönlich nach Sachsen, auch mehrere Mitbrüder wurden dorthin und nach Westfalen geschickt, aus Magdeburg besorgte man sich auch Abschriften der liturgischen Bücher. Als sich Teplá/Tepl gefestigt hatte, wurden dorthin auch Mitbrüder anderer Klöster (z. B. Želiv/Selau) zur Ausbildung geschickt und z. B. der Abt von Strahov bat um zeitweilige Entsendung Tepler Mitbrüder in sein Kloster. So wurde Teplá/Tepl zum Mittelpunkt der Erneuerung des Ordens in den böhmischen Ländern. 1520 wurde der Abt von Teplá/Tepl vom Generalkapitel auf drei Jahre zum Visitator mit Reformauftrag für die Zirkarien Böhmen, Mähren, Tuszien, Norwegen und Kalabrien bestellt.[89]

3.2 Reformzentren

Die Reform in Ungarn

Die letzte vortridentinische Reform im Orden betraf die Ungarische Zirkarie, bestehend aus meist kleinen Propsteien, die häufig unter Kommende standen.[90] 1506 resignierte der Kommendatarpropst von Ság und der Konvent wählte Franz Fegyverneky zum Propst (1506–1535). Diesem gelang es, mit Hilfe des Ordens und der Könige Vladislav II. (1490–1516) und Ludwig II. (1516–1526) eine Reform zahlreicher ungarischer Klöster durchzusetzen. 1510 entsandte man Propst Uriel Maythényi von Turóc, einen ehemaligen Kommendatarabt, zum Generalkapitel, der einen Dispens von den Tallien auf vier Jahre erreichte. Das Generalkapitel bat König Vladislav, die Reform zu unterstützen, die freie Propstwahl zu gewährleisten und die Rückgabe der dem Orden entfremdeten Propsteien anzuordnen; der Primas von Ungarn, Kardinal Thomas Bakócs, zugleich Patriarch von Konstantinopel und Legat, sollte die Klöster vor vor hohen Abgaben an die Kurie schützen. Die Wahl eines geeigneten Generalvikars mit umfangreichen Reformvollmachten wurde den Prälaten der Zirkarie anheimgestellt.[91] Zu diesem Amt wurde Propst Fegyverneky gewählt, dem es mit Unterstützung des Königs und des Primas gelang, drei Propsteien für den Orden zurückzugewinnen, bei anderen die Kommende zu beenden, die Disziplin zu verbessern und den Personalstand deutlich anzuheben.

Das Generalkapitel 1516 war voller Anerkennung für die Leistung der Ungarn und reduzierte die Tallien angesichts der Kosten für die Wiedergewinnung und den Wiederaufbau der Propsteien. Zugleich wurde König Vladislav gebeten, die dem Bischof von Pécs (Fünfkirchen) überlassene Paternität über Turóc zu widerrufen. Wegen der geringen Anzahl von Konventualen wurden in manchen Klöstern Weltpriester zu Pröpsten gewählt oder durch die adeligen Familien in ihren Hausklöstern eingesetzt. Die neuen Pröpste sollten ein Jahr lang in Ság die Reform kennenlernen und dort das Ordenskleid erhalten. Ebenso wurde das einjährige Noviziat eingeschärft und den Chorfrauen von Szeged und Solmyovásárhely erlaubt, weibliches Personal in der Klausur zu beschäftigen. Wegen der weiten Entfernung von Prémontré wurden schließlich die ungarischen Klöster einheimischen Vateräbten unterstellt und drei neue Filiationen geschaffen: Ság, Jászó und Csorna.[92]

3 Von der Reform zur Reformation

Als 1526 nach der Schlacht von Mohács Ungarn von den Türken erobert wurde, war die Ungarische Zirkarie weithin reformiert. Die entleerten und oft zerstörten Klöster wurden zumeist als Kommende an Weltgeistliche gegeben oder von adeligen Familien an sich gerissen. Als vermutlich letztes Kloster starb 1569 Lelesz aus.

3.3 Die Reformation und ihre Folgen

Die für das 16. Jahrhundert bestimmenden Ereignisse der Reformation im Reich und im nördlichen Europa beschäftigten die Ordensinstanzen in Prémontré zunächst nur am Rande. Allerdings wurde 1518 angesichts des Ablasshandels in Deutschland verboten, ohne Erlaubnis des Prälaten Ablassbriefe zu kaufen, weil damit nur der Verfall der Disziplin in den Klöstern gefördert werde. Denn man müsse ja enorme Verstöße begehen, von denen man sich durch die Ablässe wieder reinigen könne.[93] In den Klöstern fand die neue Lehre in der Wittenberger, oberdeutschen oder helvetischen Form aber bald ebenso begeisterte Anhänger wie entschiedene Gegner.

»Auslaufen« oder bleiben?

Luthers zunächst beharrende Haltung zur Frage der Klöster und Ordensgelübde[94] erleichterte es einerseits manchen Klöstern und meist reformorientierten Mitgliedern, seine Ansichten wenigstens teilweise zu integrieren. Andererseits veranlasste die Ablehnung der nicht aus evangelischer Freiheit abgelegten Gelübde und die Verwerfung der Werkgerechtigkeit gerade durch die observanten Klöster manche zum Verlassen des Klosters. Ein generelles »Auslaufen« der Klosterleute ist allerdings bei den Prämonstratensern dank ihrer Struktur in autonomen Klöstern, weithin noch mit Pfründenbesitz, kaum festzustellen.[95]

Zunächst waren es meist einzelne Personen, die das Kloster verließen, wie der Weißenauer Chorherr Magister Gregor Mangold, Sohn des bischöflichen Kanzlers von Konstanz, der in seinem Studium in Freiburg im Breisgau 1521 mit Luthers und Erasmus' Gedankengut in Berührung gekommen war. Als er nach seiner Rückkehr zum Prediger bestellt wurde und die neue Lehre vertrat, wurde er als solcher abgesetzt und floh 1522 aus dem Kloster zu seinem Vater, der ihn 1523 zu Zwingli weiterschickte.[96] Aus St. Luzi in Chur schloss sich Georg Cajakob, genannt Blaurock, den Täufern an und wurde 1529 in Innsbruck hingerichtet.[97]

Es gab aber auch Konvente, in denen die reformatorische Bewegung stärker Fuß fasste, so z. B. in dem nicht der Magdeburger Reform angehörigen Stift Leitzkau, dessen Propst Georg Rinsch (1519–1521) schon seit 1516 mit Luther in freundschaftlichem Briefwechsel stand und in Wittenberg ein Studienhaus für seine Kleriker unterhielt. Propst Rinsch und der größte Teil des Konventes verließen das Kloster, sodass 1534 nur noch vier oder fünf Chorherren verblieben waren, was dem katholischen Kurfürsten von Brandenburg als Anlass diente, das Stift 1537 zu säkularisieren.[98]

Einen wesentlichen Beitrag zur Reformation leistete das Stift Belbuck bei Treptow in Pommern.[99] Der hochgebildete Abt Johannes Boldewan (1517–1522) hatte 1517 den Lehrer an der Treptower Stadtschule Johannes Bugenhagen (1485–1558) als Professor der hl. Schrift an sein Kloster verpflichtet. Um Bugenhagen sammelte sich in Treptow und Belbuck ein Kreis von Klerikern, zu denen u. a. der Prämonstratenser Christian Ketelhut (Ketelhot, † 1564), Johann Kureke, die späteren Prediger in Stralsund, und Otto Schlutow, der Pfarrer von Treptow, gehörten. Seit 1520 mit Luthers Ideen vertraut, ging Bugenhagen 1521 nach Wittenberg zu weiteren Studien, wo er 1523 Pfarrer wurde. Als der Herzog von Pommern 1521 das Wormser Edikt verkündete und Abt Boldewan absetzte, löste sich der Konvent weitgehend auf, sodass Herzog Bogislaw X. das Kloster 1522 säkularisierte, wobei den verbliebenen Konventualen Wohnung und Unterhalt im Kloster zugesichert wurden. Abt Boldewan ging nach Wittenberg zu Bugenhagen und mit diesem nach Hamburg, wo er Pfarrer an St. Petri wurde. Aus dem Frauenkloster in Treptow kam Elisabeth von Meseritz (um 1500–1535) zu Bugenhagen nach Wittenberg, wo sie 1524 Luthers Mitarbeiter Caspar Cruciger heiratete und zur ersten Liederdichterin der lutherischen Bewegung wurde (*Herr Christ der einig Gottessohn*, Erstdruck 1524).[100]

Klosteraufhebungen durch die Landesherren

Durch den Wandel der Reformation von der »Gemeindereformation« zur landesherrlichen »Fürstenreformation« waren die Klöster Objekte der Reformationsanstrengungen der Territorialherren geworden. Zwar stimmte das Vorgehen im Allgemeinen mit landesherrlicher Visitation, Verbot der Novizenaufnahme, Inventarisierung, Ablieferung der Kirchenschätze, ggf. landesherrlicher Güterverwaltung und schließlich der Umwidmung oder Liquidierung der Gebäude überein, doch die Durchführung war hinsichtlich des Verbleibens und der Abfindungen der Konventualen in den einzelnen Territorien sehr unterschiedlich, nicht zuletzt bei Mitwirkung der Landstände.[101] Deshalb sind hier generelle Aussagen nicht möglich. Vielmehr können nur einige signifikante Beispiele genannt werden.

Während z. B. Landgraf Philipp von Hessen schon ab 1520 eine entschieden lutherische Haltung einnahm und bald auf die Klöster zugriff, erfolgte in Pommern der Zugriff auf die verbliebenen Klöster erst nach dem Landtag von Treptow 1534. Pudagla wurde 1535 säkularisiert, das Frauenkloster Stolp 1541 in eine »Zuchtschule« für adelige Töchter umgewandelt.[102] Eine Reformation aus eigener Machtvollkommenheit des Herzogs ohne Mitwirkung der Stände erlebte Württemberg nach der Rückkehr des vertriebenen Herzogs Ulrich 1534. Doch in Adelberg leistete man erbitterten Widerstand. Die meisten Chorherren flohen in das Mutterkloster Roggenburg, Abt Leonhard Dürr (1502–1538) blieb im Klosterhof in Göppingen. Die verbliebenen Chorherren weigerten sich, in das Zentral- und Aussterbekloster Maulbronn zu gehen und wollten in ihrem Gotteshaus bleiben, »bis man uns hinausschleift«. Durch das Augsburger Interim 1547 konnten der neue Abt Ludwig Wernher (1547–1565) und sechs Chorherren wieder nach Adelberg zurückkehren. Die herzogliche Klosterordnung von 1556, nach der die Messe abgeschafft wurde und bei Tod oder Amtsverzicht eines Abtes ein lutherischer ernannt werden sollte, stieß in Adelberg nochmals auf heftigen Widerstand, sodass sie modifiziert werden musste. 1565 wurde der erste lutherische Abt eingesetzt, und die Chorherren wanderten wieder nach Roggenburg aus.[103]

In Ostfriesland, wo sich katholische, lutherische, oberdeutsch-zwinglianische und niederländisch-reformierte Tendenzen dank einer schwachen Zentralgewalt ausbreiten konnten, sollten nach der Kirchenordnung von 1535 evangelische Prädikanten für die Klöster bestellt werden. Sie wurden nach den anfänglichen Gewaltmaßnahmen Graf Ennos II. weithin geduldet. Im Frauenkloster Blauhaus/Langen wurden 1562 neben dem Propst und zwei katholischen Kaplänen noch zwölf Chorfrauen gezählt. Die Wirtschaftsführung stand aber bereits unter gräflicher Verwaltung. In Barthe starb die letzte Prämonstratenserin um 1600.[104]

In der Kurpfalz konnten die zahlreichen Klöster auch nach dem Amtsantritt des lutherischen Kurfürsten Ottheinrich 1556 fortbestehen, doch unter protestantischen Gebräuchen. Die Klöster Lorsch und Enkenbach ergaben sich 1557 dem Kurfürsten und ließen sich entsprechend abfinden. Unter dem reformierten Kurfürsten Friedrich III. (1559–1576) wurden dann von 1564 bis 1567 alle Klöster aufgelöst, oft verbunden mit einem Bildersturm. Von Ottheinrichs Maßnahmen war 1556 auch das in der Oberen Pfalz gelegene Kloster Speinshart mit Abt und zwei auf Seelsorgestellen eingesetzten Chorherren betroffen, wo bereits 1554 ein in Wittenberg ausgebildeter lutherischer Pfarrer eingesetzt wurde. Abt Georg von Gleißenthal nahm 1556 die neue Kirchenordnung an, heiratete mit Erlaubnis des Kurfürsten, behielt aber die Abtswürde auch als Rat der kurfürstlichen Regierung in Amberg bei und verteidigte den Besitz seines Klosters hartnäckig gegen die Maßnahmen Friedrichs III. Unter dem wieder lutherischen Kurfürsten Ludwig VI. (1576–1603) wurde Gleißenthal 1577 zum Viztum (Statthalter) der Oberen Pfalz bestellt und starb 1580.[105]

Nachdem in der Mark Brandenburg 1542 die Reformation eingeführt worden war, wurde Gramzow 1543 säkularisiert. Im selben Jahr wurden die Kanoniker des Marienstiftes auf dem Harlungerberg bei Brandenburg, die sich der Auflösung ihres Klosters widersetzten, vom Pfandinhaber Anton von Warberg gewaltsam vertrieben.[106] Im Hochstift Magdeburg wurde noch zu Lebzeiten des letzten katholischen Bischofs Friedrich IV. (1545–1552) das Stift Jerichow unter weltliche Verwaltung gestellt, die noch übrigen drei Kanoniker durften aber bleiben. Unter dem evangelisch gesinnten Erzbischof Sigismund wurde 1564 das im Aussterben befindliche Stift in Gottesgnaden aufgehoben.[107] Am längsten widersetzte sich das Mutterstift Unser Lieben Frauen in Magdeburg allen Versuchen einer landesherrlichen Reformation und forderte in Steinfeld Verstärkung durch Mitbrüder an, die es auch erhielt. Erst 1597 gelang es dem Domkapitel gegenüber den drei verbliebenen Kanonikern, in einer rechtlich unsauberen Wahl den ersten lutherischen Propst durchzusetzen.[108]

Zählte der Prämonstratenserorden um 1500 im Reichsgebiet 132 Männerklöster, so waren es um 1555 noch 98, um 1648 nur noch 85; von den 78 Frauenklöstern existierten um 1555 noch 61, um 1648 nur mehr 30.[109]

Die Folgen der Reformation in Europa

Die helvetische Reformation erfasste bald die zur Schwäbischen Zirkarie gehörenden Klöster der Schweiz, aber wegen der kleinräumigen Gliederung auch sehr unterschiedlich. Das erste Kloster, das von Zürich aus aufgehoben wurde, war 1525 Rüti, wo Abt Felix Klauser vom Zürcher Rat abgesetzt wurde. Ein Teil des Konvents fügte sich der Reformation und wurde auf Pfarrstellen befördert, drei Konventualen blieben in Rüti, mussten die neue Kirchenordnung übernehmen, erregten aber wegen ihrer weltlichen Lebensführung mehrmals den Unwillen des überwachenden Zürcher Rates. Der Vaterabt von Weißenau verlangte Rütis Wiederherstellung und setzte 1530 einen neuen Abt ein. 1557 zog der letzte Konventuale auf Weisung des Abtes von Weißenau in den Klosterhof in Rapperswil um.[110] In dem zum Gotteshausbund gehörenden Stift St. Luzi in Chur wurde 1526 die Novizenaufnahme verboten. Abt Theodul Schlegel (1515–1529) war anfänglich einer Kirchenreform durchaus zugetan, wandte sich aber bald davon ab und vertrat einen strikt altgläubigen Kurs. Sein Versuch, Angelo de Medici auf den Bischofsstuhl von Chur zu befördern, und seine Verbindungen zur Familie de Musso waren der Vorwand, ihn 1529 wegen Hochverrats hinzurichten. 1538 mussten die Prämonstratenser St. Luzi verlassen und konnten in der im Fürstentum Liechtenstein gelegenen Pfarrei Bendern bis 1636 überleben.[111] Das unter österreichischem Schutz stehende Stift Churwalden wurde durch lokale Streitigkeiten mit den reformierten Bünden so weit ruiniert, dass 1599 der letzte Propst resignierte. Im Tochterkloster St. Jakob im Prättigau verließ bereits im Bauernaufstand 1525 der letzte Propst das Kloster und bekannte sich zur reformierten Lehre.[112]

Von den zur Burgundischen Zirkarie zählenden Klöstern der Westschweiz konnte sich Bellelay der von Bern aus verbreiteten Reformation widersetzen, während Gottstatt wie alle bernischen Klöster 1527 einem Vogt unterstellt wurde. Abt Konrad Schilling war einer der vier Präsidenten der Berner Disputation von 1528, nahm die Reformation an und wurde Pfarrer von Gottstatt und Schaffner des Klostergutes. Ebenfalls von Bern aus wurde Lac de Joux 1536 reformiert, 1542 wurden die Güter liquidiert und der letzte Abt mit einer Pension abgefunden.[113]

Von Neuchâtel aus wurde 1530 Fontaine André reformiert, doch widersetzte man sich der Zerstörung der Altäre und appellierte 1531 an das Generalkapitel, das aber nur die Aufnahme von Mitbrüdern in andere Klöster oder die Sammlung an einem anderen Ort erlauben konnte. Der letzte Abt wollte 1536 das Land verlassen, blieb aber und genoss seine Einkünfte bis zu seinem Tod 1539.[114]

In Dänemark führte König Christian III. (1534-1559) die Reformation durch und schuf eine Nationalkirche mit dem König als Oberhaupt. Das Domstift in Børglum (mit dem Frauenkloster Vrejlev) wurde 1540 aufgehoben, den Kanonikern aber ebenso wie den Chorfrauen der weitere Verbleib gestattet. Auch in Dragsmark durften die Kanoniker unter der Bedingung bleiben, dass sie einen lutherischen Prediger unterhielten. Erst 1561 wurden die letzten Prämonstratenser vertrieben und die Güter durch die Krone eingezogen.[115]

In England waren die Prämonstratenser seit 1512 von Prémontré exemt. Die Versuche, sie wieder in die Ordensgemeinschaft und in das Generalkapitel zurückzuführen, kamen aber zu spät. Zwar wurde 1531 die Exemtion vom hl. Stuhl widerrufen. Doch 1535 mussten alle Äbte den Suprematseid auf Heinrich VIII. leisten, und in den nächsten Jahren bis 1540 wurden, beginnend mit den ärmeren, alle Klöster aufgehoben, auch das erst 1537 vom König in ein Prämonstratenserinnenkloster umgewandelte Stixwold.[116] Die englische Reformation brachte in der elisabethanischen Zeit auch das Ende der noch verbliebenen drei Prämonstratenserklöster in der Irischen Zirkarie.[117]

In Schottland, wo unter dem katholischen Königshaus der Stuarts die Reformation nach einem Bildersturm 1560 vom Parlament verordnet wurde, waren die meist unter Kommende stehenden Klöster durch das Verbot der Neuaufnahme zum Aussterben verurteilt. Ein früher Anhänger der lutherischen Reformation war der Kommendatarabt von Fearn, Patrick Hamilton, der 1528 als Ketzer verbrannt wurde. Die Güter wurden erst 1587 durch den *Act of Annexiation* der Krone zugeschlagen und adeligen Familien in Kommende gegeben.[118]

Weit weniger geordnet als in der Fürsten- und Königsreformation verlief die Entwicklung in den Niederlanden, zumal in Auseinandersetzung mit dem spanischen König und dessen Statthaltern bzw. Statthalterinnen. Doch waren bereits 1559 bei der Neugliederung der Bistümer manche reichen Abteien (Middelburg, Tongerlo, in Friesland Mariengaarde, Wittewierum und Bolsward) gegen den Widerstand der Äbte und Konvente zur Dotation der neuen Bischofsstühle herangezogen worden. Die Versuche der Gemeinden, die Reformation durchzusetzen, verursachten Bilderstürme und seit 1572 die Verheerungen durch die Geusen. Aus der Abtei Middelburg in Zeeland wurden am 9. Juli 1572 Jakob Lacops und Adrian Jansen nach langen Misshandlungen erhängt. Sie wurden 1867 als Märtyrer heiliggesprochen. Im Achtzigjährigen Krieg gegen Spanien wurden die meisten Klöster ausgeplündert und teilweise verwüstet. In der Opposition gegen Spanien waren sich die nordniederländischen und friesischen Abteien mit den Protestanten einig. In Friesland wurden die Klöster durch die Stände ab 1580 aufgelöst, in Groningen, wohin auch Sibrandus Leo († 1578), der humanistische Chronist der Klöster Mariengaarde und Lidlum, geflüchtet war, erst nach der Eroberung 1594. In den nördlichen Niederlanden konnte nur die Abtei Berne in der Zerstreuung (zuerst in 's-Hertogenbosch und im späteren Refugium in Vilvoorde bei Brüssel) und das Frauenstift Sint-Catharinadal in Breda, wenn auch sehr kümmerlich, überleben.[119]

Katholische Territorien

Auch in den altgläubig gebliebenen Territorien des Reiches bereitete die Reformation den Klöstern beträchtliche Probleme, zumal wenn sie in protestantischer Nachbarschaft lagen. Im Bauernkrieg 1525 wurden die meisten schwäbischen Reichsabteien von den Bauern geplündert und zum Teil niedergebrannt. Einen unmittelbaren Eindruck davon gibt die reich bebilderte Bauernkriegschronik des Weißenauer Abtes Jacob Murer.[120] An eine Durchsetzung der Ordensreform, die erst 1531/32 das Generalkapitel für Schwaben und Bayern beschlossen hatte, war unter diesen Umständen nicht zu denken. Ebenso wenig half das 1534 unter Androhung des Kerkers erlassene Verbot, lutherische Schriften zu lesen oder darüber zu disputieren.[121] Aus dem bayerischen Kloster Windberg traten mehr als zehn Mitbrüder zur neuen Lehre über und verließen das Kloster. Thomas Rorer wurde ein bedeutender lutherischer Schriftsteller und wirkte 1563 an der Einführung der Reformation in der Reichsgrafschaft Ortenburg mit. In Osterhofen traten 1557 Abt und Prior zum Luthertum über und wurden abgesetzt.[122] In der Westfälischen Zirkarie konnten sich alle Männerklöster bis auf Stade und Heiligenberg im katholischen Bekenntnis behaupten, teilweise gegen starken Druck der Landesherren (z. B. Clarholz) und unter materiellen Einbußen. Von den Frauenklöstern konnten, dank der Umsicht und dem Reformeifer der Steinfelder Äbte, 16 bestehen bleiben.[123]

In den österreichischen Klöstern Geras und Schlägl herrschten Nachwuchsmangel und Misswirtschaft. Im Land breitete sich die neue Lehre bei den adeligen Grundherren und im Bürgertum aus. In den Klöstern lebte man weithin im Konkubinat, in den Pfarrkirchen herrschte oft eine Mischung der Riten mit Spendung des Laienkelches vor. Durch landesherrliche Maßnahmen konnte aber der Ruin beider Klöster abgewendet werden. Bei der landesherrlichen Visitation 1561 zählte man in Schlägl noch vier Chorherren mit ihren Konkubinen bzw. Ehefrauen und Kindern. 1566 wurde als landesherrliche Institution der Klosterrat gegründet, der nun die Oberaufsicht über die Klöster auch in wirtschaftlicher Hinsicht übernahm. 1567 erließ dieser eine für alle Klöster und Stifte geltende Generalordnung. Der Klosterrat griff in Prälatenwahlen ein und setzte von sich aus Äbte und Pröpste ein und ab. So wurden in Schlägl 1568 Propst Andreas Schueschitz, der in den Pfarren des Stiftes den Laienkelch eingeführt hatte, ohne selbst dezidierter Lutheraner zu sein, und 1587 Propst Johannes Rössler wegen Konkubinates abgesetzt. Bereits 1576 war Schlägl vom Klosterrat an den Weltpriester Paulus Marchesini in Kommende gegeben worden, der sich aber 1577 wieder von Schlägl absetzte. 1587 wurde es kurzzeitig dem flämischen Prämonstratenser Cornelius de Cautere anvertraut und nach dessen Weggang wurde die Administration des Stiftes dem Hofrichter übertragen, der aber von den verbliebenen drei jungen Konventualen nicht akzeptiert wurde.[124]

In Geras, wo schon 1557 die Zahl der Chorherren auf fünf geschrumpft war, fand die Visitation 1561 nur den Abt mit seiner Konkubine ohne Konvent vor. Er versprach zwar Besserung, wurde aber 1563 vom Klosterrat abgesetzt. Zu seinem Nachfolger wählten die sechs Chorherren den bisherigen Propst von Pernegg Urban Leser, der aber auch keine Besserung der Verhältnisse zustande brachte, sodass der Klosterrat nach dessen Tod 1587 den Stiftsdechanten von Klosterneuburg, Balthasar Boltzmann, als Administrator einsetzte. Im Frauenstift Pernegg lebte 1557 nur noch eine Chorfrau († 1585), sodass keine Propstwahl mehr möglich war. Deshalb änderte der Abt von Geras das Wahlrecht und ließ die Pröpste fortan vom Konvent von Geras wählen. 1586 wurde Pernegg von Geras in ein Chorherrenstift umgewandelt. In dem Geras unterstellten Himmelpfortkloster in Wien lebten 1577 noch sechs Schwestern, die aus Ungarn gekommen waren; doch die Wirtschaft lag darnieder, und der Abt von Geras kümmerte sich kaum um das Frauenkloster. So wurde das Himmelpfortkloster 1586 von Erzherzog Ernst und dem Wiener Erzbischof den Augustiner-Chorfrauen von St. Jakob übergeben und unter bischöfliche Jurisdiktion gestellt.[125]

4 Katholische Erneuerung und barocker Glanz

Der nun auf die katholischen Länder Europas reduzierte Prämonstratenserorden war im 17 .und 18. Jahrhundert durch die Durchsetzung und Verinnerlichung der vom Trienter Konzil beeinflussten Ordensreform in den Klöstern und auf den Pfarreien, durch eine rege Bautätigkeit, die die Stifte in barockem Glanz erstrahlen ließ, und durch eine neue Blüte der Wissenschaften gekennzeichnet. Zugleich zeigt sich aber die starke Abhängigkeit von den politischen Gegebenheiten, zumal in den zahlreichen Kriegen zwischen Frankreich und den vom Haus Habsburg regierten Ländern. Die Einheit des Ordens, aber auch die Freiheit der einzelnen Stifte wurde dadurch zunehmend in Frage gestellt.

4.1 Ordensreformen nach dem Tridentinum

Das Konzil von Trient (1545–1563) fiel für den Prämonstratenserorden in die Zeit, da die Mutterabtei Prémontré an die Kardinäle Francesco Pisani und Ippolito d'Este in Kommende gegeben war (1535–1572).[1] Der Orden war auf dem Konzil prominent vertreten durch Nicolas Psaume, den tatkräftigen Abt (ab 1541) und Bischof (1548–1575) von Verdun.[2] Dieser war bereits vom Generalkapitel 1542 zum Abt von Prémontré und Generalabt postuliert worden, doch Pisani stellte so enorme Abfindungsforderungen, dass dieses Vorhaben scheiterte. Die vom Tridentinum vorgesehene Ordensreform sollte weniger von den Orden selbst als von den Bischöfen mittels Diözesansynoden durchgesetzt werden, was daher nicht selten zu Konflikten zwischen den Kanonien und den Diözesanbischöfen führte.

Von der Zentrale ausgehende Reformen

Von Prémontré aus konnte die Ordensreform erst nach Beendigung der Kommende energischer in Angriff genommen werden, als 1573 nach dem Tod des Kardinals Ippolito d'Este der hl. Stuhl 1573 Jean Despruets gegen den Widerstand des Konvents von Prémontré zum neuen Generalabt ernannte (1573–1596).[3] Obwohl nur wenige Prälaten die Generalkapitel seiner Regierungszeit besuchten,[4] begann Despruets sogleich sein Reformwerk, u. a. durch die Herausgabe neuer liturgischer Bücher, in denen er aber gegen Trient die alte Prämonstratenserliturgie zu bewahren versuchte.[5] 1575 unternahm er eine Visitationsreise in die Niederlande. Eine geplante Visitation der spanischen Abteien konnte 1574 wegen des Widerstandes des Päpstlichen Nuntius nicht durchgeführt werden. 1578 reiste Despruets nach Rom, wo 1582 der einflussreiche Kardinal Filippo Boncompagni (1548–1586) zum Protektor des Ordens bestellt wurde, und visitierte auf der Rückreise die Zirkarien Schwaben, Bayern, Mähren und Böhmen, wo inzwischen in Louka/Klosterbruck, Teplá/Tepl und Strahov neue Zentren der Reform entstanden waren. 1584 konnte er die von der Spanischen Kongregation betriebene Kanonisierung Norberts von Xanten auf dem Weg der Kultanerkennung erleben. Er verfasste für sein Fest ein Offizium und betrieb in der Folge die Translation seiner Reliquien aus dem nun protestantischen Magdeburg.[6] Von Papst Gregor XIII. wurde er 1587 mit umfassenden Visitationsrechten ausgestattet und beauftragt, den gesamten Orden im Geist der Trienter Dekrete zu reformieren.[7]

Despruets' Nachfolger François de Longpré (1596–1613) setzte das durch die Hugenottenkriege wiederholt beeinträchtigte Reformwerk fort, zu dessen wichtigstem Akteur der Abt von Pont-à-Mousson Servatius de Lairuelz (1560–1631) als Generalvikar des Gesamtordens und Visitator für das Reichsgebiet wurde.[8] 1601 unternahmen beide eine ausgedehnte Visitationsreise durch die Schwäbische und Bayerische Zirkarie, die im Wesentlichen überall die gleiche Anordnung traf: Chorpflicht, einheitliche Liturgie, Einhaltung der Gelübde, insbesondere Abschaffung des Eigenbesitzes, strenge Klausur. Man griff also auf die Reformbestimmungen des frühen 16. Jahrhunderts zurück, erweiterte sie aber im Generalkapitel 1605 durch eine deutliche Empfehlung des Studiums und eine Rangerhöhung der Doktoren.[9] Zugleich wurde eine Reform der liturgischen Bücher gefordert, die dann in dem teilweise an der Römischen Liturgie orientierten Brevier von 1608 ihren Niederschlag fand. Für Privatmessen wurde 1606 der Römische Ritus erlaubt, in dem auch auf den Pfarreien zelebriert wurde.[10] Bereits 1602 hatte Lairuelz seine *Optica Regularium* in Form eines Regelkommentars veröffentlicht, in dem die moraltheologischen Grundlagen der Ordensreform herausgearbeitet werden, insbesondere die Gewissenspflicht, eine legitime und begründete Reform anzunehmen, in der die wesentlichen Bestandteile des Ordenslebens und mit diesen eng verbundene Bestimmungen befolgt werden.[11] Für die nun in jesuitischem Geist forcierte Ausbildung des Nachwuchses veröffentlichte er 1618 den zweibändigen *Catechismus Novitiorum*.[12] 1606 unternahm er eine erneute Visitationsreise durch Schwaben und Bayern, um die Reformbestimmungen des Generalkapitels durchzusetzen.[13]

Für die nachtridentinische Reform entscheidend wurde das auch aus Schwaben und Westfalen beschickte Generalkapitel 1618[14] unter Generalabt Pierre Gosset (1613–1635), auf dem u. a. die Errichtung von Schulen in den einzelnen Kanonien, von Kollegien in Universitätsstädten und die Verpflichtung der Novizen auf die Reform beschlossen wurden. Ferner wurde eine genauere Tagesordnung für die Konvente erlassen, in die nun auch Elemente jesuitischer Spiritualität, z. B. die tägliche Meditation und für die Pfarrer jährliche Exerzitien, Eingang fanden. Den Pfarrern sollte eine spezielle Tagesordnung vom Visitator vorgeschrieben werden. Diese Bestimmungen atmen deutlich den Geist Lairuelz', wie er in den Akten der erneuten Visitationsreisen von 1614 (Schwaben, Bayern) und 1624 (Schwaben, Bayern, Böhmen) greifbar wird.[15] Er beauftragte 1617 Abt Kaspar von Questenberg von Strahov mit der Visitation der Polnischen Zirkarie. Doch blieb in Polen die Reform wegen der fortdauernden Kommende und der Ausweitung der bischöflichen Jurisdiktion über die Frauenklöster in den Anfängen stecken.[16]

4 Katholische Erneuerung und barocker Glanz

Abb. 6: Titelblatt des *Catechismus Novitiorum* von Servatius de Lairuelz, Pont-à-Mousson, François du Bois 1623.

Die Reformbestimmungen von 1618 gingen im Wesentlichen in die Reform der Statuten ein, an denen seit 1619 gearbeitet wurde. Durch die Neuausgabe der liturgischen Bücher und des *Ordinarius* von 1622 wurde die prämonstratensische Liturgie noch deutlicher als bei Despruets an den Römischen Ritus angeglichen, ohne jedoch alle mittelalterlichen Elemente aufzugeben.[17] Die Provinzialkapitel und Prälatenkonvente der einzelnen Zirkarien zeigen aber auch die Schwierigkeiten, die Reformvorgaben konkret umzusetzen, und das Bemühen, den klösterlichen Alltag bis in Einzelheiten hinein genau zu regulieren.[18]

Die Spanische Kongregation

Die von Prémontré ausgehende Reformbewegung konkurrierte mit Reformbestrebungen von päpstlicher und landesherrlicher Seite. In Spanien führte dies zur Abspaltung einer eigenen Kongregation mit anderer Verfassung und Jurisdiktion.[19] Um der Kommende zu entgehen, wurden bereits 1537/38 durch päpstliches Reskript die Abteien La Vid und Aguilar mit Triennaläbten versehen. Papst Paul II. plante sogar, die Prämonstratenserabteien den von ihm favorisierten Hieronymiten zu übergeben. Während der Kommende von Prémontré gestattete Papst Julius III. am 1. Oktober 1552 Karl V. als König von Spanien und Herzog von Brabant, alle Klöster seiner Länder einer inländischen Leitung zu unterstellen, sie von ausländischen Oberen zu trennen (auch hinsichtlich der Ordenssteuern) und jede Visitation durch solche zu verbieten.[20]

Das Provinzialkapitel 1568 beschloss die Gründung eines Kollegs in Salamanca, das in die Universität inkorporiert wurde, und plante eine Reform, die aber dann nicht vom Orden, sondern vom Papst mittels der Nuntien Giambattista Castagna (nachmals Urban VIII.) und Nicolò Ormaneto durchgeführt wurde. Am 10. April 1570 erließ Pius V. das Reformbreve, in dem nur noch vom Provinzialkapitel gewählte Triennaläbte vorgesehen waren und die Prämonstratenser der bischöflichen Jurisdiktion unterstellt wurden. Das Römische Brevier war anzunehmen. Statt des weißen wurde ein schwarzer Habit getragen. Trotz anfänglichen Widerstandes der Prämonstratenser führte Nuntius Ormaneto die Reform sehr energisch durch. Beim Provinzialkapitel 1573 wurden alle

Prälaten für drei Jahre neu gewählt, 1576 wurden neue Statuten angenommen, die die Trennung von Prémontré besiegelten.

Die Versuche des Generalabtes Despruets ab 1572, die Spanier wieder unter die Jurisdiktion des Ordens zu bringen und die spanischen Klöster zu visitieren, scheiterten zunächst. 1581 kam in Paris eine Konferenz zustande, in der die spanischen Klöster bereit waren, sich Prémontré doch wieder anzuschließen unter Beibehaltung der von den Konventen zu wählenden Triennaläbte und unter der Leitung eines Provinzials, der nicht Haupt einer Abtei, sondern Vertreter des Generalabtes sein sollte. Despruets ging auf die Bedingungen weitgehend ein, beharrte aber auf dem weißen Habit, dem Brevier des Ordens und der Teilnahme einer Delegation an den Generalkapiteln alle drei Jahre.

Die Verhandlungen in Rom führten 1582 im Breve *Postquam bonae memoriae* vom 4. Februar 1582 wenigstens zur Wiederherstellung des Wahlrechts der Konvente, doch hielt man an der Triennalität fest, sodass ehemalige Äbte nach Ablauf ihrer Amtszeit oft in anderen Abteien wieder zu Äbten gewählt wurden. Die Prämonstratenser wurden einem Provinzial unterstellt, der nicht regierender Abt war. Das prämonstratensische Brevier wurde wieder angenommen, der Besuch des Generalkapitels und die Anerkennung des Generalabtes zugesagt. Doch faktisch erschienen die Spanier ab 1584 bei keinem der folgenden Generalkapitel, sodass sie als Widerspenstige jeweils exkommuniziert wurden. 1594 erklärte Clemens VIII. erneut alle spanischen Abteien als vakant und beauftragte den Nuntius, sie durch das Provinzialkapitel neu besetzen zu lassen. Das Amt des Provinzials wurde mit der Abtei Retuerta vereinigt.

Die Niederlande

Das Breve Julius' III. für Karl V. von 1552 galt auch für ihn als Herzog von Brabant, doch wurde es dort vorerst nicht ausgeführt und vom Generalkapitel in der Zeit der Kommende Prémontrés geflissentlich ignoriert.[21] Nicht zuletzt wegen der kriegerischen Auseinandersetzungen gab es allerdings nationale Reformbestrebungen, die meist von Park ausgingen. Die Hauptprobleme bestanden in der Abschaffung des Eigenbesitzes der Chorherren und der Aufhebung der Trennung der Mensalgüter von Abt und Konvent. Erst unter dem Herzog von Alba als Statthalter wurden das Breve Julius' III. und damit die Trennung der brabantischen Abteien von Prémontré urgiert. 1570 trafen sich die brabantischen Äbte in Antwerpen zu einer Konferenz. Für 1572 berief der Herzog ein eigenes »Generalkapitel« der Niederlande nach Park ein, an dem 15 Prälaten teilnahmen. Hier wurde ein gemäßigtes Reformprogramm beschlossen. Das Eigenvermögen (*Peculium*) wurde ebenso wie die Trennung der Mensen abgeschafft; dem Studium sollte ggf. durch Anstellung von Lektoren Rechnung getragen werden. Allerdings formierte sich auch Widerstand in einigen Abteien. Der Abt von Floreffe, Guillaume Dupaix (1552–1578), wurde zum Visitator gewählt und das nächste Nationalkapitel für 1575 in Floreffe angesetzt. Die noch bestehenden Abteien der Friesischen Zirkarie sandten den gelehrten Humanisten Sibrandus Leo[22] als Vertreter, der aber erst am Tag nach der Beendigung des Nationalkapitels ankam.

Die Situation änderte sich unter Generalabt Jean Despruets. Das Generalkapitel 1574 verbot die Abhaltung eines eigenen »Generalkapitels« der Niederlande und bedrohte die nicht erschienenen Prälaten der Niederlande mit der Exkommunikation.[23] Despruets bemühte sich aber auch um die Wiedervereinigung, visitierte 1575 persönlich die niederländischen Abteien[24] und konnte so eine dauernde Abspaltung verhindern. Tendenzen dazu lebten allerdings nach Despruets Tod und später wieder auf.

Die *Communitas antiqui rigoris* (CAR)

Servatius de Lairuelz hatte in seiner Abtei Ste-Marie-au-Bois zunächst eine in manchen Punkten (z. B. Abstinenz vom 14. September bis Ostern, Wolle statt Leinen) über die allgemeine Observanz hinausgehende Reform eingeführt und 1611 in eigenen Statuten festgelegt, die von Generalabt Longpré approbiert wurden.[25] Schon 1613 wurden aber weitere Reformmaßnahmen in den 22 Artikeln und den sie präzisierenden und ausweitenden *Annotationes* festgelegt, die an die Frühzeit des Ordens anknüpfen wollten:

- Fasten vom 14. September bis Ostern,
- dauerndes Stillschweigen,
- zweites Noviziat,
- wöchentliche Beichte,
- möglichst tägliche Zelebration der Messe,
- gute Güterverwaltung (wegen der Kommende mit Trennung der Mensalgüter von Abtei und Konvent),
- Ausbreitung dieser Reform über die 1612 nach Pont-à-Mousson verlegte eigene Abtei hinaus,
- jesuitische Elemente wie die tägliche Gewissenserforschung und Meditation, jährliche Exerzitien, Professerneuerung usw.[26]

Am 25. März 1613 übernahmen 15 Chorherren und acht Konversen diese Reform, die Papst Paul V. und Generalabt Pierre Gosset 1613 approbierten. Ob sich diese Approbation nur auf die Reformpunkte oder auch auf die *Annotationes* erstreckte, blieb lange unklar. Die Reform wurde auch von den Abteien Salival, Justemont (anfänglich) und St. Paul in Verdun übernommen.

Doch formierte sich bald Widerstand gegen die Bestrebungen Lairuelz', die streng reformierten Abteien in einer von Prémontré weitgehend unabhängigen *Congregatio antiqui rigoris* unter seiner Leitung zu vereinigen. 1617 erreichte Lairuelz in der Bulle *Exigit pastoralis officii* Pauls V.[27] die Bestätigung einer eigenen Kongregation unter dem Abt von Pont-à-Mousson, allerdings unter Anerkennung des persönlichen Visitationsrechtes des Generalabtes für diese Abtei, während Lairuelz in allen übrigen Abteien der Kongregation als Präses zuständig war. Das Generalkapitel 1618 lehnte allerdings diese Reform von Pont-à-Mousson strikt ab und Lairuelz wurde als Generalvikar des Ordens abgelöst.

1621 gelang es Lairuelz schließlich mit einigen Änderungen, das Projekt seiner Reformkongregation, die sich nun *Communitas antiqui rigoris* (CAR) nannte und auf einen eigenen Generalabt verzichtete, zu verwirklichen. Die neuen Statuten der CAR, die 1621 von Gregor XV. bestätigt wurden,[28] lösten unter jesuitischem Einfluss die *Stabilitas* des Kanonikers an seiner Kirche und damit das kanonikale Prinzip des Ordens zugunsten einer Profess auf die Kongregation mit Versetzungsmöglichkeit in andere Abteien auf. Dadurch wurde die Ausbreitung der Reform auf weitere Abteien und die Erhaltung der unter der Kommende schrumpfenden Konvente sichergestellt. Zum ersten Generalvikar auf drei Jahre (mit der Möglichkeit der Wiederwahl) der CAR wurde 1620 unter Gossets Vorsitz Lairuelz gewählt. In der Folgezeit dehnte sich die Reform, nicht ohne Widerstand, bis 1631 auf neun Abteien in den Zirkarien Lothringen und Champagne aus, während sich Justemont unter dem inzwischen mit Lairuelz verfeindeten Abt Claude Gilbin (1609–1636) wieder der allgemeinen Observanz anschloss. Der Streit der beiden Observanzen, der mit wechselnden Delegationen auch in Rom und beim König von Frankreich ausgetragen wurde, prägte die Generalkapitel der Jahre 1625 und 1627, bei denen dem auch massive Kritik an Gossets Willfährigkeit gegenüber den Lothringern geübt wurde.[29] Die Lage verschärfte sich, als sich 1629 die CAR durch den Anschluss von Ardenne, Belle-Étoile und Silly in die Normandie ausdehnte, wobei das gewaltsame Vorgehen in Silly unter militärischer Bedeckung, Vertreibung und Einkerkerung der Anhänger der allgemeinen Observanz besonderen Ärger hervorrief, der sich auch im Generalkapitel 1630 entlud, auf dem die Rezeption der angeblich erschlichenen Bulle Gregors XV. von 1621 abgelehnt, mithin die Berechtigung der CAR grundsätzlich in Frage gestellt wurde. Doch die Rota gab in ihrem Endurteil 1631 der CAR Recht und erlegte hinsichtlich der Flut von Schmähschriften beiden Seiten Stillschweigen auf.[30] Bis zum Ende des Ancien Régime umfasste die CAR 32 Abteien und sechs Residenzen in den Provinzen Lothringen, Normandie und Champagne.[31]

Die Statuten von 1630

Die Anpassung der Statuten von 1505 an die tridentinischen Vorschriften und die neuen Gegebenheiten war das Werk der Generalkapitel unter Pierre Gosset von 1618 bis 1630.[32] Das Reformkapitel 1618 hatte bereits die Grundlinien der neuen Statuten durch seine Beschlüsse festgelegt. 1622 wurde eine erste Fassung an die Zirkarien versandt und vorläufig zur Erprobung in Kraft gesetzt.[33] Mit der Redaktion wurde Abt Johannes Drusius (Druys) von Park (1601–1634) beauftragt. Die Generalkapitel von 1625 und 1627 brachten weitere Redaktionsschritte, bis die Statuten 1630 verabschiedet und 1632 gedruckt werden konnten.

Den identitätsstiftenden und spirituellen Anspruch der neuen Statuten unterstreichen die ihnen beigegebenen Paratexte: Auszüge aus päpstlichen Bullen zur Bestätigung des Ordens und seiner Privilegien, ein ausführliches Schreiben des Generalabtes an den gesamten Orden, die Bulle *Rationi congruit* Julius' II. von 1502, eine spirituelle Grundlegung als *Praefatio* des Abtes Drusius und schließlich ein Auszug aus einer Predigt Bernhards von Clairvaux als Abbildung des wahren und falschen Religiosen. Gosset betont in seinem Sendschreiben die Einhaltung der tridentinischen Dekrete hinsichtlich der drei essentiellen Gelübde und der strikten Gemeinsamkeit aller Güter, aber auch die Hirtensorge und Verantwortung der Oberen für die ihnen untergebenen Religiosen. Drusius stellt in seiner Vorrede, einem Schlüsseltext der gesamten posttridentinischen Prämonstratenser-Spiritualität, den hl. Norbert als Ordensgründer und damit die kanonikale und klerikale Tradition des Ordens in der Nachfolge der Apostel heraus und betont die *vita mixta* von Kontemplation und Aktion im apostolischen Dienst. Als zentrale Bestimmungen und Aufgaben des Ordens sieht Drusius in Abhebung vom kontemplativen Mönchtum (und den mittelalterlichen Statuten) die Verbreitung der Ehre Gottes, eifrige Seelsorge, Sakramentenspendung, Predigt des Evangeliums, katechetische Unterweisung und Leitung von Kirchen an, also jene Aufgaben, die in der Folgezeit den Begriff des Apostolates stark prägen sollten.

Die tridentinische Ausrichtung der Statuten wird neben den zahlreichen Verweisen auf die entsprechenden Dekrete bereits im ersten Kapitel der ersten Distinktion deutlich, in dem sogleich die tridentinische Eucharistielehre mit der Realpräsenz Christi nach der Wandlung als Ausgangspunkt genommen wird.[34] Ausführlicher wird auch die Noviziatsausbildung geregelt, während für das Studium nur ein einziger Paragraph zu finden ist.[35] Großes Augenmerk wird auf die Seelsorge und die der klösterlichen Disziplin nachgebildete Lebensordnung der Pfarrseelsorger gelegt.[36] Die Ordensreform entdeckte aber auch die gute Verwaltung der zeitlichen Güter als wichtige Aufgabe der Oberen, Offizialen und der ganzen Gemeinschaft.[37] Neues Gewicht bekamen die Provinzialkapitel mit den vom Generalabt (auf Vorschlag der Zirkarie) ernannten

Vikaren des Generalabtes.³⁸ Nicht zu übersehen ist auch die weitreichende und am Tridentinum orientierte Bestimmung der Dispensvollmachten im letzten Kapitel der Statuten.³⁹

Die Statuten von 1630 riefen nicht nur in der CAR, sondern auch in der allgemeinen Observanz harsche Kritik hervor, z. B. beim gelehrten Syndicus des Ordens in Paris, Jean Le Paige, der sie als im Widerspruch zu den tridentinischen Dekreten und zur Tradition des Ordens stehend verwarf. Das Generalkapitel 1633 verbot daraufhin die Lektüre seiner *Bibliotheca Praemonstratensis Ordinis*. Le Paige appellierte dagegen an Kardinal Richelieu, dem er den zweiten Band seines Werkes gewidmet hatte.⁴⁰

Die Statuten von 1630, die Charles Saulnier von der CAR 1725 und 1776 in einer kommentierten Ausgabe neu herausgab,⁴¹ blieben im Gesamtorden trotz Reformforderungen aus den Zirkarien bis zum Ende des 18. Jahrhunderts, in Teilen bis ins 20. Jahrhundert in Kraft und wurden in Auszügen auch für Frauenklöster übersetzt.⁴²

Krise in Prémontré und Vakanz des Generalates

Die Erstarkung der CAR bildet auch den Hintergrund der turbulenten Ereignisse in Prémontré nach dem Tod des Generalabtes Pierre Gosset 1635.⁴³ 1632 restituierte Ludwig XIII. auf Betreiben seines Ministers, des Kardinals Richelieu, in den Auseinandersetzungen zwischen Frankreich und Lothringen die Abteien Ardenne und Silly an die allgemeine Observanz. In Dankbarkeit trug das Generalkapitel 1633 Richelieu die Würde eines Protektors des Ordens an. Als 1635 Generalabt Gosset starb, favorisierte ein Teil des Konvents in Prémontré nicht zuletzt im Hinblick auf die Auseinandersetzungen mit der CAR dem Wunsch des Königs entsprechend die Postulation des Kardinals, der es u. a. schon zum Abt von Cluny und Cîteaux gebracht hatte. Doch der jüngere Teil des Konventes mit Prior Adrien Gosset wählte am 23. Dezember 1635 *per inspirationem* den Generalvikar der CAR, Pierre Debans, Abt von Pont-à-Mousson, zum Abt von Prémontré, zog in die Kirche und stimmte das *Te Deum* an. Der mit dem königlichen Kommissär verbliebene Rest postulierte unter dem Eindruck der Drohung, der König werde Prémontré alle Privilegien entziehen, dann in einer formal anfechtbaren Wahl ebenso *per inspirationem* Kardinal Richelieu. Da die Widersetzlichkeit von Debans' Anhängern, der die Wahl nicht annahm, als Majestätsbeleidigung gewertet wurde, ließ der königliche Kommissär Prémontré mit 30 Soldaten umstellen und die von ihren Ämtern abgesetzten »Rebellen« zeitweise gefangen halten. In der Folgezeit kam es mehrfach zu tätlichen Auseinandersetzungen zwischen den Parteien, die in der Abtei bei den Offizialen Richelieus bzw. im Konvent wohnten.

Richelieus Postulation wurde vom König umgehend bestätigt und rief im Orden energischen Widerstand hervor, war doch Frankreich im selben Jahr mit der Annexion Lothringens offiziell in den Dreißigjährigen Krieg eingetreten. Man versuchte mit allen Mitteln, u. a. über den Kardinalprotektor, die Ausstellung der päpstlichen Bullen zur Verleihung des Konsistorialbenefiziums Prémontré an Richelieu zu verhindern. Durch Vermittlung des Abtes von Strahov, Kaspar von Questenberg, wurde Kaiser Ferdinand II. eingeschaltet. Da sich Richelieu ohne päpstliche Bestätigung in Prémontré behauptete, war der Orden ohne Oberhaupt. Man nutzte die Krise deshalb auch zu Vorschlägen für eine juridische Neuorganisation des Ordens mit einem ständigen Generalvikar. Um die Handlungsfähigkeit der Zirkarien wiederherzustellen, erließ Urban VIII. am 8. März 1641 das Breve *Prospero felicique*,[44] das für die Zeit der Vakanz des Generalates den Generalvikaren und Provinzialkapiteln das Recht übertrug, alle Agenden auszuführen, die sonst dem Generalabt und dem Generalkapitel vorbehalten waren. Im Falle des Todes des Generalvikars (so in Böhmen Kaspar von Questenberg 1640) war der Prälat der ältesten Abtei berechtigt, das Provinzialkapitel zur Neuwahl einzuberufen. Damit war zumindest bis zu Richelieus Tod am 4. Dezember 1642 eine praktikable Lösung geschaffen.

Doch die nächste Wahl in Prémontré sollte erneut Probleme schaffen.[45] Die nach den Statuten von 1630 durch Wahlmänner erfolgte Wahl am 29. Januar 1643 unter dem Vorsitz des Abtes von Laon Nicolas le Sage fiel auf Simon Raguet, Definitor der CAR. Die allgemeine Observanz legte dagegen Protest ein: Raguet war 1630 vom Generalkapitel verurteilt und als zu keinem Amt wählbar erklärt worden, zudem nicht Franzose, sondern Lothringer und in den Augen der allgemeinen Observanz ein Angehöriger einer quasi-autonomen Kongregation. Ferner sei die Wahl mit Mängeln behaftet gewesen. Doch Königinmutter Anna von Österreich bestätigte Raguet im Namen ihres Sohnes Ludwigs XIV. am 11. Juli 1643. Sogleich regte sich Widerstand im Orden in den Niederlanden, im Reich und in Böhmen, um die Ausstellung der päpstlichen Bullen zu verhindern. Der Generalvikar der Böhmischen Zirkarie, Abt Benedikt Lachen von Louka/Klosterbruck, nutzte seine Kontakte zu Kaiser Ferdinand III., der sich am 22. Februar 1645 persönlich an Papst Innozenz X. wandte. In Rom wurde eine eigene Kardinalskommission zur Lösung des Falles eingesetzt, die am 29. April 1645 Raguets Wahl für nichtig erklärte.

Die neue Wahl fand am 30. August 1645 hinsichtlich des Vorsitzes unter ungünstigen Bedingungen statt: Die Primarabtei St. Martin in Laon war 1645 an Kardinal Mazarin in Kommende gegeben worden; der Abt von Floreffe erhielt keine Erlaubnis, nach Frankreich zu reisen. So hätte von Amts wegen Pierre Debans, nun Abt der Primarabtei Cuissy, die sich der CAR angeschlossen hatte, den Vorsitz gehabt. Doch Debans legte den Vorsitz zurück, sodass die vier zur Konsultation anwesenden Tochteräbte von Prémontré die Wahl gemeinsam präsidierten, die auf Augustin Le Scellier fiel, den Prior der in Kommende befindlichen Abtei Chartreuve. Die Königinmutter betrachtete diese Wahl als ein Attentat auf den König und die Gesetze und untersagte die Ausübung des Generalates und die Anerkennung Le Scelliers als Generalabt. Erst 1647 konnte Le Scellier von Prémontré Besitz ergreifen und die zwölfjährige Vakanz des Generalates beendet werden.

Der Ausgleich mit der *Communitas Antiqui Rigoris* (CAR)

Das Generalat Le Scelliers (1647–1668) stand im Zeichen der weiteren Ausgestaltung und Durchsetzung der Reform in der allgemeinen Observanz und des Ausgleichs mit der CAR. Zur Verbesserung der Kommunikation zwischen der Zentrale und den Zirkarien wollte man bei dem international gut besuchten Generalkapitel 1657, wie schon in der Krise um Raguet vorgeschlagen, eine Art Definitorium des Ordens mit Vertretern aus allen Zirkarien in Prémontré installieren, was sich aber als nicht praktikabel erwies.⁴⁶ Stattdessen wurde 1660 ein Konsultorengremium für dringende Fälle in der Zeit zwischen den Generalkapiteln eingerichtet.⁴⁷ 1657 wurde auch die Entsendung eines ständigen Prokurators nach Rom für alle Angelegenheiten beim hl. Stuhl beschlossen.⁴⁸ Auf dem Generalkapitel 1660 wurde schließlich der schon 1657 durch konziliante Vertreter der CAR wie Épiphane Louys, dann Abt von Étival (1663–1682),⁴⁹ vorbereitete Ausgleich mit der Ordensleitung in Prémontré erzielt. Dazu fand eine eigene Konferenz von Delegierten in der Abtei Bonne-Espérance unter der Vermittlung der Dekane von Paris und Löwen statt.⁵⁰ Man einigte sich auf das Recht der Bestätigung der Beschlüsse der Provinzialkapitel der CAR durch den Generalabt bzw. das Generalkapitel sowie darauf, dass in Zukunft drei Orte für die Abhaltung eines Generalkapitels vorgeschlagen werden sollten. Abteien der CAR sollten nicht von Vateräbten der allgemeinen Observanz visitiert werden und umgekehrt, allerdings unter Wahrung der übrigen Rechte der Vateräbte, z. B. hinsichtlich des Wahlvorsitzes. Nach der Erfahrung mit den Vorfällen beim umstrittenen Wahlgremium mit Debans und Raguet wurden für das Amt des Generalabts verschiedene Vorschläge eingebracht. Die Generalvikare sollten im Generalkapitel vom Generalabt und den Definitoren auf drei Jahre gewählt werden. Die Profess auf die CAR statt auf eine bestimmte Kanonie wurde zugelassen. In Bezug auf die dauernde Abstinenz und das längere Fasten, abweichend von der Bulle Julius' II., wurde die Entscheidung dem Papst überlassen. Dieser Konsens wurde auf dem Generalkapitel 1663 von beiden Seiten approbiert, die Lösung der immer noch strittigen Fragen aber auf später vertagt.⁵¹

4.2 Verinnerlichung der Reform

Die nachtridentinische Ordensreform verdankt ihren lange anhaltenden Erfolg weniger den rigorosen Zwangsmaßnahmen bei ihrer Durchsetzung unter den Generaläbten Jean Despruets und Pierre Gosset als vielmehr der Bildung einer neuen Ordensmentalität, die sich auch im literarischen, künstlerischen und wissenschaftlichen Schaffen der Barockzeit niederschlägt.

Neue Ausbildungsstrukturen

Während im vortridentinischen prämonstratensischen Ordenswesen der Ausbildung der jungen Mitbrüder wenig Augenmerk geschenkt wurde, in manchen Klöstern oft der älteste Kleriker oder der jüngste Priester die Aufgaben der Novizenausbildung übernahm,[52] brachten die neuen Bestimmungen der Generalkapitel unter Despruets und die Statuten von 1630 in dieser Hinsicht eine entscheidende Wendung.

Die Idee eines gemeinsamen Noviziates von mindestens eineinhalb Jahren in jeder Zirkarie ließ sich allerdings in vielen Zirkarien nur teilweise oder gar nicht verwirklichen, zumal nach der Entvölkerung der Klöster im Dreißigjährigen Krieg die jungen Mitbrüder zur Aufrechterhaltung des Chores im eigenen Haus nötig waren.[53] Doch wurde meist wenigstens ein Novizenmeister (oft aus einem anderen Kloster) ernannt, der die Novizen in das geistliche Leben und die Ordensverpflichtungen einführen sollte. Die spirituellen Grundlagen dafür schuf nicht zuletzt Servatius de Lairuelz mit seinem monumentalen *Catechismus Novitiorum*.[54] Hier werden allerdings weniger die spezifischen Elemente des Prämonstratenserordens als vielmehr die tridentinische, jesuitisch geprägte Form des Noviziates, die Aufgaben des Novizenmeisters und die Hinführung des Novizen zur geistlichen Vollkommenheit in der klösterlichen Disziplin umfassend erörtert. Erst 1754/61 sollte Abt Georg Lienhardt von Roggenburg (1717–1783) in seinem Werk *Exhortator domesticus* wieder eine ähnlich umfassende spirituelle Grundlegung des Noviziatsunterrichtes, nun abgestimmt auf die Ziele des Ordens, verfassen, die bis ins 20. Jahrhundert nachwirkte.[55]

Für die theologische Ausbildung hatte bereits das Generalkapitel 1579 festgelegt, dass in jeder Kanonie ein Unterrichtsbetrieb in Grammatik oder Theologie einzurichten sei.[56] Nach den Statuten von 1630 war in jedem Haus ein Lektor für Theologie, Philosophie oder die *humaniores litterae* vorgesehen.[57] Dies führte zur Etablierung von philosophisch-theologischen Hausstudien,[58] in denen die wissenschaftliche Ausbildung mit der Einübung klösterlicher Disziplin Hand in Hand gehen sollte. In diesen durch einen oder mehrere Lektoren für die Fächer Theologie, Philosophie und Kirchenrecht ausgestatteten Lehranstalten entwickelte sich auch ein neuer Typ von Theologie, der die scholastisch-spekulative mit der positiv-praktischen Theologie zu verbinden versuchte. Eifrig wurde auch die Moraltheologie als Lösung von Gewissensfällen in den sog. Casus-Konferenzen gepflegt, an denen wegen der Bedeutung für die nachtridentinische Beichtpraxis der ganze Konvent teilnehmen sollte. Manche dieser Hausstudien erreichten überregionale Bedeutung, so z. B. Schlägl im 17. und das opulent ausgestattete Studium von Hradisko im 18. Jahrhundert. Die erhaltenen Vorlesungsmanuskripte und Disputationsthesen zeigen einerseits die Prägung durch die Universität, an der der Lektor ausgebildet wurde. Andererseits setzte man sich auch von den Universitäten durch ein eigenes Profil ab und zog lokale Gegebenheiten als Beispiele heran.[59]

Die für das Hausstudium benötigten Lektoren und andere begabte Mitbrüder ließ man an den Universitäten ausbilden, von denen sie nicht nur die Kenntnis der scholastischen Theologie, sondern meist auch die jesuitische Spiritualität mit nach Hause brachten, zumal die meisten theologischen Fakultäten (Löwen und die Benediktineruniversität Salzburg ausgenommen) wenigstens teilweise in jesuitischer Hand waren. In den Universitätsstädten wurden nach und nach über das mittelalterliche Pariser Kolleg hinaus Kollegien gegründet, die teilweise in die Universität integriert waren, teilweise aber auch, wie das 1628 von Strahov aus gegründete *Collegium Norbertinum* in Prag, eine philosophisch-theologische Alternative zur Universität darstellten.[60] In ihnen wurde meist die künftige Führungselite der Klöster und Zirkarien ausgebildet. Die bedeutendsten seien hier genannt: Bereits 1573 gründete die Spanische Kongregation ein Kolleg in Salamanca, im selben Jahr folgte das Kolleg der Brabantischen Zirkarie in Löwen. 1615 gründete Steinfeld das Kolleg in Köln für die Westfälische Zirkarie, 1618 Tongerlo sein Kolleg in Rom, dessen Präses auch die Funktion des Generalprokurators des Ordens beim hl. Stuhl wahrnahm. 1623 folgte das Kolleg der Zirkarie Flandern in Douai, 1628 das der Zirkarie Floreffe in Löwen.[61] 1660 gründete die CAR ein eigenes Kolleg in Paris.[62]

Von der Disziplinierung zur Mentalität

Durch die jesuitische Inspiration der nachtridentinischen Ordensreform[63] wurden jene Elemente in die geistliche Ordnung eines Prämonstratenserklosters aufgenommen, die für die Bildung einer neuen Mentalität fruchtbar waren:

- Exerzitien,
- tägliche Meditation,
- Gewissenserforschung,
- Partikularexamen,
- Litanei,
- Gelübdeerneuerung.

Für diese Übungen wurden Regelkommentare,[64] Handreichungen und Handbücher verfasst. Die Meditationspunkte wurden teilweise am Vortag bei Tisch verlesen. So entstanden bspw. die *Oliva sacrarum Meditationum* des Weißenauer Chorherren Dr. Gallus Klessel († 1633),[65] die verbreiteten, auch ins Deutsche und Tschechische übersetzten Meditationen des Strahover Abtes Hieronymus Hirnhaim (1637–1679), die Weltverneinung und Jenseitssehnsucht evozieren, und seine umfangreiche Auslegung des *Sermo S. Norberti*[66] sowie zahlreiche weitere Meditationsbücher[67] bis hin zu den mehrbändigen Exerzitienbüchern und den Monatsrekollektionen des Abtes Georg Lienhardt.[68]

Die Reform sollte ja das ganze Leben der Ordensleute betreffen, wie es Lairuelz in der *Optica regularium* grundlegend formulierte, und nicht nur die drei wesentlichen Gelübde, wie es für die »laxere« Auslegung durch den Zisterzienser Juan Caramuel Lobkowitz (1606–1682) in seiner verbreiteten *Theologia regularis* genügte.[69] Der Ordensstand wird dabei durchaus als besondere Gnade, aber auch als Verpflichtung zum Streben nach Vollkommenheit gesehen. Dadurch werden Reformbemühung, Vollkommenheitsstreben, Gehorsam, Regeltreue und klösterliche Disziplin zu Gewissensangelegenheiten, die ggf. zu schwerer Sünde verpflichten. Zur Klärung der Verbindlichkeit und des Verpflichtungscharakters wird eine umfassende Kasuistik mit Abwägung der Probabilität erforderlich. Wenn ein Prälat die Reformpflicht in seinem Haus vernachlässigt, sündigt er nach Lairuelz schwer. für Lairuelz gehört alles zu den substantiellen Verpflichtungen, was für den Prämonstratenserorden in seiner Eigenart existenznotwendig und in die Professformel eingeschlossen ist, z. B. Bekehrung der Sitten und gemeinsames Leben, gemeinsame Nahrung und Kleidung, Fasten und Abstinenz zu den bestimmten Zeiten und die Verrichtung des Stundengebets. Dadurch ist das Anwendungsfeld der Ordensreform, aber auch die Verbindlichkeit im Gewissen weit über die bloßen Gelübde hinaus auf eine Vielzahl von Verpflichtungen ausgeweitet.

Der nachtridentinische Prämonstratenserorden sah sich aber immer noch in der Tradition der *vita apostolica* und bezeichnete sich selbst als *Ordo Apostolicus*.[70] Allerdings wird das Apostolat in der Neuzeit weniger in der gemeinsamen armen Lebensweise als vielmehr in der seelsorglichen Betätigung, der Pfarrseelsorge im ländlichen Raum gesehen. Im Unterschied zur Reform des 15. Jahrhunderts setzte man nun die eigenen Mitbrüder bewusst in der Pfarrseelsorge ein, die zunehmend das Hauptgebiet der Tätigkeit der Prämonstratenser wurde. Bereits 1625 verbot das Generalkapitel, Pfarrstellen und Pfründen mit Weltgeistlichen zu besetzen. Dieses Verbot wurde 1633 erneuert.[71] Für die Pfarrer wurde z. B. in der Schwäbischen Zirkarie eine mit aszetischen Anweisungen untermauerte minutiöse Tagesordnung erstellt, in der auch auf das Studium insbesondere der Moraltheologie und die Vorbereitung auf Predigt und Katechese (Christenlehre) großer Wert gelegt wird.[72] Im Dienst der Seelsorge entstanden bedeutende Predigtsammlungen[73] und die im deutschen Sprachraum durch Jahrhunderte nachwirkende *Handpostille* des Steinfelder Chorherren Leonhard Goffiné (1648–1719) als Auslegung der Sonntagsperikopen und der Zeremonien der katholischen Kirche für das einfache Volk, insbesondere für Leute, die nicht jeden Sonntag zur Kirche gehen und eine Predigt hören konnten. Sie wurde das religiöse Hausbuch der Familienseelsorge bis ins 20. Jahrhundert in mehr als 500 Auflagen und Bearbeitungen.[74]

Tagesordnungen

Das Leben im Kloster in der Frühen Neuzeit war geprägt von den in den Reformkapiteln erarbeiteten Tagesordnungen mit mitternächtlicher Matutin, langem Chordienst am Vormittag und relativ wenig freier Zeit. Hinzu kamen zahlreiche Verpflichtungen aus Stiftungen mit Totenoffizium und Seelengottesdiensten. In der Bayerischen und Böhmischen Zirkarie wurde allerdings die Matutin bald auf ca. 4 Uhr früh verlegt oder am Vorabend gebetet,[75] während die meisten Klöster der Schwäbischen Zirkarie bis zur Säkularisation mit kleineren Modifikationen an der alten Tagesordnung festhielten.[76] Diese sah, etwas vereinfacht, folgende Zeiteinteilung vor:

Mitternacht	Matutin (bei Hausstudium nur an Festtagen gesungen, sonst gebetet)
5 Uhr	Aufstehen
5.30–6 Uhr	Betrachtung
6 Uhr	Prim, anschließend Studium bzw. Privatmessen bis 8.30 Uhr
9 Uhr	Kapitel, Terz (an Fasttagen auch Sext), Hochmesse, Sext (an Fasttagen Non), Partikularexamen
10 Uhr	Mittagessen, Non (außer an Fasttagen), danach eine Viertelstunde geistliches Gespräch über die Tischlesung, anschließend Rekreation bis 12 Uhr (an Festtagen bis 13 Uhr), dann Studium oder Arbeit bis 14.30 Uhr. Am Dienstag und Donnerstag Rekreation mit Spaziergang bis zur Vesper
15 Uhr	Vesper, anschließend Studium
16.30 Uhr	Geistliche Lesung
17 Uhr	Abendessen, Rekreation bis 19 Uhr. Auch hier dient die letzte Viertelstunde einem geistlichen Gespräch, am Samstag die letzte halbe Stunde.
19 Uhr	Komplet, Gewissenserforschung
20 Uhr	Bettruhe. Sie wird um 20.15 Uhr vom Prior überprüft.

Die klösterliche Tagesordnung bestimmte auch die Tagesordnung der auf den Klosterpfarreien exponierten Pfarrer und ihrer Kooperatoren. Der Tagesablauf eines Klosterpfarrers in der Schwäbischen Zirkarie sollte nach der Ordnung des Generalvikars Joachim Gietteler von Rot von 1618 etwa so aussehen:

4 Uhr	Aufstehen, Morgengebet
4.30–5 Uhr	Meditation mit Anleitung und Angabe der Materie; Tagesplan durchgehen; dann Breviergebet von Laudes bis Non, Messe, wenigstens dreimal wöchentlich, Danksagung, anschließend zwei Stunden Studium eines anerkannten Kasuisten oder eines anderen pastoral nützlichen Werkes, Besorgung des Hauswesens mit dem Gesinde; vor dem Mittagessen wenigstens eine Viertelstunde Geistliche Lesung
10 Uhr	ein karges Mittagessen, wie es einem Ordensmann geziemt, nicht über eine Stunde, anschließend Rekreation und nützliche Verfügungen für die Hauswirtschaft bis 13 Uhr
13 Uhr	Vesper und Komplet (wenn die Vesper nicht in der Kirche zu halten ist), anschließend Predigtvorbereitung anhand eines anerkannten Autors bis 15 Uhr, dann eine Stunde Hausarbeit
16 Uhr	Matutin, dann Geistliche Lesung
17.30 Uhr	Abendessen, Rekreation oder Besorgung des Hauswesens
19.30 Uhr	Rosenkranz (am Samstag und an Vigilien mit dem Gesinde), Gewissenserforschung, Nachtgebet, Bettruhe.

An Fasttagen ist das Mittagessen um 11 Uhr. Die nachfolgenden Zeiten bis zur Matutin verschieben sich um eine Stunde. Noch 1775 empfiehlt der Marchtaler Chorherr Sebastian Sailer den Weltpriestern seines Dekanates bei Exerzitien eine nach diesem Muster angelegte, im Grunde klösterliche Tagesordnung.[77]

Einmal in der Woche muss der Pfarrer beichten, mindestens einmal jährlich im Kloster. Sechsmal im Jahr muss er in das Kloster kommen. Ferner werden Vorschriften für den Aufenthalt im Kloster, die genaue Matrikenführung, das Tragen des Ordenskleides, die Sorge für das Gesinde, die Katechese und den Weinkeller gegeben. Für das Studium und die Geistliche Lesung wird dem Pfarrer eine Handbibliothek aszetischer, moraltheologischer und pastoraler Werke vorgeschrieben, in der neben der Augustinusregel und der *Imitatio Christi* des Thomas von Kempen auch die *Optica Regularium* von Servatius de Lairuelz ihren Platz hat.[78]

Formen barocker Frömmigkeit und Mystik

Mit der Verstärkung der Seelsorge und unter dem Einfluss der Jesuiten zogen auch Formen barocker Frömmigkeit in die Klöster und ihre Kirchen ein.[79] Diese sind einerseits auf die äußere Darstellung und Sinnenfälligkeit bedacht, streben aber anderseits eine Verinnerlichung des Kultes im Geistlichen Leben an. So blühte das in der Reformationszeit weithin erloschene Bruderschaftswesen wieder auf. Äbte und Chorherren wurden selbst Mitglieder von Bruderschaften und Marianischen Kongregationen. Eine spezielle Bruderschaft innerhalb des Klosters und der Klosterschule ist die Roggenburger Keuschheitsbruderschaft unter dem Patronat des hl. Josef und des hl. Hermann Josef von Steinfeld.[80] Aus lokalen Norbertusbruderschaften bildeten sich im 17. und 18. Jahrhundert in Brabant, Westfalen und Bayern verschiedene Formen eines weltlichen Dritten Ordens der Prämonstratenser, der 1751 für Bayern von Papst Benedikt XIV. bestätigt wurde.[81] Zur Pflege der Ewigen Anbetung gründete der Weltpriester Josef Helg (1720–1787) verschiedene kleine Tertiarinnenklöster des Prämonstratenserordens in der Schweiz, in Deutschland und in Rom, von denen nur das 1766 gegründete Kloster Berg Sion bei Uznach dauerhaft überleben konnte.[82] Die Marienverehrung, insbesondere der Kult der Unbefleckten Empfängnis, fand in den Klöstern des Ordens und in den von diesen betreuten Wallfahrten eine Heimat. Man sah den Prämonstratenserorden als unter dem Patrozinium der Unbefleckten Empfängnis gegründeten *Ordo Marianus* an und symbolisierte diese Einschätzung in Marias angeblicher Habitspende an Norbert. Kritische Einwände der Bollandisten und des Ordenshistorikers Charles Louis Hugo wurden ignoriert oder zurückgewiesen.[83] Barocke Identifikationsfiguren waren auch die Heiligen und Seligen. An kanonisierten Heiligen hatte der Orden bislang nur Norbert aufzuweisen, da ein einzelnes Kloster kaum in der Lage war, einen Kanonisierungsprozess zu betreiben. 1675 wurden in der Schar der Märtyrer von Gorkum die Prämonstratenser Adrian und Jakob seliggesprochen. Unter Papst Benedikt XIII. gelang es, auf dem Weg der Kultanerkennung 1728 die Kanonisierung folgender Seliger und Heiliger zu erreichen:

- Gottfried von Cappenberg,
- Gilbert von Neuffontaine,
- Friedrich von Mariengaarde,
- Hermann Josef von Steinfeld,
- Gerlach von Houthem,
- Gertrud von Altenberg,
- Siard von Mariengaarde,
- die Ratzeburger Bischöfe Evermod, Isfried und Ludolf.[84]

Ein besonderes Ereignis war die lange betriebene und von den Zirkarien finanzierte Errichtung einer Statue des hl. Norbert in der Reihe der Ordensstifter im Petersdom in Rom.[85] Über die kanonisierten Heiligen und Seligen hinaus wurden in den Klöstern lokale Selige verehrt, z. B. der junge Kleriker Wilhelm Eiselin in Rot an der Rot, der als Verkörperung des Ideals der Ordensreform angesehen wurde. 1764 veröffentlichte Georg Lienhardt seine *Ephemerides Hagiologicae*, einen auf älteren Werken und gesammelten Nachrichten fußenden Kalender der Heiligen, Seligen und im Ruf der Heiligkeit verstorbenen Angehörigen des Ordens.[86]

Aufgrund der wenigen eigenen Heiligen suchte man für die barocken Altäre Ersatz in den Katakomben Roms und brachte ganze Skelette, sog. Katakombenheilige, in die Klöster, wo sie kunstvoll verziert zur Verehrung der Gläubigen ausgestellt und am »Leiberfest« in großer Prozession mitgetragen wurden. Mit diesen Reliquien fühlte man sich mit der Kirche der Frühzeit verbunden und verteidigte den Reliquienkult gegen Angriffe der Protestanten und der beginnenden Aufklärung.[87]

Der Gefahr der Veräußerlichung in barocker Selbstdarstellung steht die intensive Pflege der Frömmigkeit in den Klöstern gegenüber, die sich nicht in der Verrichtung des feierlichen Chorgebets und der Liturgie erschöpfte, sondern den ganzen Alltag religiös gestalten sollte. So fand auch die barocke Mystik Eingang in Prämonstratenserklöster, sowohl als Theorie der mystischen Vereinigung mit Gott als auch in Form besonderer mystischer Begnadungen. Eine subtile Theorie der Mystik des einfachen Blicks (*simple regard*) entwarf der Abt von Étival, Epiphane Louys, von der CAR in seinen *Conférences Mystiques* (1676) und *Lettres Spirituelles* (1688).[88] Unter dem Einfluss Franz von Sales', der spanischen, französischen und deutschen Mystik, lehrte Louys eine dynamische Gegenwart Gottes in der Seele. Die Wahrnehmung dieser Gegenwart erfordert aber eine Verneinung und Abtötung unserer selbst und unserer Empfindungen, bis der einfache Blick, die einfache gegenseitige Anschauung Gottes und der Seele bleibt. Es ist aber nicht asketische Leistung, diese zu erfahren, sondern eine mystische Begnadung; es ist der liebende Blick gegenseitigen Sehens im schweigenden, kontemplativen Gebet und das mystische Zur-Ruhe-Kommen der Seele, in dem der Blick auf das unendliche Sein Gottes gerichtet ist. Diese »mystique abstraite« sieht von allen leidenschaftlichen Bewegungen ab und vertieft sich nur in die angeschaute Gottheit. Konsequent führt diese Art von Mystik auch zur anschauenden Anbetung Gottes in der Eucharistie. Epiphane Louys wurde so auch zum spirituellen Vater der Benediktinerinnen von der Ewigen Anbetung, aber auch der Borromäerinnen von Nancy.

Eine mystische Begnadung anderer Art erfuhr im böhmischen Frauenstift Doksany die adelige Chorfrau Maximiliana Zasmucka (1665–1718), die u. a. mit Armen Seelen im Fegefeuer Umgang hatte und von ihnen Botschaften an ihre Zeitgenossen erhielt, die in einem regen Briefwechsel, aber auch in einprägsamen Anweisungen an ihre Mitschwestern niedergelegt sind.[89]

Der Jansenismus

Einen erheblichen Einfluss auf die Geistigkeit des Ordens im 17. Jahrhundert übte der Jansenismus aus.[90] Durch die engen Verbindungen der brabantischen Abteien mit der Universität Löwen, an der Cornelius Jansenius d. J. (1585–1638) bis zu seiner Ernennung zum Bischof von Ypern (1635) lehrte, und die augustinische Ausrichtung der Prämonstratenser (in Gegnerschaft zur molinistischen Theologie der Jesuiten) wurden diese in die Auseinandersetzungen um das 1640 posthum publizierte Werk *Augustinus* des Jansenius hineingezogen. Es stellt die augustinische, an der Prädestination einer begrenzten Anzahl von Geretteten ausgerichtete Gnadenlehre, die auch in protestantischen Kreisen vertreten wurde, systematisch dar. Am 1. August 1641 wurde der *Augustinus* auf Betreiben der Jesuiten durch das hl. Offizium verboten und das Disputieren darüber untersagt. Doch sogleich ergriffen brabantische Prämonstratenser für Jansenius Partei und das Provinzialkapitel 1641 verpflichtete die Lektoren in der Gnadenlehre auf Augustinus' Lehre, bis die Kirche etwas anderes definieren werde. Am 6. März 1642 wurde aber der *Augustinus* von Urban VIII. in der Bulle *In eminenti* formell verurteilt. Über Annahme oder Ablehnung der angeblich erschlichenen Bulle kam es in den spanischen Niederlanden zu heftigen Kontroversen zwischen den Prämonstratensern, die weiterhin die augustinische Gnadenlehre disputierten, und den Bischöfen bzw. dem Internuntius. Eine Verteidigung der augustinischen Gnadenlehre in Versen mit eindeutig jansenistischem Inhalt ließ der Chorherr von Ninove, Petrus Cobbaert, 1647 in Brüssel erscheinen. Doch am 28. Februar 1651 verordnete der Statthalter Erzherzog Leopold die Annahme und Promulgation der Bulle. Äbte mussten sich nach ihrer Wahl vor der Bestätigung auf die Bulle verpflichten.

Durch die Verurteilung von fünf Artikeln in der Apostolischen Konstitution *Cum occasione* am 31. Mai 1653 durch Innozenz X. verschärfte sich die Lage, da die Nichtannahme der Bulle nun als Auflehnung gegen den Papst gewertet wurde. Generalvikar Abt Libertus de Pape von Park nahm die Bulle im Namen der Zirkarie am 22. August 1653 an. Beim Provinzialkapitel 1653 wurde die Verpflichtung auf Augustinus aufgehoben und durch die vage Bestimmung ersetzt, man solle sich an die in der hl. Schrift und den Kirchenvätern besser begründeten Lehren halten. Dennoch blieb insbesondere in Tongerlo die augustinische und jansenistische Ausrichtung noch lange in den Vorlesungen und Disputationsthesen erhalten. In der CAR, die unter stärkerem jesuitischem Einfluss stand, verbot das Generalkapitel bereits 1651 in Unterwerfung unter den hl. Stuhl die Verbreitung jansenistischer Lehren.

Durch den Streit um die Annahme der Bulle wurde die theologische Auseinandersetzung um den Jansenismus in Frankreich zunehmend ein kirchenpolitischer Kampf um die Ausrichtung an Rom und den Jesuiten, einschließlich deren Moralsystem, oder dem Festhalten an den Gallikanischen Prinzipien einer staatlichen Kirchenhoheit. Die Lage verschärfte sich, als die vier Gallikanischen Artikel 1690 von Alexander VIII. für nichtig erklärt wurden und im selben Jahr das hl. Offizium 31 Thesen der Jansenisten verbot. Hinzu kam am 8. September 1705 die Bulle *Unigenitus* Clemens' XI., in der 101 Sätze des Jansenisten Pasquier Quesnel verurteilt wurden. In dieser – zudem durch die Nachwirkungen des Spanischen Erbfolgekriegs aufgeheizten – Stimmung trat 1717 nach über 30 Jahren wieder ein Generalkapitel zusammen.[91] Die Befürchtung bestand, dass es eine Stellungnahme gegen die Annahme der Bulle *Unigenitus* verabschieden würde, was nach Ansicht der Vertreter der Schwäbischen Zirkarie (die böhmischen Prälaten wurden auf dem Weg nach Prémontré vom Kaiser zurückbeordert; den belgischen wurde der Gang nach Frankreich verboten) die Gefahr einer weiteren Abspaltung (nach der spanischen) der dem Kaiser unterstehenden, meist römisch orientierten Kanonien von Prémontré heraufbeschworen hätte. Nach einer heftigen Diskussion der schwäbischen Äbte im Kolleg in Paris, wo die gegensätzlichen Standpunkte klar zu Tage traten, verzichtete das Generalkapitel darauf, sich zu diesem Punkt explizit zu äußern. Das brabantische Provinzialkapitel dagegen erneuerte 1718 im Rückgriff auf den Beschluss von 1643 die augustinische Ausrichtung der Theologie, allerdings mit dem Beisatz, dass Augustinus' Gnadenlehre nicht als jansenistisch oder irrig abgetan werden dürfe. Mit Hinweis auf die Erklärung vom 22. August 1653 wurde die jansenistische Lehre verworfen und verurteilt und die Unterwerfung unter die Dekrete des hl. Stuhles gefordert.[92]

Kunst und Wissenschaft im barocken Kloster

Die Ordensreform erfasste auch die Wirtschaftsführung der Klöster, soweit sie nicht unter Kommende standen. Im Gegensatz zur Zeit des Eigenbesitzes mit der Gefahr der Verschleuderung des Klostergutes an Private wurde nun auf eine gute Haushaltung und die Einforderung der

Abgaben durch die Untertanen großer Wert gelegt.[93] Damit war auch der materielle Grundstein für die nötige Wiederherstellung oder den Neubau der Klöster nach den Verwüstungen des Dreißigjährigen Krieges und der anschließenden Kriege gelegt.[94] In Süddeutschland, Böhmen und Österreich hielt nun der Barockstil Einzug, im Norden spärlicher, in Frankreich bald abgelöst durch klassizistische Formen. An die Stelle der unübersichtlichen mittelalterlichen Bauweise mit einzelnen Häusern für Abtei, Konvent und Werkstätten trat ein neues Bauprogramm, das auf mittelalterlichen Plänen fußend ein an die Kirche anschließendes Geviert vorsah, in dem Abtei, Konvent, Kapitelsaal, Refektorium und Bibliothek ihren Platz fanden. Garten, Gästequartier und die Wirtschaftsräume und Werkstätten ergänzten das oft in einem Idealplan festgehaltene Programm, das damit auch einen relativ geschlossenen, aber für die Außenwelt durchlässigen klösterlichen Raum schuf.[95] In der äußeren Gestaltung zeigt sich oft der Einfluss von Schlössern des benachbarten Adels, besonders dann, wenn wie in Prémontré selbst unter Generalabt Claude Honoré Lucas de Muin (1702–1740) das geschlossene Architekturprogramm zugunsten einer dreigliedrigen Anlage um einen Ehrenhof mit *Grand corps du logis*, *Logis abbatial* und *Procure* aufgegeben wurde.[96] Dem barocken Repräsentationsbedürfnis entsprach die aufwändige Gestaltung von Bibliothek, Kunstkabinett, Festsälen, ggf. auch von Theater, Orangerie und Gärten.[97] Neubau und Neuausstattung von Kirchen erstreckten sich auf die von den Klöstern betreuten Pfarreien[98] und die Wallfahrtskirchen, unter denen u. a. das von Hradisko gegründete Heiligtum auf dem Svatý Kopeček bei Olmütz, die von Steingaden erbaute Wieskirche und die zu Schussenried gehörende Wallfahrtskirche von Steinhausen herausragen.[99]

Auch die darstellenden Künste, Musik und Theater, fanden eine Heimstatt im barocken Kloster.[100] In Süddeutschland, Österreich und den Ländern der böhmischen Krone hatte fast jedes Kloster ein Orchester, das sich aus Konventualen und Schülern der Klosterschule bildete. Musikalische Begabung war ein wichtiges Kriterium bei der Aufnahme der zahlreichen Bewerber in das Noviziat.[101] Herausragende Komponisten, deren Werke bis in die Gegenwart aufgeführt werden, sind bspw. die Chorherren von Marchtal Isfried Kayser (1712–1771), Sixtus Bachmann (1754–1825) und der letzte Reichsprälat von Rot Nikolaus Betscher (1745–1811). Für das Theater wirkte der auch als Prediger und geistlicher Schriftsteller berühmte Sebastian Sailer aus Marchtal (1714–1777).[102]

Zur Beförderung des Ordensnachwuchses empfahl das Generalkapitel bereits 1605 und 1618 die Gründung von Schulen an den Klöstern.[103] So entstanden an den meisten Klöstern kleinere oder größere Lehranstalten, die teilweise einen hervorragenden Ruf hatten und über das eigene Territorium hinaus Schüler anzogen, z. B. die Gymnasien in Arnsberg, Ursberg, Roggenburg und Schussenried. Doch auch das niedere Schulwesen auf den Pfarreien wurde nach Möglichkeiten gefördert, z. B. in Marchtal.[104] Für Schule und Hausstudium aber brauchte man eine entsprechende Bibliotheksausstattung und gut ausgebildete Lehrer. Mit den von den Universitäten heimgekehrten Professoren des eigenen Hauses zog auch ein wissenschaftlicher Geist in die Klöster ein. Nicht selten wurden ehemalige Professoren zu Äbten gewählt, die ihrerseits wieder die Pflege der Wissenschaften förderten. So war der Strahover Abt Hieronymus Hirnhaim nicht nur ein fruchtbarer geistlicher Schriftsteller, sondern auch ein für Böhmen einflussreicher Philosoph und Theologe, der sich u. a. gegen die metaphysische Gewissheit der Jesuitenscholastik wandte.[105] In der Spanischen Kongregation ragt Luis Tineo de Morales (ca. 1620–1693) als theologischer Dichter heraus.[106] Die Übernahme von Lehrstühlen an Universitäten durch Prämonstratenser war – auch durch die Vorherrschaft der Jesuiten – selten, meist blieb man im eigenen Haus. Ein herausragender Gelehrtenkonvent entstand im 18. Jahrhundert in Hradisko unter Abt Paulus Václavik, der unter Königin Maria Theresia auch zum Präsidenten der Studienreformkommission für die Universität Olmütz ernannt wurde.

Im 17. und 18. Jahrhundert dehnte sich das Interesse auf die Naturwissenschaften aus. Herausragende Naturwissenschaftler sind im Prämonstratenserorden allerdings kaum zu finden. Ein früher Experimentator auf verschiedenen naturwissenschaftlichen Gebieten war der Schussenrieder Prior Dr. Kaspar Mohr (1575–1625), der durch seine Flugversuche berühmt wurde. Kosmologische Spekulationen stellte François Placet (ca. 1635–1690) von der CAR an. Ferner sind der Propst von Unterzell, Dr. Johannes Zahn (1641–1707), Enkelschüler des Athanasius Kircher SJ und Erfinder des Spiegelteleskops, und der Chorherr von Louka/Klosterbruck, Prokop Diviš (1698–1765), Erfinder eines »Wetterleiters« zur Abwehr von Gewittern, zu nennen.[107] Als Alchemist betätigte sich Richard Rahm von Arnsberg (um 1600–1663). In den Klöstern entstanden z. T. bedeutende Naturalienkabinette und Instrumentensammlungen.[108]

Für das Selbstverständnis des Ordens und der Klöster wurde die Aufnahme der historisch-kritischen Geschichtsschreibung im Orden von großer Bedeutung, die damit die an barocker Selbstdarstellung orientierte Haus- und Ordensgeschichte ablöste. Das herausragende Werk kritischer Geschichtsschreibung sind die *Annales Praemonstratenses* des Abtes von Étival (CAR) und Titularbischofs von Ptolemais, Charles Louis Hugo (1667–1739), in zwei Bänden.[109] 1717 wurde er vom Generalkapitel mit dem 1734/36 publizierten Werk beauftragt, dessen dritter Band zur Heiligen- und Gelehrtengeschichte des Ordens nicht mehr vollendet werden konnte. Diesen ersetzten dann die entsprechenden Werke Georg Lienhardts, dem wir mit seinem *Spiritus literarius Norbertinus* (1771) die erste Gelehrtengeschichte des Ordens verdanken. Diese ist zugleich eine engagierte Verteidigung der wissenschaftlichen Leistungen des Ordens gegen den Vorwurf der »abgrundtiefen Ignoranz von Anfang an« durch den ehemaligen Prämonstratenser Casimir Oudin (1638–1717).[110]

Auf der Suche nach der Identität des Ordens

Durch die Überfrachtung der Lebensweise der Prämonstratenser mit fremden zeitgenössischen Elementen jesuitischer Herkunft und die starke Betonung der Pfarrseelsorge stellte sich bald die Frage nach dem Spezifikum des Ordens in Abhebung von den anderen, insbesondere den neuzeitlichen Kongregationen, die oft zu einem genau festgelegten Zweck gegründet wurden. Die Berufung auf das Ideal der *vita apostolica* des 12. Jahrhunderts konnte hier nicht mehr genügen. Gleichwohl war dieses Ideal durch die Neuausgabe von Werken des Adamus Scotus (Paris 1518, 1659) nicht ganz in Vergessenheit geraten.[111] Oft wurde der Satz des Jesuitentheologen Francisco Suárez zitiert, der den Prämonstra-

4.2 Verinnerlichung der Reform

SPIRITUS LITERARIUS
NORBERTINUS
A SCABIOSIS CASIMIRI OUDINI CALUMNIIS VINDICATUS:

SEU

SYLLOGE

VIROS EX ORDINE PRÆMONSTRATENSI, SCRIPTIS ET DOCTRINA CELEBRES, NEC NON EORUNDEM VITAS, RES GESTAS, OPERA, ET SCRIPTA TUM EDITA, TUM INEDITA PERSPICUE EXHIBENS: ANIMADVERSIONIBUS, ATQUE DISSERTATIONIBUS CRITICIS NON PAUCIS AD HISTORIÆ NOTITIAM FACIENTIBUS ILLUSTRATA

A REVERENDISSIMO, PERILLUSTRI, AC AMPLISSIMO DOMINO

S. R. I. PRÆLATO,

DOMINO GEORGIO,

CANONICORUM REGULAR. S. P. NORBERTI IN IMPERIALI AC EXEMPTO COLLEGIO AD MONTES B. V. MARIÆ IN ROGGENBURG ABBATE VIGILANTISSIMO, NEC NON INSIGNIUM ET ANTIQUISSIMARUM ECCLESIARUM SANCT-LUCENSIS ET CHURWALDENSIS PATRE ABBATE ET SUPERIORE ORDINARIO, REVERENDISSIMIS. R. I. PRÆLATORUM COLLEGII, LAUDATISSIMI CIRCULI SUEVICI CONDIRECTORE &c. &c.

AUGUSTÆ VINDELICORUM,
Sumptibus Matthæi Rieger, et Filiorum MDCCLXXI.

Abb. 7: Titelblatt des *Spiritus literarius Norbertinus* von Georg Lienhardt, Augsburg, Matthäus Rieger und Söhne 1771.

tenserorden als rein kontemplativen Orden zeichnet: *Ordo Praemonstratensis nihil habet speciale* (Der Prämonstratenserorden hat keine spezifische Eigenart).[112] In Abhebung davon definierte z. B. der Oberzeller Chorherr Friedrich Herlet als erstes Ziel des Ordens die reine, unbefleckte und andächtige Verehrung Gottes in den Kirchen bzw. im Chor und als zweites die angemessene und pflichtbewusste Verwaltung von (ländlichen) Pfarreien und die Beförderung des Seelenheils der bäuerlichen und ungebildeten Menschen.[113]

Die nachhaltigste Wirkung bis ins 20. Jahrhundert erreichte Lienhardts Versuch, das Spezifikum des Ordens mit fünf Zielen zu definieren.[114] Ihre historische Herleitung aus den Quellen und dem Schrifttum des Ordens ist allerdings oft fragwürdig. Nicht zuletzt sind sie auch eine persönliche Invention des Roggenburger Abtes, in die wohl auch seine eigene Sicht des Ordens eingeflossen ist. Die fünf Ziele nach Lienhardt sind:

1. das Gotteslob im Chor,
2. die Sorge um das Heil des Nächsten in eifriger Seelsorge,
3. die lebenslange Buße,
4. die Förderung der Verehrung der Eucharistie und die Verteidigung der Realpräsenz Christi,
5. die Verehrung der unbefleckt empfangenen Gottesmutter als der Hauptpatronin des Ordens.

Lienhardt unterstreicht dabei den Charakter der *vita mixta* des *Ordo Apostolico-Mariano-Norbertinus*[115] in der Verbindung von Chordienst, Seelsorge und einem Bußleben in Armut, Gehorsam, Keuschheit, Abtötung des sinnlichen Begehrens durch Fasten, Abstinenz, raue Kleidung, einfaches Lager, Einsamkeit und Schweigen, im Freisein für Geistliche Lesung, Meditation und Kontemplation.

4.3 Französische Zentrale und regionale Differenzen

Die von der Ordensreform um 1600 noch beschworene Uniformität des klösterlichen Lebens war im 17. und 18. Jahrhundert wegen der politischen Bindungen der Klöster in Frankreich, den kaiserlichen Erblanden und dem Reich durch zentrifugale Entwicklungen in den einzelnen Regionen bedroht. Nach dem Verlust der Jurisdiktion über Spanien und der relativen Eigenständigkeit der CAR war in den kriegerischen und theologischen Auseinandersetzungen die Abspaltung des Reichsgebietes zu befürchten. Der immer schwächeren Zentrale in Frankreich stand ein neu erstarktes Ordensbewusstsein in den östlichen Gebieten gegenüber.

Neues Zentrum im Osten: Der hl. Norbert in Strahov

Von Teplá/Tepl ausgehend, waren in Böhmen inzwischen die Prämonstratenserklöster neu erstarkt. Durch den Vorrang im Prälatenstand des Böhmischen Landtags auch in politischer Hinsicht erhielt die Abtei Strahov in Prag besondere Bedeutung, wo Abt Johannes Lohelius (1586–1612), dann Erzbischof von Prag bis 1622, das Reformwerk begann, das sein Nachfolger Kaspar von Questenberg (1612–1640) als Generalvikar und Visitator der Klöster in Böhmen, Mähren, Österreich, Schlesien und Polen fortsetzte.[116] Nachdem sich Steinfeld, Prémontré und Antwerpen bereits früher fruchtlos darum bemüht hatten, gelang es 1626 von Questenberg, mit Unterstützung Kaiser Ferdinands II. die Gebeine des hl. Norbert im Kloster Unser Lieben Frauen in Magdeburg erheben und nach Böhmen überführen zu lassen. Sie wurden zunächst in das Frauenstift Doksany/Doxan gebracht und am 2. Mai 1627, dem Tag des Beginns des Generalkapitels in Prémontré, in feierlicher Prozession in das Stift Strahov getragen. Bereits am 30. April war Norbert unter die Patrone des Königreichs Böhmen aufgenommen worden. Die Übertragung von Norberts Gebeinen wurde fortan am 7. Mai im Orden mit einem eige-

Abb. 8: Übertragung der Gebeine Norberts nach Strahov. Kupferstich aus der *Vita S. Norberti*, Augsburg, Johann Baptist Klauber 1779.

nen Fest gefeiert.[117] Durch die Norbertreliquien erhielt das politisch einflussreiche Strahov auch eine bestimmende geistliche Stellung in den kaiserlichen Erblanden.

Das Norbert-Bild der Neuzeit

Norberts Kanonisierung und Translation waren auch Anlass zu einem neuen Typ seiner Darstellung, der in der Frühen Neuzeit vorherrschte. Mittelalterliche Darstellungen Norberts sind selten. Bedeutend sind die Buchmalerei im Clm 17144 (aus Schäftlarn), fol. 30, mit der Übergabe der Regel durch Augustinus an Norbert,[118] das Fresko in der Sakristei der Abtei von Orvieto (14. Jahrhundert) mit der Umschrift *S. Norbert*[119] und das erste gedruckte Bild als Bischof von Magdeburg und Ordensstifter in einem Straßburger Brevierdruck für Adelberg von 1490, wiederverwendet im Missale von 1502/04 (▶ Abb. 1).[120] Hier ist Norbert immer als Bischof, 1490 mit Buch, dargestellt.

Das neuzeitliche Norbertbild nimmt Bezug auf sein Auftreten gegen die radikalen Anhänger Tanchelms († 1115) in Antwerpen 1124.[121] Diese hatten in Überspitzung der Gregorianischen Vorschriften gegen simonistische oder nikolaitische Priester nicht nur von solchen zelebrierte Messen nicht besucht, sondern auch von diesen konsekrierte Hostien entweiht. Ganz im Sinne der tridentinischen Eucharistielehre konnte Norbert dadurch zum Verteidiger der Realpräsenz Christi gegen die reformierten »Irrlehren« instrumentalisiert werden. Norberts geradezu kanonische Darstellung wurde deshalb nun die als Erzbischof mit Pallium und erhobener Monstranz und dem ihm zu Füßen liegenden »Ketzer« Tanchelm. Dieser wird in der konfessionellen Auseinandersetzung der Zeit manchmal zum protestantischen Geistlichen mit Talar und Halskrause stilisiert.[122] Die Statue in der Peterskirche in Rom verwendet dagegen statt der Monstranz einen erhobenen Kelch. Norberts Triumph über den 1124 bereits verstorbenen Tanchelm wurde seit dem 18. Jahrhundert mit einem eigenen Fest begangen.[123] Norberts Darstellung mit Monstranz fand auch Eingang in die Siegel von Äbten von Hradisko 1631 bzw. 1636, die sich kraft der Inschrift somit selbst als Verkörperung Norberts präsentieren, ebenso wird sie im Siegel der Böhmischen

Zirkarie verwendet.[124] In der linken Hand hält Norbert entweder den Bischofs- oder den (Doppel)Kreuzstab als Zeichen des Metropoliten und öfter auch einen Ölzweig, mit dem er an seinem Todestag einem Mitbruder in Prémontré erschienen sei, wo er den Ölzweig aus dem Paradies eingepflanzt habe.[125] In der rechten Hand hält Norbert die Monstranz oder einen Kelch.

Zu den Einzelbildern traten aber bald Bilderzyklen, die wichtige Szenen aus dem Leben Norberts festhalten sollten, oft kombiniert mit einer Lebensbeschreibung. Der älteste bekannte Zyklus ist im Weißenauer Traditionskodex des Abtes Jacob Murer um 1525 und damit noch vor Norberts Heiligsprechung enthalten. Die 23 Miniaturen zeigen Norberts Leben und die Gründung von Prémontré als ein irdisches Geschehen, weitgehend unbeeinflusst von überirdischen Mächten, auch bei der Regelübergabe an seine Schüler und der Wahl des weißen Ordensgewandes. Diese Miniaturen richten sich nur an die Weißenauer Mitbrüder.[126]

Eine große Reichweite sollte dagegen die Illustration der *Vita Sancti Norberti* des Abtes von Sint-Michiels in Antwerpen, Chrysostomus van der Sterre, durch die Brüder Theodor, Johann und Cornelius Galle in Antwerpen (1622) erlangen. In 35 Kupferstichen werden Szenen aus Norberts Leben von seiner Geburt bis zum Tod und der Aufnahme in die Schar der Heiligen vorgestellt und durch ausführliche Unterschriften erläutert, hier auch mit der Übergabe des Ordensgewandes durch Maria und der Regel durch Augustinus.[127] Dieser Zyklus diente der Barockmalerei vielfach als Vorbild, z. B. in einem 13 Tafelbilder umfassenden Zyklus in Weißenau.[128] Eine wichtige Kopie des Galle-Zyklus mit 36 Bildern und kleinen Abweichungen wurde 1728 in Augsburg durch Johann Andreas Pfeffel d. Ä. angefertigt. 1779 entstand in Augsburg bei Johann Baptist Klauber ein neuer Kupferstichzyklus einer *Vita S. Norberti* mit 20 Bildern. Die zugehörigen Texte in elegischen Distichen dichtete der Marchtaler Chorherr Sebastian Sailer.[129]

Die Ikonographie der Frühen Neuzeit blieb auch in der Zeit der Restauration des Ordens im 19. Jahrhundert bestimmend. Eine bemerkenswerte Abweichung ist erst Norberts Darstellung als »Pionier« des Glaubens mit dem Kreuz in der rechten und dem Spaten in der linken Hand in einer Skulptur an der St. Norbert-Kirche in Merseburg. Dieser

Typus wurde von Bischof Johannes Braun durch Devotionalien anlässlich der Erhebung Norberts zum Patron des Jurisdiktionsbezirks Magdeburg 1982 verbreitet.[130]

Restitution der Klöster: Scheitern und Erfolg

Angesichts des für die katholischen Länder günstigen Kriegsverlaufs verfügte Kaiser Ferdinand II. am 6. März 1629 im Restitutionsedikt die Rückgabe aller nach 1552 säkularisierten Kirchengüter an die Katholiken. In der Folgezeit kam es zur Wiederbesiedelung zahlreicher Klöster in den protestantischen Territorien (u. a. in Sachsen, Brandenburg, Württemberg), darunter auch Magdeburg (von Strahov aus). Doch diese Restitution war nur von kurzer Dauer, obwohl z. B. Abt Georg Schönhainz (1596–1673, Abt seit 1630) seinen Anspruch auf Adelberg noch bis zu seinem Lebensende verteidigte. Spätestens durch den Westfälischen Frieden 1648 gingen die restituierten Klöster, die im »Normaljahr« 1624 protestantisch waren, dem Orden auch staatsrechtlich wieder verloren.[131]

Anders verhielt es sich in den kaiserlichen Erblanden. Dank der Reformzentren Teplá/Tepl, Strahov und Louka/Klosterbruck konnten die personell und materiell sehr schwachen Stifte Geras, Pernegg (seit 1582 Männerkloster, von Geras aus besiedelt) und Schlägl erhalten und einer Reform zugeführt werden. Das fast ausgestorbene Frauenkloster Nová Říše/Neureisch wurde 1591 vom Kaiser dem Strahover Abt Johannes Lohelius anvertraut und 1641 in eine selbstständige Männerkanonie unter der Paternität von Zábrdovice umgewandelt. 1643 konnte das von Strahov aus wiederbesiedelte Stift Želiv/Selau nach heftigem Ringen mit Strahov die Selbstständigkeit erlangen. Die bedeutende Abtei Milevsko/Mühlhausen in Südböhmen wurde von Kaiser Ferdinand II. 1623 an Abt Questenberg für den Orden zurückgegeben, allerdings nach jahrzehntelangen Auseinandersetzungen in der Zirkarie. 1683 wurde es dem Stift Strahov als abhängiges Priorat inkorporiert, was es bis zur kaiserlichen Aufhebung 1785 blieb. Keine Chancen auf eine Wiederherstellung sah man bei den dem Orden entfremdeten und untergegangenen Klöstern Litomyšl, Louňovice und Dolní Kounice, doch konnte bei letzterem wenigstens das Grundstück des ruinösen Klosters erworben werden.[132] Eine Wiederbesiedelung kam allerdings nicht zustande. Es verblieb bei Hradisko bis zu dessen Aufhebung im Josephinismus.

Große Anstrengungen unternahmen die Klöster in den kaiserlichen Erblanden, um wenigstens einige der alten Propsteien in Ungarn nach der Rückeroberung in den Türkenkriegen wieder für den Orden zu gewinnen.[133] 1688 wurde die Titularpropstei Jánoshida mit der Abtei Zábrdovice vereinigt. Zwischen 1694 und 1705 übergab Kaiser Leopold I. Propst Franz von Schöllingen von Pernegg als Remuneration für dessen Unterstützung im Türkenkrieg die Propsteien Jászó, Lelesz, Csorna, Váradhegyfok/Großwardein, Türje und Horpács, der sie ab 1700 an andere Stifte weiterverkaufte. Während die Ordensleitung in Prémontré auf einer eigenständigen Ungarischen Zirkarie bestand,[134] wurde von den Mutterklöstern Hradisko, Louka/Klosterbruck und Zábrdovice zumeist nur ein kleiner Konvent mit einem Propst an der Spitze nach Ungarn geschickt. Teilweise blieb es wie in Garáb, Lelesz, Jánoshida und Váradhegyfok bei Titularpropsteien zur Sicherung der Rechtsansprüche im Prälatenstand, aber mit Sitz und Stimme im Provinzialkapitel. Lediglich Jászó gelang es 1770 unter großen Schwierigkeiten, die volle Selbstständigkeit als Abtei zu erhalten;[135] Csorna und Türje hatten 1780 immerhin ein eigenes Noviziat und strebten nach Unabhängigkeit, als Jászó und sämtliche ungarischen Propsteien 1785–1787 der josephinischen Klosteraufhebung zum Opfer fielen.[136]

Prémontré im Absolutismus

Prémontrés politische und faktische Abhängigkeit von der französischen Krone zeigt sich besonders bei den immer deutlicher in ihrer Freiheit eingeschränkten Wahlen der Generaläbte. Am 1. Februar 1666 trat Generalabt Augustinus Le Scellier, alt und gichtkrank, zurück und gab sein Amt in die Hände des Kapitels von Prémontré unter dem Vorbehalt der Zustimmung des hl. Stuhls.[137] Am selben Tag wurde der Kandidat des scheidenden Generalabtes und des Königs, Prior Michel Colbert (1633–1702), in einer nicht einwandfreien Wahl zum Abt von

Prémontré und Generalabt gewählt. Gegen diese Wahl des Verwandten des königlichen Finanzchefs Jean-Baptiste Colbert erhob sich sogleich Protest aus Prémontré selbst, sodass die päpstlichen Verleihungsbullen auf sich warten ließen. Zudem war für den 23. Mai 1666 von Generalabt Le Scellier ein Generalkapitel einberufen worden, dessen Vorsitz von Anfang an prekär war. Es bestellte Colbert zwischenzeitlich zum Generalvikar des gesamten Ordens. Wegen der Schwierigkeiten in Rom widerrief Le Scellier am 22. November 1666 seine Resignation, was zu weiteren Verwerfungen führte, da nun Prémontré rechtlich nicht mehr vakant war. Erst im Mai 1668 erhielt Colbert die päpstliche Zustimmung zu seinem Generalat, das bis 1702 dauern sollte. Doch Colbert residierte nicht im baufälligen Prémontré, sondern hielt in dem von ihm groß ausgebauten Kolleg in Paris Hof. Sein aufwändiger Lebensstil und sein rücksichtsloser Umgang mit seinen Gegnern verschafften seinen Ermahnungen zur Armut kein Gehör. Er hinterließ Prémontré eine Schuldenlast von 360 000 livres.[138]

Nach Colberts Tod am 29. März 1702 wählte das Wahlkapitel am 16. Mai den Abt von Dommartin, Philippe Celers (1657–1708), zum neuen Generalabt, der aber angesichts des Zustandes von Prémontré und der Schulden bereits am 30. Mai resignierte und nach Dommartin zurückging.[139] Am 17. Juli 1702 ging aus der erneuten Wahl der Prior von Prémontré, Claude Honoré Lucas de Muin (1657–1740), als neuer Generalabt hervor, der erst 1704 von Rom bestätigt wurde. In seiner langen Amtszeit gab er Prémontré sein barock-klassizistisches Aussehen, das er beim letzten Generalkapitel im Ancien Régime 1738 dem Orden präsentieren konnte. Persönlich um den Orden bemüht, visitierte er die Klöster in Frankreich und einem Teil Deutschlands, eckte aber mit seinem autoritären Regierungsstil auch oft an.[140]

Zum Nachfolger des tüchtigen Generalabtes wurde 25. Januar 1741 der Abt von Clairfontaine, Generalvikar der Französischen Zirkarie und Kandidat des Königs Augustin de Rocquevert (1681–1741) gewählt, der aber, bereits kränklich, bald nach dem Erhalt der päpstlichen Bullen am 30. Oktober desselben Jahres starb.[141] Aus der nächsten Wahl am 14. Dezember ging nicht der ursprüngliche Kandidat des Königs Pierre-Antoine Parchappe de Vinay (1699–1769) hervor, gegen den ein Teil des Konvents Protest eingelegt hatte, sondern der dann auch vom König

4 Katholische Erneuerung und barocker Glanz

Abb. 9: Französischer Prämonstratenser in Chorkleidung mit Almutium, undatierter Stich von Wenzeslaus Hollar (1607–1677).

unter Ausschluss anderer Kandidaten vorgeschlagene Abt von Dommartin Bruno Bécourt (ca. 1679–1757). Er war ein guter Administrator in wirtschaftlichen Dingen, der den Neubau von Prémontré vorantrieb. Von Kardinal Fleury erhielt er den ausdrücklichen Auftrag, die Studien im Orden zu fördern und Missstände in den Klöstern der allgemeinen Observanz abzustellen. Im Orden war er allerdings wegen seiner Strenge und Affinität zur CAR wenig beliebt.[142]

Nach Bécourts Tod am 21. Dezember 1757 wurde Parchappe de Vinay, Sekretär des Generalabtes Lucas de Muin, Prior des Kollegs in Paris und schließlich Abt von Villers-Cotterêts, inzwischen erster Kandidat des Königs, durch Akklamation am 27. Februar 1758 zum Generalabt gewählt. Bei dieser Wahl hatte der König 34 der 77 Wahlberechtigten vom aktiven Wahlrecht ausgeschlossen, was in Rom für die Bestätigung hinderlich war, die erst am 9. März 1759 erfolgte. Dieses Generalat stand bereits im Zeichen der in Frankreich verfügten Reformen der Klöster, wie der Aufhebung von sehr kleinen Klöstern – Maßnahmen, die dank der Umsicht des Generalabtes für den Orden nicht sehr gravierend ausfielen: Nur 15 kleine Häuser wurden zur Auflösung vorgesehen, davon fünf bei der CAR.[143]

Nach de Vinays Tod am 4. März 1769 wurde am 20. April 1769 durch Wahlmänner Guillaume Manoury, der schon 1758 ein Kandidat des Königs war, zum Generalabt gewählt. Er wurde ohne weitere Schwierigkeiten von Rom am 7. Oktober 1769 bestätigt und ergriff am 22. Oktober 1769 Besitz von Prémontré. Sein bis zu seinem Tod am 18. Juli 1780 dauerndes Generalat stand schon ganz im Zeichen der aufgeklärten Reformen im Orden.[144]

Politische Bindungen

Nicht nur in Frankreich, sondern auch in den kaiserlichen Erblanden und in den Territorien des Reichs gerieten die Klöster im 18. Jahrhundert zunehmend in politische Abhängigkeit von ihren Fürsten. Die von Prémontré verliehenen Ämter (z. B. Generalvikar oder Visitator) mussten von den Territorialherren bestätigt werden. »Ausländische« Visitatoren, auch Vateräbte, wurden oft nicht mehr zugelassen, was etwa in der

4 Katholische Erneuerung und barocker Glanz

Abb. 10: Prémontré im Jahr 1784, Stich von François Denis Née 1784.

Bayerischen Zirkarie mehrfach zu Problemen führte, da deren Vateräbte meist schwäbische Reichsprälaten waren. So wurde bspw. dem Vaterabt von Neustift bei Freising vom Kurfürsten der Vorsitz bei der Wahl des Propstes verweigert, was zur Folge hatte, dass der neue Propst 15 Jahre lang vom Vaterabt nicht bestätigt wurde. Mehrfach wurden Äbte von Wilten zu Generalvikaren ernannt, konnten dieses Amt aber wegen ihres Ausländerstatus und der Kriege nicht ausüben.[145]

Durch Frankreichs Frontstellung gegen den Kaiser in den Annexionskriegen Ludwigs XIV., im Spanischen und Österreichischen Erbfolgekrieg durften auch keine Tallien aus den kaiserlichen Erblanden nach Prémontré abgeführt werden, was in der Ära Colbert zu heftigen Auseinandersetzungen führte. Bereits während der Annexionskriege wurde von kaiserlicher Seite erwogen, den Abt von Hradisko und Generalvikar der Böhmischen Zirkarie sowie der kaiserlichen Provinzen, Norbert Zieletzky von Poczenitz (1679–1709), vom Papst zum Generalvikar für das gesamte Reichsgebiet mit allen Rechten eines Generalabtes bestellen zu lassen, doch der Abt lehnte das Ansinnen ab.[146] Durch Frankreichs Bindung an den Gallikanismus wurde der Gegensatz auch ein kirchenpolitischer, da die Klöster im Reich und den kaiserlichen Erblanden traditionell eng mit Rom verbunden waren. Dieser Konflikt äußerte sich bspw. in der Weigerung der kaiserlichen Provinzen, das von Generalabt Colbert 1698 herausgegebene, gallikanisch überarbeitete Brevier anzunehmen.[147] Im Hinblick auf die Annahme oder Ablehnung der Bulle *Unigenitus* beim Generalkapitel 1717 stand abermals die Einheit des (Rest-)Ordens auf dem Spiel. Eine Spaltung wurde hier durch Nichtbehandlung des Problems umgangen.[148]

Äbte als Landesherren: Die Reichsstifte

Eine besondere Stellung erreichten manche Stifte, vor allem in Schwaben und im Rheinland, durch die Reichsunmittelbarkeit, sodass der Abt Landesherr seines Territoriums wurde, teilweise ausgestattet mit der Hohen Gerichtsbarkeit.[149] Damit waren allerdings auch erhebliche Lasten verbunden, z. B. Stellung von Militär, Abgaben für das Reichskammergericht usw.[150] Der realpolitische Einfluss der Reichsprälaten war gering. Im Immerwährenden Reichstag hatten sie nur eine gemeinsame Kuriatstimme, weshalb dem Reichsprälatenkollegium als Beratungs- und Entscheidungsgremium eine wichtige Stellung zukam. Im Schwäbischen Reichsprälatenkollegium stellten die Prämonstratenser dank ihrer Zirkarie-Struktur eine relativ homogene Gruppe dar und besetzten oft den Posten des Direktors oder Kondirektors. So war z. B. Abt Johann Christoph Härtlin von Weißenau 36 Jahre Direktor, Abt Georg Lienhardt von Roggenburg Kondirektor von 1768 bis 1778 und anschließend Direktor bis 1783.[151] Die juristischen Grundlagen des Kollegiums vereinigte der Reichsprälat von Rot, Willebold Held, in seinem zweibändigen *Reichsprälatischen Staatsrecht* von 1782/85.

In den geistlichen Miniaturstaaten mit ca. 2 000 bis 6 000 Einwohnern war den Äbten mit ihren weltlichen Beamten (Oberamtmann bzw. Amtmann, Kanzlei und Räte) die Gerichtsbarkeit und Verwaltung des Territoriums übertragen worden, die sich in den verschiedenen Ordnungen (Landordnungen, Dorfordnungen, Zunftordnungen, Schulordnungen, Physikat) und Institutionen (Landschaft, Landschaftskasse, Waisen- und Armenkassen usw.) niederschlug.[152] Regierung und Wirtschaftsweise werden meist als patriarchalische Fürsorge des Prälaten für die Untertanen charakterisiert und auch in Leichenreden hervorgehoben.[153] Peter Hersche attestiert den agrarisch gebliebenen geistlichen Staaten gegenüber den fortschrittsorientieren protestantischen Territorien eine »intendierte Rückständigkeit«, an der auch die Reformen der frühen Aufklärungszeit oft spurlos vorübergingen.[154] Eine gewisse Ausnahme bildet das Armen-, Fürsorge- und Versicherungswesen, in dem die Reichsabteien im 18. Jahrhundert deutliche Anstrengungen zum Wohl der Untertanen, u. a. durch Einrichtung einer eigenen Feuerversicherung, unternahmen.[155]

Auf das geistliche Leben im Kloster hatte die Stellung als »Reichsgotteshaus« keinen allzu nachteiligen Einfluss, wenn die Disziplin gut war, wie z. B. Roggenburg unter Lienhardt beweist.[156] In der Verwaltung des Territoriums waren nur wenige Religiosen als Offizialen beschäftigt, die zahlreiche Dispensen und Vorrechte als Hof-Beamte (*aulici*) genossen, unterschieden von den Konventualen. Die Repräsentation erforderte allerdings größeren Aufwand, bspw. bei »Staatsbesuchen« benachbarter Fürsten und Äbte: Theater, Musik, Militärparaden, repräsentative Räume, Ehrenhof und ein entsprechendes Treppenhaus waren notwendig, um die Gäste mit protokollarischen Ehren empfangen zu können. Dadurch wurde auch die kulturelle und künstlerische Konkurrenz angeregt und eine Provinzialisierung verhindert. So übernachtete z. B. am 1. Mai 1770 Marie Antoinette auf ihrer Brautfahrt zum Dauphin von Frankreich (Ludwig XVI.) mit ihrem ganzen Gefolge für eine Nacht im Reichsstift Marchtal.[157]

Die Aufklärung hatte für die Klosterstaaten wenig Verständnis. Der ehemalige Benediktiner Franz Georg Übelacker charakterisierte die Reichsprälaten in einer pseudonymen Schrift 1784 als »Halbbischöfe und Halbkönige [...] mit Gold, Silber, Dienerschaft, Lackeyen, Mohren, Hellepardier, Beamten ausgerüstete hochwürdigste freye Blutrichter«.[158] Der Marchtaler Chorherr Sebastian Sailer verteidigt dagegen das System der Reichsprälaten 1771 nachdrücklich:

> »Prälaten, welche zu öffentlichen Reichskomitien ihre Stimme und Antheile geben, vergeben von ihrer Geistlichkeit nichts, wenn sie auch Staatsmänner sind. [...] Nein! sie können für die ihrigen geistreiche Aebte, und für den Staat besorgte Reichsstände seyn, man darf sie dessentwegen nicht mit einer halben Infel und einer halben Peckelhaube, mit einem halben Meßgewande

und halben Kürasse, mit einem halben Pastoralstabe und einer halben Musquete malen, noch viel weniger statt: ›gehet, die Messe ist vollendet‹: ›gebt Feuer!‹ sprechen lassen.«[159]

Das Ende der Generalkapitel

Während Generalabt Le Scellier bis 1666 statutengemäß alle drei Jahre ein Generalkapitel abhielt, fanden in der gesamten Folgezeit bis zum Ende des Ancien Régime nur noch vier Generalkapitel statt.[160] Ein Reformimpuls ging von ihnen nicht mehr aus; vielmehr befasste man sich meist mit den Ansuchen einzelner Zirkarien, Paternitäts- und Präzedenzfragen, der Herausgabe liturgischer Bücher und der immer noch geforderten Uniformität in Liturgie und Kleidung. Statt eines Gesamtprotokolls wurden jetzt nur die allgemeinen Beschlüsse und die speziellen Entscheidungen für die einzelnen Zirkarien diesen zugesandt, sodass auch die Teilnehmerzahl oft nicht mehr festgestellt werden kann. Ab 1686 wurden die den Gesamtorden betreffenden Beschlüsse als Auszug gedruckt.

Für 1669 war ein Generalkapitel in Prémontré oder andernorts vorgesehen. Schon 1668, noch vor der Besitzergreifung von Prémontré, fasste Colbert den Plan, das Generalkapitel wegen der leichteren Zugänglichkeit für die Teilnehmer aus dem Reichsgebiet in Antwerpen abhalten zu lassen, wozu aber die Erlaubnis des Statthalters der Österreichischen Niederlande erforderlich war. Tatsächlich trat das Generalkapitel erst 1670 in Prémontré zusammen und stand im Zeichen der immer noch umstrittenen Wahl Colberts zum Generalabt. Das nächste war statutengemäß für 1673 in Köln, Lüttich oder Prémontré anberaumt, wurde aber erst vom 12. bis 1. Juni 1686 in der Mutterabtei des Ordens abgehalten. Es zeigte auch deutlich die Abhängigkeit vom französischen König und war zunächst von der Opposition des von Colbert abgesetzten Priors der Kommendatarabtei Vermand, Hugo Gallien, beherrscht, der Colbert wegen Amtsmissbrauchs vor dem staatlichen Gericht verklagt hatte. Hintergrund war u. a. Colberts Praxis, Religiosen anderer Orden und Weltkleriker in Prémontré aufzunehmen und sie mit einträglichen Pfründen zu versorgen. Da die diesbezügliche Anfrage des Königs mit einer Delegation nach Versailles beantwortet werden musste, wurde das Generalkapitel am 14. Mai unterbrochen und erst am 26. wieder aufgenommen. Eine deutliche Machtverschiebung brachte die Entscheidung, die Definitoren nicht mehr wählen, sondern vom Generalabt ernennen zu lassen. Wie sehr sich das Generalkapitel inzwischen als Tribunal verstand, verdeutlicht die Einsetzung eines eigenen Ordensanwaltes (*Promotor iustitiae*) in diesem Gremium. Durch die überlange Dauer des Kapitels veranlasst ist auch der Beschluss, die künftigen Generalkapitel auf vier Tage zu beschränken.

Unter Generalabt Lucas de Muin fanden zwei Generalkapitel statt. Nach dem Frieden von Rastatt konnte 1717 ein Generalkapitel zusammentreten, von dem allerdings die böhmischen Delegierten auf ihrer Reise von kaiserlichen Agenten zurückbeordert wurden, während die belgischen gar nicht ausreisen durften. Gut beschickt mit 38 Prälaten, auch aus dem Reichsgebiet, war dagegen das letzte Generalkapitel 1738 im neu erbauten Prémontré.[161] Es musste sich u. a. mit der geänderten Lebensweise hinsichtlich des Privateigentums von Religiosen befassen, da es üblich geworden war, Taschengeld (*Peculium*) in begrenzter Summe auszugeben, über das die Religiosen an sich nur mit Wissen der Oberen verfügen konnten. Als Gegenmittel ließ man Colberts französische Ermahnung zur Armut in Latein drucken und verteilen. Ein Konflikt entstand um die im Auftrag des Generalkapitels 1734 veröffentlichten *Annales* von Charles Louis Hugo, in denen Marias Habitspende an Norbert als *pia fabula* abgetan wurde und Bedenken gegen die Lehre von der Unbefleckten Empfängnis Marias vorgetragen wurden. Um die für Prémontré lebenswichtigen Ordenssteuern einzutreiben, ließ der Generalabt schließlich die Tore der Abtei durch Wachen besetzen, sodass niemand abreisen konnte, der nicht die Tallien bezahlt hatte.[162]

Solche Maßnahmen trugen nicht dazu bei, ein weiteres Generalkapitel für notwendig zu erachten, obwohl unter Generalabt Bécourt die Quartiere der Zirkarien erneuert wurden. Generalabt Parchappe de Vinay nannte 1767 als weitere Hinderungsgründe die Schwierigkeit, die Oberen aus dem katholischen Europa zusammenzuführen, die politischen Restriktionen durch die Landesherren und nicht zuletzt die für den Gesamtorden wenig bedeutsamen Gegenstände, die hier behandelt würden.[163]

Wandel der Lebensformen und regionale Uniformität

Spätestens seit der Ära Colbert war in vielen Klöstern des Ordens ein Wandel der Lebensformen zu spüren, der sich in den Akten der Provinzialkapitel und in lokalen Gebräuchebüchern niederschlug.[164] Man versuchte, durch Rücksicht auf die öffentliche Meinung und durch Dispenspraxis bezüglich Tagesordnung, Fasten und Abstinenz im Advent und in der Fastenzeit sowie Gebetsverpflichtungen den veränderten Lebensgewohnheiten Rechnung zu tragen oder man berief sich auf unvordenkliche Gewohnheiten. Die Bestimmungen bezüglich Tonsur, Kleidung und Kopfbedeckung wurden den Zeitumständen angepasst, aber auch überflüssiger Luxus verboten. 1708 wurde in der Bayerischen Zirkarie den Priestern ein geringes Taschengeld zu anständigen und nützlichen Zwecken nach dem Urteil des Prälaten erlaubt.

Diese Anzeichen dürfen jedoch nicht als allgemeine Verfallserscheinungen gewertet werden. Man war einerseits weiterhin um das religiöse Leben und um dessen Wiederherstellung nach den Kriegen des 18. Jahrhunderts sehr bemüht, rief Klausur und Sprechzimmer wieder in Erinnerung, in dem man mit Besuchern sprechen durfte und die in Frauenklöstern durch Gitter getrennt waren. Als neue Argumentationsfiguren traten jetzt, ganz im Geist des Barock, in Bayern, Schwaben und Böhmen die Ehre und der Glanz des Ordens auf. Anderseits mussten sich die Provinzialkapitel nun vermehrt mit Eigenmächtigkeiten von Chorherren (private Siegel, Briefverkehr, Unzufriedenheit, Unmutsäußerungen, Veröffentlichung von Büchern ohne Erlaubnis) und mit »Verächtern des Chores und der geistlichen Übungen«[165] auseinandersetzen.

Der Rekreation in Spielsälen und dem wöchentlichen Kolloquium bei Tisch wird größeres Gewicht beigelegt. 1728 wurde in Bayern auch das Halten von Singvögeln und die Aufbewahrung von Musikinstrumenten auf den Zellen ausdrücklich erlaubt, von Jagdwaffen aber verboten. Ein Verbot traf 1738 auch die neuen »Modegetränke« der Reichen: Kaffee, Tee, Schokolade – u. a. wegen der Gefahr der Konventikelbildung – und das schon 1663 vom Generalkapitel verbotene Rauchen.[166] Gegen Kurpfuscherei von Mitbrüdern an Weltleuten beiderlei Geschlechts ging das bayerische Provinzialkapitel 1746 vor, verbot aber ebenso die dem Stil des Rokoko entsprechenden kostbaren Stoffe, Seidenstrümpfe, Hüte mit Seidenbändern und silbernen Tabakdosen. Das böhmische Provinzialkapitel regelte 1747 u. a. die Länge der Spitzen am Rochett, verbot einfachen Religiosen Quasten am Zingulum, Puder und kostbare Spazierstöcke. 1780 wurden weitere Modeerscheinungen des ausgehenden »Perückenzeitalters« ins Visier genommen: Zopf, hohe Frisuren, Halsbinden, Sonnenschirme usw.[167]

Durch das Fehlen der Generalkapitel wurde auch die immer wieder beschworene *uniformitas* in Liturgie, Kleidung und Gebräuchen im Wesentlichen regional verstanden und innerhalb der Zirkarien ggf. mit großer Vehemenz betrieben, z. B. im schwäbischen »Kappenkrieg« in der Frage einer weißen oder schwarzen Kopfbedeckung.[168] Die zirkariellen Regelungen mussten aber z. B. in Bayern gegen die Visitationsmaßnahmen der strengeren schwäbischen Vateräbte behauptet und – besonders unter Generalabt Bécourt – gegen die oft den lokalen Verhältnissen wenig angemessenen Vorstellungen in Prémontré verteidigt werden.[169]

5 Von der Aufklärung zur Gegenwart

Der Wandel der Lebens- und Denkformen zeigte sich deutlich ab der Mitte des 18. Jahrhunderts unter dem Einfluss der europäischen Aufklärung. Die auf das Vernunft- und Nützlichkeitsprinzip gegründete Aufklärung machte den Klöstern in mehrfacher Hinsicht zu schaffen: einerseits durch den »aufgeklärten Absolutismus« des Staates, der nun auch das Kirchenwesen in seinem Sinne zu regulieren suchte, andererseits durch die öffentliche Meinung, nach der Klöster unnütze Einrichtungen waren, deren Insassen die Zeit nutzlos mit Nichtstun, »Chorgeplärr«, unsinnigen Zeremonien, opulenten Mahlzeiten und Trinkgelagen verbrachten, aber auch durch interne Auseinandersetzungen, in denen die im Grunde noch mittelalterliche klösterliche Disziplin in Frage gestellt oder von manchem Mitglied vernachlässigt wurde. Fälle von kollektiven Unmutsäußerungen, auch in publizistischer Form, Insubordination und Übertretung der Statuten häuften sich im 18. Jahrhundert in den Provinzialkapiteln. Dabei darf aber nicht übersehen werden, dass die sog. »aufgeklärten Mönche« eine Minderheit waren, die klösterliche Disziplin weithin Bestand hatte und teilweise rigoros durchgesetzt wurde.[1] Wo man der neuen Wissenschaftlichkeit des »Zeitalters der Vernunft« aufgeschlossen gegenüberstand, kam es zu einer neuen Blüte der Studien, der wissenschaftlichen Sammlungen und Bibliotheken, die gerade in den barocken Klöstern um diese Zeit eingerichtet wurden.[2]

5.1 Die Klöster unter der Hoheit des Staates

Die massive staatliche Einflussnahme auf das Klosterwesen zeigte sich zuerst im Frankreich Ludwigs XV., etwas später in Bayern und im Josephinismus in den Habsburgischen Ländern und führte zu einer ersten Aufhebungswelle von Klöstern.

Die französischen Nationalkapitel und Statuten

Um das desolate Klosterwesen in Frankreich zu reformieren, gründete Ludwig XV. 1760 die *Commission des Réguliers*, die aber erst 1766 ans Werk ging.[3] Frankreich zählte damals 92 Prämonstratenserabteien mit insgesamt ca. 1 250 Mitgliedern. Doch nur ca. 20 Abteien waren mit eigenen Äbten besetzt, alle anderen in Kommende gegeben. Etwa die Hälfte der Abteien wies weniger als zehn Mitglieder auf. Die Kommission drängte auf Reformen, setzte das Professalter auf 21 Jahre hinauf, befahl die Einrichtung von Nationalkapiteln und sah die Aufhebung von zwölf Abteien der allgemeinen und fünf der strengen Observanz (CAR) vor, allerdings erst nach deren Aussterben bei verhängtem Aufnahmestopp. Dadurch konnte die Auflösung (bis auf Doue und Fontcaude) zunächst vermieden werden.

1770 trat in Prémontré das einzige gemeinsame Nationalkapitel der beiden Observanzen zusammen und beschloss weitreichende Veränderungen in der Struktur der allgemeinen Observanz und neue Statuten, die nach einigen Änderungen 1773 gedruckt wurden.[4] Die Beschlüsse des Nationalkapitels brachten eine Neustrukturierung der allgemeinen Observanz in den fünf Zirkarien von Prémontré, Flandern, der Champagne, der Normandie und der Gascogne, jeweils mit eigenem Kommunnoviziat und Studienhaus. Das Nationalkapitel wurde als feste Institution nach dem Vorbild der Annualkapitel der CAR im Dreijahresrhythmus vorgesehen, unter Hinzuziehung auch der Prioren der nicht in Kommende gegebenen Abteien, von Repräsentanten der Konvente und Pfarrer. Dem Generalabt wurde ein Rat beigegeben, der halbjährlich tagen sollte.

Die neuen Statuten von 1770 hielten an der bisherigen Gliederung in vier Distinktionen fest, gruppierten aber manche Kapitel aus der vierten Distinktion in die erste um (dist. 1 c. 24–26). Die staatliche Gesetzgebung wurde dabei berücksichtigt. Bemerkenswert ist ein neues, ausführliches Kapitel über die Studien, das die bisherigen Bestimmungen über die Handarbeit ersetzte (dist. 1 c. 9). Folgerichtig wurde dem Bibliothekar aufgetragen, für den Ankauf wissenschaftlicher Literatur zu sorgen (dist. 2 c. 15 n. 8). Der Strafkodex wurde in der dritten Distinktion neu gestaltet und stark gekürzt, wo man nun stärker auf Fasten, Entzug des Stimmrechts und Stallums und statt der Klosterkerker auf die Verlegung in eine Bußkammer (*cubiculum poenitentiale*) setzte, aber auch der staatlichen Strafgesetzgebung Rechnung trug. Obgleich eine Angelegenheit des Gesamtordens, wurde auch in die Bestimmungen über das Generalkapitel regulierend eingegriffen (dist. 4 c. 1–5).

Die Umsetzung dieser Beschlüsse erfolgte hauptsächlich erst ab 1780 unter dem letzten Abt von Prémontré, Jean-Baptiste L'Ecuy (1740–1834), der noch als Sekretär des Generalabtes Guillaume Manoury (1769–1780) beim Nationalkapitel 1779 eine im ganzen Orden beachtete programmatische Rede über die Nützlichkeit der Klöster gehalten hatte. Im Zuge der Reformen gab man allerdings 1787 in Frankreich in beiden Observanzen auch die alte prämonstratensische Liturgie auf und übernahm das gallikanisch inspirierte Brevier von Paris.[5] Tatsächlich erlebte der Orden in Frankreich in den letzten zehn Jahren vor der Revolution von 1789 eine merkliche Erneuerung, auch im Personalstand.[6] Prémontré hatte sich allerdings auch durch diese nationale Entwicklung als Zentrale des Gesamtordens weitgehend ausgeschaltet. Die von L'Ecuy gewünschte Übernahme der französischen Statuten durch die Schwäbische Zirkarie stieß dort auf heftigen Widerstand, da der *Genius Germaniae* ganz anders sei als der *Genius Gallorum* und die neuen Statuten überdies zu Laxismus verleiten könnten.[7]

5 Von der Aufklärung zur Gegenwart

Abb. 11: Generalabt Jean-Baptiste L'Ecuy, undatiertes Gemälde eines unbekannten Malers.

Staatskirchenhoheit und Josephinismus

Im Reichsgebiet machten sich staatskirchliche Bestrebungen vor allem in Bayern und den kaiserlichen Erblanden bemerkbar, während die schwäbischen Reichsabteien dank ihrer Territorialhoheit bis zur Säkularisation weitgehend an ihrer traditionellen Praxis festhalten konnten.[8] In Bayern begannen die staatlichen Eingriffe 1764 unter Kurfürst Maximilian III. Joseph (1745–1777) mit dem Amortisationsgesetz, das Schenkungen von Immobilien, Pretiosen und Geld über 2 000 Gulden an Klöster verbot.[9] 1768 wurde im Indigenatsmandat verordnet, dass nur noch geborene Landeskinder oder mit dem teuren Indigenat begnadigte Personen zu Oberen bestellt werden dürfen, was z. B. die geographisch randständigen Klöster Steingaden und Speinshart empfindlich traf. Am 2. November 1769 wurden die Klosterkerker abgeschafft und das Professalter auf 21 Jahre hinaufgesetzt. Am 30. Dezember 1769 wurde schließlich die Verbindung mit ausländischen Oberen so weit eingeschränkt, dass bei Orden mit mehr als drei Häusern in Bayern eine eigene Provinz bzw. Kongregation mit einem inländischen Oberen einzurichten sei. Hier sind an zweiter Stelle ausdrücklich die Prämonstratenser genannt. Doch wurden weiterhin von den Generaläbten Vikare ernannt. In Osterhofen wurde die Novizenaufnahme untersagt und das Kloster von Kurfürst Karl Theodor (1777–1799) unter dem Vorwand der Schuldenlast zugunsten des adeligen Damenstiftes in München 1783 aufgehoben.[10]

In Österreich und den kaiserlichen Erblanden setzten die staatlichen Maßnahmen unter Maria Theresia (1740–1780) ein und wurden unter ihrem Sohn Joseph II. (König und Mitregent ab 1764, Kaiser 1780–1790) zum staatskirchlichen System des Josephinismus ausgebaut.[11] Die Maßnahmen betrafen zunächst die Ausbildung der künftigen Ordensleute. Maria Theresias Studienreform ab 1752 betraf auch die von staatlicher Seite unerwünschten Klosterstudien und regulierte sie neu. Die einzelnen Stifte hatten ein oder zwei Mitglieder an die Universitäten zu schicken. Im engen Zusammenwirken mit dem Kaiserhof wurden die Äbte von Hradisko und Wilten zu Vorsitzenden der Studienreformkommissionen für die Universitäten Olmütz bzw. Innsbruck bestellt.[12] Die zu verwendenden, teilweise spätjansenistisch inspirierten Lehrbücher und Methoden wurden 1770 vorgeschrieben. Im gleichen Jahr wurde das Professalter auf 24 Jahre hinaufgesetzt. Im folgenden Jahr wurden die Klosterkerker aufgelöst. Das Provinzialkapitel der Böhmischen Zirkarie und der kaiserlichen Erblande von 1780 trug diesen Maßnahmen durch weitere Vorschriften Rechnung, zumal für den Fall der Übertretung hohe Strafen bis hin zur Absetzung der Prälaten angedroht waren. 1783 wurden schließlich die klösterlichen Studien als »Winkelschulen« aufgehoben und der Ordensnachwuchs an die josephinischen Generalseminarien verwiesen.[13]

Einschneidend für das gesamte Gefüge des Ordens war die Aufhebung der Verbindung mit der französischen Ordenszentrale. Diese erfolgte in mehreren Schritten. Bereits 1766 wurde unter dem Eindruck der französischen *Commission des Réguliers* die Trennung von den französischen Generaläbten befohlen, 1771 allen Orden Geldzahlungen an auswärtige Obere und 1781 jede Verbindung (außer im Gebet) mit ausländischen Oberen untersagt, ebenso die Beschaffung liturgischer Bücher aus dem Ausland. 1782 wurde die Exemtion der Klöster aufgehoben. Die Klöster wurden somit den Bischöfen unterstellt. 1786 wurde die Ausarbeitung neuer Statuten durch Provinzialkapitel verboten; bereits erarbeitete wurden für nichtig erklärt. Nicht ausgeführt wurde der 1799 entworfene Plan, die Orden nach ihren »ursprünglichen« Regeln zu vereinigen, was einer Rückführung der Prämonstratenser auf das Institut der Augustiner-Chorherren bedeutet hätte.[14]

Im Mai 1782 setzte dann die erste Welle der josephinischen Klosteraufhebungen zugunsten des Religionsfonds ein, eines staatlichen Fonds, aus dem alle Kirchenangelegenheiten bezahlt werden sollten. Diesen fielen in Österreich die Stifte Pernegg und Griffen, in Böhmen die Frauenstifte Doksany/Doxan und Chotěšov/Chotieschau und das Priorat Milevsko/Mühlhausen, in Mähren die bedeutenden Stifte Louka/Klosterbruck und Zábrdovice zum Opfer. Hradisko wurde 1785 auf Betreiben des Bischofs von Olmütz in ein Generalseminar umgewandelt. In dem Teil Polens, der nach der Teilung zu Habsburg gehörte, wurde 1784 das Stift Nowy Sącz aufgehoben. In Ungarn wurden 1785–1787 sämtliche Prämonstratenserstifte aufgelöst. In Teplá/Tepl betrieb ein Teil der Mitbrüder 1782 die Aufhebung, die aber nicht genehmigt wurde.[15] Hier und in Geras wurden Kommendataräbte eingesetzt. Anderen Stiften, z. B. Schlägl, wurde ein *numerus fixus* verordnet, sodass erst nach dem Tod eines Mitglieds wieder ein Novize aufgenommen werden konnte. Da das josephinische System die Ordensgeistlichen nur als Helfer des Weltklerus in der Seelsorge betrachtete, wurden viele auf die stark vermehrten Seelsorgestellen und Pfarreien geschickt, sodass die Konvente im Haus deutlich verringert wurden.

In dieser Situation wurde 1789 Abt Wenzel Mayer von Strahov (1779–1800) zum Präses und Visitator der Zirkarie gewählt und am 23. Juni vom Kaiser bestätigt. 1802 wurde dann auf Anordnung des Hofes eine Böhmisch-Österreichische Kongregation des Ordens gegründet, die aber 1813 wieder aufgelöst wurde, ohne größere Bedeutung erlangt zu haben.[16]

Die josephinischen Maßnahmen betrafen auch die Klöster in den österreichischen Niederlanden. Hier wurde 1782 eine die alte Zirkariestruktur übergreifende nationale Kongregation eingerichtet, die sich 1782 und 1786 zu Versammlungen traf und neue Statuten entwarf, die im Wesentlichen eine Anpassung der Statuten von 1630 an die neuen Gegebenheiten waren. Die Kapiteleinteilung einschließlich der dritten Distinktion folgte weitgehend den französischen Statuten von 1770. Das Generalkapitel war allerdings durch die nationale Generalkongregation ersetzt. Die Statuten wurden noch zur Approbation dem Kaiser vorgelegt, waren dann aber durch das Verbot neuer Statuten von 1786 betroffen.[17]

Die josephinischen Klosteraufhebungen trafen in den habsburgischen Niederlanden zunächst die Frauenklöster, wenn sie keine Schulen unterhielten. Aufgehoben wurden die Frauenklöster in Antwerpen, Leliëndaal, Tusschenbeek und Veurne. Die Schwestern von Houthem mussten in die aufgehobene Kartause von Roermond übersiedeln, wo sie das Gemeinschaftsleben bis 1841 fortsetzten.[18] Doch in den habsburgischen Niederlanden regte sich bald der Unmut des Volkes gegen die josephinischen Zwangsmaßnahmen und hohen finanziellen Belastungen, sodass es ab 1786 zu Unruhen und 1789/90 zur bewaffneten Revolution gegen Österreich kam, in deren Verlauf die Prämonstratenserabteien, allen voran Tongerlo unter Abt Godfried Hermans (1780–1796), eine bedeutende Rolle im Kreis der Aufständischen spielten.[19] Die Abtei Park wurde 1789 durch die österreichische Regierung aufgehoben, aber im folgenden Jahr wiederhergestellt. Sechs Abteien (Averbode, Dielegem, Grimbergen, Heylissem, Sint-Michiels in Antwerpen und Tongerlo) wurden 1789 unter staatliche Zwangsverwaltung (Sequester) gestellt, die allerdings bald wieder aufgehoben wurde.[20]

5.2 Französische Revolution und Säkularisationen

Das Ende des 18. und der Anfang des 19. Jahrhunderts brachten nicht nur für Europa insgesamt, sondern speziell auch für den Prämonstratenserorden gewaltige Umwälzungen im Gefolge der Französischen Revolution mit sich.

Die Französische Revolution und ihre Folgen im westlichen Europa

Die Entwicklung in Frankreich nach 1789 brachte schrittweise das Ende der Klöster und des dortigen gemeinsamen Lebens.[21] Am 28. Oktober 1789 wurde von den Generalständen die Ablegung von Ordensgelübden provisorisch verboten. Am 2. November 1789 wurden zur Sanierung der Staatsfinanzen sämtliche Kirchengüter verstaatlicht und 1790 erfasst. Im Februar 1790 wurde von der verfassunggebenden Nationalversammlung die Ablegung von Ordensgelübden endgültig verboten, abgelegte wurden aufgehoben und den Ordensleuten freigestellt, zu bleiben oder das Kloster mit einer geringen Pension zu verlassen. Die Erklärungen der Prämonstratenser zeigen, dass nur ca. 20 % der Befragten das Kloster aus verschiedenen Gründen verlassen wollten, während über 60 % das Bleiben und ca. 13 % das Abwarten vorzogen. Doch durch die Verstaatlichung der Klöster und das Vorgehen der lokalen Behörden war ein Gemeinschaftsleben im Kloster auf längere Sicht nicht mehr möglich. Nach dem Sturz der Monarchie 1792 wurden alle Klöster aufgehoben und von den in Pfarreien tätigen Seelsorgern bei Strafe der Deportation der Eid auf die neue Verfassung verlangt, den auch wegen seiner Vagheit viele Prämonstratenser leisteten, ihn aber teilweise nach der Verurteilung der neuen Verfassung durch Pius VI. widerriefen.[22]

Zahlreiche Prämonstratenser, die den Eid verweigerten, gingen ins Exil in das benachbarte Ausland, von wo sie in Briefen und Tagebüchern wertvolle Berichte über das für sie oftmals befremdliche Leben in den Klöstern des Reichsgebiets lieferten. Am bekanntesten sind die Berichte von Hervé-Julien Le Sage (1757–1832), der durch die Klöster des Reichsgebiets bis nach Schlesien kam.[23] Doch in der Schreckensherrschaft der Jahre 1792–1794 und später wurden sechs Prämonstratenser hingerichtet, acht starben bei der Deportation in Strafkolonien, vier im Gefängnis.[24] Unter den Hingerichteten war auch P. Pierre-Adrien Toulorge (1757–1793) aus der Abtei Blanchelande. Er emigrierte 1792 auf die englische Insel Jersey. Als er erfuhr, dass er, da nicht Pfarrer, von der angedrohten Deportation nicht betroffen sei, kehrte er nach Frankreich zurück und nahm geheim seine Tätigkeit in der Seelsorge wieder auf. Im September 1793 wurde er festgenommen, nach einem umfassenden Bekenntnis zum Tod verurteilt und am 13. Oktober 1793 hingerichtet. 2012 wurde er als »Märtyrer der Wahrheit« seliggesprochen.[25]

Die Aufhebung der Klöster betraf auch die Mutterabtei Prémontré mit ihrem Abt Jean-Bapiste L'Ecuy.[26] Elf jüngere Mitbrüder verlangten dort 1790, ein Kontrollgremium einzurichten, um die angebliche Verschleuderung von Gütern durch den Abt zu verhindern. Doch die allgemeine Entwicklung machte diese Pläne und Streitigkeiten zunichte. Der Generalabt musste am 1. November 1790 Prémontré verlassen, dann der Konvent, wobei sich die jüngeren der ca. 80 Konventsmitglieder gegen die Aufhebung der Abtei und die Besetzung durch Dragoner widersetzten. Die Gebäude von Prémontré wurden 1793 zum Verkauf freigegeben. Der Staat übernahm die Bibliothek, während das Archiv weitgehend aufgelöst wurde. 1794 wurde in den Abteigebäuden eine Glashütte eingerichtet, die bis 1843 Bestand hatte.

L'Ecuy zog sich in den Hof Pénancourt in Anizy-le-Château zurück, wurde aber im September 1793 verhaftet und eingekerkert. Nach seiner Freilassung lebte er in der Nähe von Melun als Erzieher einiger Schüler. Das Angebot, in eines der deutschen Stifte zu übersiedeln, lehnte er ab. 1801 kam er nach Paris, 1805 wurde er Hofkaplan bei Julie Clary, der

Frau von Joseph Bonaparte, dem König von Spanien, und schließlich 1824 Generalvikar des Erzbischofs von Paris, wo er 1834 starb. Sein Herz ließ er am Grab des hl. Norbert in Strahov beisetzen, das mittlerweile zum neuen Zentrum des Ordens geworden war.

Durch die militärischen Erfolge der Revolutionsarmee im Ersten Koalitionskrieg wurden bald auch die linksrheinischen Reichsgebiete und die Österreichischen Niederlande von Frankreich besetzt.[27] Die 1794 eroberten Österreichischen Niederlande wurden am 1. Oktober 1795 der Französischen Republik einverleibt. Dort wurden 1796/97 wie vorher in Frankreich alle Klöster aufgehoben. Davon waren die verbliebenen Klöster der Zirkarien Floreffe, Flandern und Brabant, einschließlich der Abtei Berne in Vilvoorde betroffen. In einigen Fällen gelang es den Äbten und Mitbrüdern, ggf. unter dem Decknamen von Zivilpersonen, die Gebäude zu erwerben und so wenigstens teilweise vor Veräußerung und Abbruch zu retten. Ein Gemeinschaftsleben war allerdings nicht mehr möglich, doch auf den Pfarreien und Seelsorgestellen konnten die Ordensleute weiterhin tätig sein.

Im linksrheinischen Reichsgebiet war die 1766 von Frankreich annektierte mächtige Abtei Wadgassen bereits von der Aufhebung 1790 betroffen, die wegen des energischen Widerstands des Abtes und des Großteils des Konventes erst 1792 durchgeführt werden konnte.[28] Die linksrheinischen Reichsgebiete wurden 1794 militärisch besetzt, durch den Frieden von Campo Formio 1797 Frankreich einverleibt und in vier Départements eingeteilt. Nach dem Frieden von Lunéville wurden 1801 die vier Départements integraler Bestandteil Frankreichs mit dessen Verfassung. Von den Maßnahmen der französischen Verwaltung waren auch die bedeutenden Abteien Steinfeld (mit Prioraten und dem *Collegium Norbertinum* in Köln) und Knechtsteden sowie sämtliche Frauenklöster links des Rheins betroffen. Bereits 1796 wurde die Sequestration aller Kirchengüter verordnet. Diese wurden 1798 inventarisiert. 1797 wurde die Novizenaufnahme untersagt, die Klöster durften aber noch bis zum Frieden von Lunéville bestehen bleiben. Ein Konsularbeschluss vom 9. Juni 1801 machte aber auch diesen Klöstern ein Ende und gab die meisten Güter zum Verkauf zugunsten der Staatskasse frei, wobei den Angehörigen der Klöster eine geringe staatliche Pension zuerkannt wurde.[29]

In der Schweiz entging die florierende Abtei Bellelay mit ihrer berühmten Schule, an der auch Protestanten ausgebildet wurden, nach der Ausrufung der »Raurakischen Republik« und dem Einmarsch der Franzosen in das Fürstbistum Basel 1792 zunächst der Aufhebung, da sie das Solothurner Burgrecht besaß. 1793 wurde aber bereits das Priorat Grandcourt aufgehoben, 1797 auch die Abtei selbst. Ein Teil des Konvents zerstreute sich auf verschiedene schwäbische Abteien. Der Abt und ein Großteil des Konvents gingen in das rechtsrheinische Priorat Himmelpforte bei Wyhlen, das dann 1807 durch das neue Großherzogtum Baden säkularisiert wurde.[30]

Nach dem Ende von Prémontré

Die Aufhebung von Prémontré am 1. November 1790 und das ungewisse Schicksal des Generalabtes bereiteten den noch im Verbund mit der Mutterabtei stehenden Zirkarien des Reichsgebiets Probleme.[31] Denn Generalabt L'Ecuy hatte zunächst nicht wie der Generalabt der Zisterzienser, François Trouvé (1716–1797), einen Generalvikar mit umfassenden Vollmachten eingesetzt und durch den Papst bestätigen lassen. Daher bemühte sich der Generalvikar der Schwäbischen Zirkarie, Abt Karl Ummenhofer von Weißenau (1784-1794), um eine ähnliche Lösung. Am 29. Dezember 1791 übertrug L'Ecuy in einer in Pénancourt ausgestellten Urkunde alle dem Generalabt zustehenden Rechte für die Klöster der Zirkarie Schwaben dem Generalvikar. Diese Übertragung wurde zunächst von Rom durch Reskript vom 10. Mai 1793 nur auf drei Jahre bestätigt. Im Oktober 1794 verbreiteten französische Prämonstratenser-Exulanten in Schwaben das Gerücht, L'Ecuy sei während der Schreckensherrschaft Robespierres nach einem Fluchtversuch hingerichtet worden. In dieser unsicheren Situation starb Generalvikar Ummenhofer. Am 13. Januar 1794 wurde Abt Nikolaus Betscher von Rot) (1745–1811) zum neuen Generalvikar gewählt und am 10. März 1795 durch päpstliches Breve mit umfassenden Vollmachten bestätigt.

In Bayern starb 1794 Generalvikar Joseph Gaspar, Abt von Neustift seit 1775, der das Generalvikariat 1778 zweimal abgelehnt, dann aber doch angenommen hatte.[32] Nach dem Vorbild der Schwäbischen Zirkarie wurde vom hl. Stuhl Abt Joachim Eggmann von Windberg zum neuen Generalvikar mit den Vollmachten eines Generalabtes, falls ein solcher nicht vorhanden sei, bestellt. Doch Eggmann weigerte sich, die Ernennung anzunehmen und zu publizieren, und schickte sie nach Rom zurück. Aufgrund von Beschwerden von Chorherren wegen des Fehlens einer Appellationsinstanz befahl der Kurfürst am 25. November 1799 die Errichtung einer eigenen bayerischen Prämonstratenserkongregation (*Congregatio Palatino-Bavarica*) mit einem Präses an der Spitze, wogegen der Abt von Ursberg als Vaterabt von drei bayerischen Stiften protestierte und einige Äbte an der Verbindung zum Generalabt festhalten wollten. Abt Gilbert Michl von Steingaden (1786–1803, † 1828) machte noch 1802 umfassende Vorschläge für Konstitutionen nach dem Vorbild der französischen Statuten von 1770, zu einem Zeitpunkt, als die Pläne zur Säkularisation der Klöster bereits ausgearbeitet waren.[33]

Die Säkularisation im Reichsgebiet

In manchen Territorien des Reiches wurden schon im Verlauf des 18. Jahrhunderts Pläne zur Säkularisation von Klöstern zugunsten der leeren Staatskassen geschmiedet, z. B. in Bayern unter Maximilian III. Joseph und seinen Nachfolgern. 1788 erreichte Kurfürst Karl Theodor von Pius VI. ein Privileg, das ihm ein Siebtel des Vermögens der Klöster oder 15 Millionen Gulden einzuziehen gestattete. Der maßgebliche Minister Maximilian Joseph Graf von Montgelas entwarf bereits in Denkschriften von 1789 und 1796 genaue Säkularisationspläne. Auch in der Markgrafschaft Baden wurden die »Gebietsarrondierungen durch Annexion geistlicher Territorien« von langer Hand vorbereitet.[34]

Mit dem Frieden von Lunéville war das Schicksal der Klöster im rechtsrheinischen Deutschland weitgehend besiegelt. Sie wurden als Entschädigungsmasse für linksrheinische Besitzungen der Territorialherren herangezogen. Noch vor der Legitimierung durch den Reichsdeputationshauptschluss von 1803 wurden z. B. von Bayern die schwäbischen Reichsabteien Ursberg und Roggenburg 1802 besetzt, die in den Revolutionskriegen seit 1795 schon erhebliche Verluste, teilweise mit Vertreibung der Konventualen, erlitten hatten. Das Vorgehen der neuen Herren bei der Besitzergreifung fiel allerdings unterschiedlich aus. Die meisten Prämonstratenserklöster wurden 1802/03 säkularisiert, einige etwas später. Durch die bayerische Besetzung Tirols wurde auch das Stift Wilten von 1807 bis 1815 aufgehoben. Nach der Aufhebung von Roggenburg wurde dessen Tochterstift Churwalden in der Schweiz 1807 an den Bischof von Chur abgetreten, der es mit dem bereits aufgehobenen Stift St. Luzi in Chur zur Dotation des dort eingerichteten Priesterseminars vereinigte.[35]

In den seltensten Fällen durften die Ordensleute im Haus oder auf einem Gutshof verbleiben, z. B. in Roggenburg. Darauf hoffte man vergeblich auch in Weißenau, wo man dem Grafen von Sternberg-Manderscheid als neuen Herren einen feierlichen Empfang bereitete und ihm ein Miniaturgemälde, »den lorbeerbekränzten Genius des Hauses Sternberg darstellend«, überreichte. In der Hand hält der Genius allerdings den Friedensvertrag von Lunéville, und im Hintergrund sind die Gefilde von Weißenau zu sehen, auf denen in aufgeklärtem Pathos »der neblichte Dunstkreis lichten Sonnenstrahlen weicht«.[36] Doch die lichten Sonnenstrahlen eines vom klösterlichen Dunst befreiten, aufgeklärten Zeitalters wollten nicht erscheinen, vielmehr oft eine materielle und geistige Verarmung des Umlandes der Klöster, besonders deutlich in Schwabens ehemaligen Klosterstaaten.[37] Durch den raschen Wechsel der neuen Landesherren kam es oft zu einer Verschleuderung klösterlichen Kulturgutes (Bücher, Archivalien, Kunstschätze). Durch die Mediatisierung der reichsständischen Adelsherrschaften 1806 wurden zudem nochmals neue Verhältnisse geschaffen. Archive und Bibliotheken wurden nun teilweise zentralisiert.[38] In Niederilbenstadt konnten die »Klosterjungfrauen« zwar im Kloster verbleiben, doch der Konvent löste sich mit Zustimmung des Bischofs 1808 selbst auf.[39] Die Neuordnung Europas auf dem Wiener Kongress benutzten die brabantischen Prämonstratenser zu Eingaben um die Wiederherstellung ihrer Klöster. Doch diese Versuche blieben erfolglos.[40]

Klosteraufhebungen in Spanien und Polen

Besonders turbulent gestaltete sich die politische Entwicklung in Bezug auf die Klöster in Spanien.[41] Während der französischen Besatzung hob

1809 König Joseph Bonaparte alle Männerklöster auf. 1814 wurden sie wiederhergestellt, doch 1820 durch die neue Verfassung wieder aufgehoben. Diese wurde 1823 vom König abgeschafft; die Klöster wurden wiederhergestellt, soweit sie nicht bereits zerstört waren. Doch im Oktober 1835 wurden die Männerklöster von der liberalen Regierung erneut aufgelöst, diesmal endgültig. Soweit die Gebäude nicht verkauft werden konnten, wurden sie zum Abbruch freigegeben. Dieses Jahr bedeutete somit auch den Anfang vom Ende der Spanischen Kongregation. Diese hatte, von Prémontré getrennt, bedeutende Leistungen in Kunst und Wissenschaften aufzuweisen und teilweise auch Missionstätigkeit in Lateinamerika unternommen, wo einige Prämonstratenser Bischöfe waren. Der letzte Religiose der Kongregation starb 1901. Nur die Frauenklöster Toro und Villoria de Orbigo konnten unter bischöflicher Jurisdiktion fortbestehen.

In Polen, das nach der dritten Teilung 1796 zwischen Habsburg, Russland und Preußen aufgeteilt war, konnten die Klöster noch einige Zeit bestehen.[42] 1803 wurde im habsburgischen Krakau das Frauenkloster St. Norbert aufgehoben. Die Schwestern übersiedelten geschlossen nach Zwierzyniec, das unter bischöflicher Jurisdiktion erhalten blieb. Im preußischen Teil wurden die schlesischen Klöster 1810, die übrigen in den Jahren 1834 bis 1838 aufgehoben. Im russischen Gebiet fielen die Männerklöster 1819 der Aufhebung zum Opfer, die Konvente der Frauenklöster wurden teilweise in andere Klöster umgesiedelt. Lediglich Imbramowice konnte unter bischöflicher Jurisdiktion und vielen Schwierigkeiten bis heute bestehen.

5.3   Überleben und Restauration

Der Kahlschlag der Klöster in vielen Ländern Europas um 1800 bedeutete für den Orden gewaltige Verluste, nicht nur an Klöstern, sondern auch an prämonstratensischer Tradition, Liturgie und Spiritualität. Doch im 19. Jahrhundert begann bereits die Restauration des Ordens von den Rändern her, verbunden mit neuen Strukturen und Aufgaben.

Überleben und neue Aufgaben in den Habsburgischen Ländern

Während die französischen, belgischen und deutschen Prämonstratenser meist außerhalb ihrer aufgelösten Klöster leben mussten, konnten sich die verbliebenen Abteien in Böhmen und Österreich im System des Josephinismus als legitimer Rest des Ordens, wenn auch unter staatlicher Kontrolle und bischöflicher Jurisdiktion, betrachten. Auch nach der Auflösung der Böhmisch-Österreichischen Kongregation 1813 blieb der Abt von Strahov *Primus inter pares* unter den Prälaten. Durch den weitgehenden Zusammenbruch der höheren Bildung nach der Aufhebung des Jesuitenordens und vieler Klöster wurde u. a. den Prämonstratensern unter Kaiser Franz I. von Österreich (1792–1835) der gymnasiale Unterricht übertragen. 1804 übernahm Teplá/Tepl das Gymnasium in Pilsen; andere Klöster mussten wenigstens einige Professoren für die Gymnasien in den Städten stellen. Das Gemeinschaftsleben im Kloster passte sich dieser Entwicklung weitgehend an. Das feierliche Chorgebet in der Kirche wurde durch das Rezitieren eines reduzierten Pensums im »Betchor« ersetzt. Es setzte sich ein bürgerlicher Lebensstil mit Eigenvermögen (*Peculium*) und gewissen Freiheiten im Kloster durch.[43] Diese neue Lebensart förderte teilweise auch die nun stärker individuelle wissenschaftliche Arbeit. So war Stanislaus Zauper von Teplá/Tepl ein bekannter Homer-Übersetzer und Goethe-Interpret, dessen Mitbruder Alois David (1757–1836) Professor der Astronomie und Direktor des Königlichen Observatoriums in Prag und Abt Karl Reitenberger (1813–1827) der Initiator des Ausbaus von Marienbad zu einem internationalen Kurort.[44]

Am markantesten traf diese Entwicklung Ungarn, wo Leopold II. aufgrund der Proteste bereits die Restitution von Klöstern versprochen hatte. Franz I. stellte am 12. Mai 1802 die alten Orden wieder her, doch in eingeschränktem Maße. Es wurden die beiden Propsteien Csorna und Jászó restituiert, deren Pröpste vom Kaiser ernannt wurden. Mit

Csorna wurden die Propsteien Türje und Jánoshida vereinigt, mit Jászó die Propsteien Lelesz und Váradhegyfok. Csorna wurden zwei, Jászó vier Gymnasien übergeben, zumal Jászó schon 1779 das Gymnasium in Rosnyó/Rosenau übernommen hatte. Aus diesen berühmten Gymnasien gingen einflussreiche Politiker, Kirchenfürsten und Gelehrte des 19. und 20. Jahrhunderts hervor, u. a. die Kardinäle Kolos Vaszary und József Mindszenty sowie der Staatsmann Ferenc Deák. Dadurch wurde der Prämonstratenserorden in Ungarn ein berühmter »Schulorden«, was sich auch in den wissenschaftlichen und kulturellen Leistungen der Klöster spiegelte.[45]

Hohe Wellen schlug in den ungarischen Klöstern die Revolution von 1848, während in Prag die persönlichen Kontakte und die ausgleichende Politik des Strahover Abtes und Rektors der Universität, Hieronymus Zeidler, manche Gewaltmaßnahmen verhindern konnten.[46] In Ungarn waren durch die am 18. März 1848 vom Parlament verabschiedete Aufhebung der Feudalstrukturen die Existenz der Klöster und die Versorgung der Gymnasialprofessoren gefährdet. In dieser Situation traten in Jászó und Csorna im Juni die gegen den Willen der in allem dem König verpflichteten Pröpste mit Mehrheit erzwungenen »Revolutionskapitel« zusammen, die u. a. eine Beschränkung der Macht der Pröpste, die Wahl der Prioren und eine bessere Versorgung der Professoren forderten. Im folgenden Freiheitskrieg 1848/49 dienten Prämonstratenser nicht nur als Seelsorger, sondern nahmen auch aktiv als Mitglieder der Nationalgarde, zum Teil mit ihren Schülern, an der Anwerbung von Rekruten und am Kampfgeschehen teil. Zwei von ihnen, Demeter Laky, Hauptmann der Nationalgarde, und Kálmán Sebesy, Oberleutnant, wurden nach der Niederlage der Revolutionsarmee 1849 zu acht Jahren Festungshaft in Eisen verurteilt, doch 1853 im Rahmen einer Amnestie freigelassen. In Reaktion auf die nationale Haltung der Prämonstratenser wurden die Gymnasien von Jászó in Lőcse/Leutschau und Kassa/Kaschau verstaatlicht, das Gymnasium von Csorna in Keszthely abgestuft.[47]

Die Restauration der Brabantischen Zirkarie

Die durch die Aufhebung der Klöster zerstreuten Konvente im heutigen Belgien konnten trotz mancher Versuche erst nach der Trennung von den Vereinigten Niederlanden 1830 auf eine Restitution der Klöster hoffen. Im 1830 gegründeten Königreich Belgien wurden ab 1834 Klöster wieder geduldet, zunächst als Privatbesitz. Die Liegenschaften der oft begüterten Abteien waren allerdings verloren. Die Bischöfe waren an den Ordensleuten nur als Hilfskräfte für die Seelsorge interessiert und widersetzten sich den Exemtionsbestrebungen. Eine wichtige Rolle spielte in den Verhandlungen Frans Thomas Corselis (1769–1853), Apostolischer Visitator für die Orden in Belgien sowie Generalvikar von Brügge. Schließlich konnte die Wiederherstellung von fünf Prämonstratenserabteien erreicht werden: Averbode, Grimbergen, Park, Postel und Tongerlo, jedoch nicht unter der Leitung von Äbten, sondern von Superioren. Doch die überlebenden Mitbrüder waren alt und zumeist in der Pfarrseelsorge tätig. Bald traten aber auch Priester in die wieder erstandenen Kommunitäten ein. Auch wegen der teilweise unbewohnbaren Gebäude konnte ab 1834 ein Gemeinschaftsleben nur langsam wieder realisiert werden, zuerst in Averbode, wo auch ein Kommunnoviziat und die philosophisch-theologische Ausbildung ihren Platz fanden. Man orientierte sich bewusst an den Gegebenheiten und Gewohnheiten vor der Revolution, an den Statuten von 1630, versuchte aber auch, den neuen Lebensumständen Rechnung zu tragen.[48]

Ein schwieriges Problem war die angestrebte, aber nicht erreichte Restitution der ehemals den Abteien inkorporierten Pfarreien, für die sich Superior Evermod Backs von Tongerlo in Rom und bei den Bischöfen besonders einsetzte. Besonders bei den jüngeren, nach der Restauration eingetretenen Mitbrüdern wurden aber auch Vorbehalte gegen die Übernahme von Pfarreien spürbar. Man gab dem Gemeinschaftsleben im Kloster eindeutig den Vorrang. Erst ab 1868 wurden in den nun personell, spirituell und wissenschaftlich aufblühenden Klöstern in Belgien wieder Äbte gewählt, als erstes in Tongerlo.[49]

In den Niederlanden selbst wurde die alte Abtei Berne 1824 vom König zwar bestätigt, doch konnte das Gemeinschaftsleben erst 1857 im Ort Heeswijk nach ca. 300 Jahren der Zerstreuung seit der Reformation wieder aufgenommen werden. Lediglich das Frauenkloster Sint-Catharinadal, ansässig in Oosterhout, hatte die Revolution überdauert und war 1811 von Napoleon und 1817 vom König der Niederlande bestätigt worden.[50]

Die Österreichische Kongregation

Im Kaiserreich Österreich zeichnete sich nach dem Ende des josephinischen Systems langsam eine gemeinsame Linie der verbliebenen Prämonstratenserstifte ab.[51] Abt Hieronymus Zeidler von Strahov und Abt Dominik Lebschy von Schlägl betrieben die Wiederherstellung des Ordensverbandes. 1852 trafen sich Vertreter der meisten Stifte aus Böhmen, Österreich und Ungarn in Marienbad, um parallel zu den Konkordatsverhandlungen über ordensbildende Maßnahmen zu beraten. Vorgesehen waren ein aus der Mitte der Prälaten gewählter Oberer mit Visitationsrecht, regelmäßige Provinzialkapitel, ggf. ein gemeinsames Studienhaus und ein gemeinsamer Ordenskatalog. Zum provisorischen Visitator wurde Hieronymus Zeidler gewählt.

Im Zuge der Konkordatsverhandlungen ernannte aber Pius IX. 1852 im Einverständnis mit Kaiser Franz Joseph den Prager Erzbischof und Kardinal Friedrich Fürst zu Schwarzenberg zum Apostolischen Visitator für alle cisleithanischen Klöster. Dieser übertrug die Visitation weitgehend Bischof Ignaz Feigerle von St. Pölten, meist in Begleitung von Abt Zeidler, der 1853 auch das Frauenstift Zwierziniec visitierte und reformierte.[52] Zum Visitator der ungarischen Klöster wurde Kardinal János Scitovszky, der Erzbischof von Esztergom, bestellt. Die Bestellung von ordensfremden Visitatoren stieß bei den Prälaten allerdings auf wenig Gegenliebe.

Das Konkordat von 1855 stellte in Österreich die Exemtion der alten Orden und die Ordensverbände wieder her. Vom 6. bis 16. April 1859 tagte in Strahov ein Kapitel, bestehend aus den Prälaten und Deputierten aller Stifte unter Schwarzenbergs Vorsitz, auf dem die Gründung der Kongregation der Prämonstratenserchorherren im Kaiserreich Österreich beschlossen wurde.[53] Die für diese verabschiedeten Statuten regelten im ersten Teil die Errichtung, Ziele und Institutionen der Kongregation, an deren Spitze ein Präses stand, der zugleich Visitator war. Ihm wurden zwei gewählte Subvisitatoren beigegeben. Der Präses hatte den Vorsitz im alle drei Jahre tagenden Provinzialkapitel, war u. a. berechtigt, Streitigkeiten zu schlichten und den Abtswahlen vorzusitzen. Der zweite Teil der Statuten, traditionell gegliedert in vier Distinktionen, regelte das Ordensleben in der Kongregation unter den Gesichtspunkten:

Gelübde, Gottesdienst, klösterliche Disziplin, Leitung und Verwaltung der Kanonien, einschließlich der Kollegien und Gymnasien. Diese der Situation des 19. Jahrhunderts Rechnung tragenden Statuten regelten allerdings nur ein Minimum an Gemeinsamkeit und ließen der lokalen Tradition der einzelnen Stifte weiten Raum. Da Kardinal Schwarzenberg für andere alte Orden ähnliche Statuten erließ, wurde in Österreich von der »Schwarzenbergischen Einheitsobservanz« in den Stiften des sog. *Ordo Austriacus* gesprochen.[54] Dabei darf aber nicht übersehen werden, dass in die Statuten sehr wohl prämonstratensische Elemente eingeflossen sind und auf die alten Statuten von 1630 regelmäßig verwiesen wird, die – entsprechend dem Schlusswort – ebenso wie die Dekrete der Generalkapitel zur Erklärung heranzuziehen sind.[55] Die Statuten wurden von Schwarzenberg am 16. April 1859 vorbehaltlich der Entscheidung des hl. Stuhles für jene Kanonien approbiert, in denen nicht bereits eine strengere Observanz eingeführt war. Für die ungarischen Stifte wurden sie von Kardinal Scitovszky approbiert. Zum Präses und Visitator wurde Abt Hieronymus Zeidler gewählt, zu Subvisitatoren die Äbte Dominik Lebschy von Schlägl und Josef Répássy von Jászó. Diese Wahlen wurden vom hl. Stuhl erst 1868 anerkannt. Eine endgültige Approbation der Statuten unterblieb.

Die Restauration in Frankreich

Als im Zweiten Kaiserreich Klöster wieder zugelassen wurden, richtete sich das Interesse zunächst auf eine Wiederherstellung von Prémontré.[56] Am 6. Juni 1856 empfing der ehemalige Trappist Jean-Bapiste (Edmond) Boulbon (1817–1883) aus der Hand des Bischofs von Soissons den weißen Habit und gründete in Prémontré, wo 1855 ein Waisenhaus eingerichtet worden war, die *Congregatio a primaeva observantia*, ausgerichtet an den Statuten von 1290, die Le Paige als *Statuta primaria* bezeichnet hatte. Doch Boulbon war deren einziges Mitglied. Da sich der Bischof von Soissons auch an die belgischen Abteien gewandt hatte, entsandten diese fünf Mitbrüder nach Prémontré. Noch vor deren Ankunft verließ Boulbon den Ort und ließ sich 1858 im südfranzösischen Frigolet nieder. Die Wiederbesiedelung von Prémontré scheiterte binnen kurzer Zeit, ebenso blieben manche späteren Initiativen in Frankreich ohne nachhaltige Wirkung. Erfolgreich verlief dagegen die Initiative des Pfarrers von Sully, die normannische Abtei Mondaye von Belgien aus wiederbesiedeln zu lassen.[57] Die Abtei Grimbergen sandte 1856 eine erste Gruppe nach Mondaye, doch die Anfänge gestalteten sich auch hier schwierig, bis 1873 die Abtei kanonisch wiedererrichtet werden konnte. Schon 1880 mussten die Ordensleute aufgrund der neuen Gesetzgebung ihr Haus wieder verlassen. Erst 1893 konnte das Gemeinschaftsleben, zunächst im Verborgenen, wieder aufgenommen werden, bis 1903 die Gebäude beschlagnahmt und die Ordensleute aus Frankreich vertrieben wurden. Der Konvent von Mondaye ging mit Mitbrüdern der inzwischen gegründeten selbstständigen Priorate Balarin und Nantes in das ehemalige Kloster der Augustiner-Chorherren von Windesheim in Bois-Seigneur-Isaac in Wallonien, wo sie bis 1920 verblieben. Dieses Kloster wurde 1921 von Averbode erworben, 1925 zur Abtei erhoben, doch 1957 wieder zum abhängigen Priorat zurückgestuft und Ende 2009 aufgelöst.

Boulbon hatte am 4. Dezember 1856 in einer Audienz von Pius IX. die Vollmacht erhalten, die ursprüngliche Observanz des Prämonstratenserordens in Frankreich wieder einzuführen.[58] Mit seinem ersten Novizen besiedelte er 1858 die ehemalige Abtei der Augustiner-Chorherren St. Michel in Frigolet, die zehn Jahre später zur *Domus Princeps* der neuen Kongregation erklärt und 1869 zur Abtei erhoben wurde, wobei Pius IX. dem Gründer Boulbon alle Privilegien der Generaläbte von Prémontré verlieh. Diese seit 1883 so genannte *Congrégation de France de l'ordre de Prémontré* war von den übrigen Ordensresten in Belgien und im Kaiserreich Österreich unabhängig, kannte nur einfache ewige Gelübde und folgte zunächst den etwas adaptierten Statuten von 1290, später denen von 1161/65 mit ständigem Stillschweigen, Handarbeit, Verzicht auf Fleischgenuss und Fasten vom 14. September bis Ostern. Bald gründete Frigolet Priorate in Frankreich (u. a. Conques 1873) und den Kolonien (Algier 1867/71). Bei der ersten Ausweisung der Ordensleute 1880, in der Boulbon zur Sicherung des Eigentums in Frigolet verblieb, gingen die Mitbrüder in neu gegründete englische Priorate (u. a. Storrington 1882, Farnborough 1884), während der zweiten von 1903 bis 1920 besiedelten sie die wallonische Abtei Leffe neu, die dann 1931 von Tongerlo aus als selbstständige Abtei wiederhergestellt wurde.

Auch der weibliche Zweig des Ordens konnte sich wieder etablieren, als Marie Odiot de la Paillone (1840–1905) 1868 an Abt Boulbon mit dem Wunsch herantrat, Prämonstratenserin zu werden.[59] Boulbon ließ sie durch Bischof Bernardo Conde y Corral von Zamorra, einen Prämonstratenser, einkleiden und schickte sie in das Noviziat zu den Trappistinnen in Maubec. 1871 konnte das ruinöse Zisterzienserinnenkloster Bonlieu (Département Drôme) erworben werden, wo sich bald ein Konvent bildete, der sich aber bereits 1874 Tongerlo unterstellte und die brabantische Observanz annahm. Die Zeit der Ausweisung von 1901 bis 1933 überdauerte der Konvent in Grimbergen in der Nähe der Abtei.

Ein Orden aus drei Observanzen

Durch die Ankündigung des Ersten Vatikanischen Konzils am 29. Juni 1868 wurde die Frage der Vertretung des Ordens auf demselben dringlich.[60] Die bereits vorher bestandenen Kontakte zwischen den belgischen Prämonstratensern und der österreichisch-ungarischen Monarchie führten nach gemeinsamen Beratungen zu einer aus beiden Seiten bestehenden Konsultation vom 15. bis 18. März 1869 in Wien, auf der nach Festlegung der Rechte des Generalabtes am 17. März Abt Hieronymus Zeidler von Strahov zum Generalabt des Ordens gewählt wurde. Der damals bereits fast 80-jährige Zeidler machte sich noch auf den Weg nach Rom und nahm, da die Bestätigung als Generalabt durch römische Verzögerungen nicht erfolgt war, als Präses der Österreichisch-Ungarischen Kongregation und in Fragen der Unfehlbarkeit als Anhänger der Minderheit am Konzil teil, bis er am 1. März 1870 dort starb. Noch der letzte Satz seines wichtigen Konzilstagebuchs am Vortag seines Todes betrifft die »Ordens Verbindung« mit der Brabantischen Zirkarie. In Rom kam es auch zu mehreren Treffen zwischen Zeidler und Abt Boulbon.[61]

Abb. 12: Abt Hieronymus Zeidler von Strahov, erwählter Generalabt, Lithographie, Bedřich Wachsmann, 1845.

Am 16. Juni 1857 errichtete Pius IX. auf Bitten der fünf belgischen Abteien die Brabantische Zirkarie neu. Doch erst 1883 konnte nach intensiven Bemühungen unter dem Vorsitz des Apostolischen Nuntius Seraphinus Vannuttelli, der vorher Nuntius in Brüssel war, in Wien ein Generalkapitel abgehalten werden, das eine Neuumschreibung der Zirkarien vornahm.[62] Der nun (außer der *Congrégation de France*) wiedervereinigte Orden bestand aus der Österreichisch-Ungarischen (1889 voneinander getrennt) und der Brabantischen Zirkarie, die auch Klöster in

Frankreich (Mondaye, Balarin) und den Niederlanden (Berne, seit 1886) umfasste. Zum Generalabt mit Sitz in seiner Abtei wurde der Abt von Strahov Sigismund Stary gewählt, der den Orden bis 1906 leitete. Die folgenden Generalkapitel (1889 Tongerlo, 1896 Schlägl, 1902 Averbode) standen im Zeichen der Erneuerung der prämonstratensischen Liturgie nach den mittelalterlichen Vorlagen und der Überarbeitung der Statuten von 1630, die 1898 in einem Neudruck herausgegeben wurden und für den Gesamtorden verpflichtend sein sollten. Doch blieb in Österreich-Ungarn weithin die bisherige Observanz erhalten, zumal sich die ungarischen Abteien gegen die Wiedervereinigung ausgesprochen hatten.[63]

Nach Schwierigkeiten in Frigolet und in der *Congrégation de France* schloss sich letztere auf Anweisung Leos XIII. beim Generalkapitel 1896 in Schlägl unter ihrem Pro-Visitator Denis Bonnefois dem Gesamtorden an, übernahm weitgehend die Statuten von 1630 mit der brabantischen Observanz und die prämonstratensische Liturgie. Das Tagebuch Bonnefois' zeigt deutlich den Unterschied zwischen Frigolet und der für ihn in vielem befremdlichen Observanz in den österreichischen und böhmischen Stiften auf.[64] Am 16. September 1898 bestätigte Leo XIII. die Vereinigung. Abt Thomas Heylen von Tongerlo, nachmals Bischof von Namur, wurde von der Kongregation für die Bischöfe und Religiosen beauftragt, die Vereinigung vorzunehmen. Er errichtete für Frigolet und die abhängigen Häuser die Zirkarie Provence mit eigenem Noviziat. Zeichen der Vereinigung war schließlich auch die Wahl des Priors von Mondaye, Godefroid Madelaine, zum Abt von Frigolet (1899–1919, † 1932).[65]

Erneuerung der prämonstratensischen Liturgie

Ein wichtiger Schritt zur Einheit des Ordens war die im Geist der wiederbelebten *uniformitas* von der Brabantischen Zirkarie durchgeführte und später durchgesetzte Reform der Liturgie nach den mittelalterlichen prämonstratensischen Quellen.[66] So wurden 1892 das Brevier (1896 in einer großformatigen Ausgabe für den Chor) und 1900 das Missale neu aufgelegt. Größere Probleme bereitete die Wiederherstellung und Wiedereinführung des prämonstratensischen Chorals, zumal man von der Fiktion eines normativen Urkodex in Prémontré ausging, der aber nie gefunden wurde. Man versuchte dennoch, nach den besten erhaltenen Handschriften vorzugehen und konnte 1910 ein Graduale herausgeben, das in der Musikwissenschaft auf geteilte Zustimmung stieß.[67] Mit Rücksicht auf die liturgischen Bestrebungen Pius' X. hielt das Generalkapitel 1914 am eigenen Prämonstratenserritus fest, nahm allerdings verschiedene Angleichungen an den Römischen Ritus vor, sodass in der Zeit nach dem Ersten Weltkrieg eine Neuausgabe der liturgischen Bücher (1930/31 Brevier, 1932 Processionale, 1934 Antiphonarium, 1936 Missale) realisiert werden konnte. Auch die Gesänge in diesen Büchern stießen nicht überall auf Wohlwollen, zumal die Arbeit und Durchführung immer noch durch die Fiktion einer prämonstratensischen Uniformität und das Fehlen empirisch-historischer Studien belastet war.[68]

5.4 Der Orden in der modernen Welt

Der gesellschaftliche und politische Wandel im 19. und 20. Jahrhundert stellte den Orden vor größere Probleme, nicht nur in den politischen Umwälzungen beider Weltkriege und der Nachkriegszeiten. Es galt auch die Treue zum im Grunde mittelalterlichen Ordensideal mit der Beheimatung und Tätigkeit in der modernen Welt und auf allen Kontinenten zu verbinden.

In die »Neue Welt«

Die Auswanderungsbewegungen des 19. Jahrhunderts nach Nordamerika erfassten bald auch einzelne Klöster des Ordens.[69] Schon um 1810 wurde von Mitbrüdern der aufgehobenen Abtei Averbode aus versucht, in den USA einen Neuanfang zu beginnen, der aber scheiterte. 1842 bat der Wiltener Chorherr Adalbert Inama (1798–1879) seinen Abt um die Erlaubnis zur Seelsorge an den deutschsprachigen Auswanderern in den USA und fuhr 1843 nach Amerika, wo er zuerst im Staat New York, später in Wisconsin Missionen gründete. Dorthin wurden von 1845 bis 1852 zwar mehrere Mitbrüder von Wilten entsandt, doch das Projekt scheiterte 1858 an inneren Schwierigkeiten.

Erst 1896 gelang vom niederländischen Berne aus eine dauerhafte Gründung einer Gemeinschaft in Wisconsin, zunächst in Green Bay, ab 1902 in (West) De Pere. Sie war in die seit der Mitte des Jahrhunderts erfolgreiche Tätigkeit belgischer und niederländischer Priester bei den zahlreichen Auswanderern eingebunden.[70] Durch das Wirken von Bernard Pennings (1861–1955) und seinen Mitbrüdern konnte neben der Pfarrseelsorge bald der Unterricht an höheren Schulen und dem neu gegründeten St. Norbert-College übernommen und einheimischer Nachwuchs aufgebaut werden. 1908 wurde De Pere selbstständige Kanonie, 1925 Abtei mit Pennings als erstem Abt. 1963 wurde das 1954 gegründete Kloster in Daylesford (Pennsylvania) eine von De Pere unabhängige Abtei. Die amerikanische Prägung der Lebensart und Gewohnheiten in De Pere führte allerdings auch zu manchen Schwierigkeiten mit dem brabantischen Mutterstift und der Ordenszentrale. Bezeichnend ist z. B., dass die »Amerikaner« 1914 für die Übernahme des Römischen Breviers mit einem Anhang für die Ordensfeste plädierten und eine Teilung der Statuten in einen allgemein verbindlichen Teil und spezielle Bestimmungen für die einzelnen Kanonien oder Regionen vorschlugen.[71]

Missionstätigkeit und Gemeinschaftsleben

Durch das Anwachsen der Kommunitäten in der Brabantischen Zirkarie und die begrenzten Möglichkeiten in der Pfarrseelsorge richtete sich das Interesse im 19. Jahrhundert auf Anfragen aus den Missionsländern in Afrika und Lateinamerika. Bereits von 1849 bis 1869 waren Prämonstratenser aus Grimbergen in Südafrika tätig. Die *Congrégation de Primitive Observance* kam 1867 der Bitte des Erzbischofs von Algier nach und entsandte 1868 Mitbrüder an die Wallfahrtskirche Notre-Dame d'Afrique. Doch schon 1873 musste dieses Priorat wegen Differenzen zwischen dem Bischof und Abt Boulbon von Frigolet wieder aufgegeben werden.[72]

Das starke Engagement der brabantischen Klöster in den Missionen begann erst nach 1890 auf Anfrage Papst Leos XIII.[73] 1896 entsandte Averbode, 1898 Park die ersten Mitbrüder nach Brasilien, die dort u. a. Kollegien und Schulen errichteten. Ebenfalls 1898 erfolgte von Tongerlo aus die Gründung von Missionsstationen in der belgischen Kolonie Kongo (Apostolische Präfektur Uele), wo auch Postel ein Missionsgebiet betreute, das 1921 zur Apostolischen Präfektur Lolo erhoben wurde. 1900 entsandte Grimbergen Mitbrüder nach Kanada, 1901 Frigolet, Mondaye und Balarin nach Madagaskar. Doch letzteres Unternehmen musste 1920 wieder aufgegeben werden.[74] Von Dauer war dagegen 1923 der Beginn der Tätigkeit der Prämonstratenser von Berne in Indien, wo neben anderen Aktivitäten Alexander van Schijndel (1910–1991) als Arzt in den entlegenen Gebieten Indiens medizinische Grundkenntnisse vermittelte und ein Hospital gründete, das er von 1960 bis 1975 selbst leitete.[75]

An die Gründung stabiler klösterlicher Gemeinschaften konnte in der Anfangszeit kaum gedacht werden, doch trat dieses Ziel in manchen Abteien bald in den Vordergrund. Sie gelang auch nicht in allen Ländern. Das Generalkapitel zählte 1902 nicht nur mit Stolz die Missionsgebiete auf, sondern wünschte nachdrücklich auch die Visitation der dort tätigen Mitbrüder durch die Äbte, den Visitator der Zirkarie oder einen Delegierten.[76] Im Lauf der Zeit konnten in Brasilien durch Averbode (Pirapora, Jaú) und Park (Montes Claros) und in Indien (Jamtara) Gemeinschaften mit einheimischem Nachwuchs aufgebaut werden. In Brasilien entstand in Petropolis 1930 das erste Frauenkloster des Ordens außerhalb Europas, besiedelt von Schwestern aus Oosterhout unter der Paternität von Averbode. Aus den ehemaligen Missionsgebieten gingen folgende selbstständige Kanonien hervor: Jaú (Brasilien 1979, Abtei 2000), Jamtara (Indien 1984, Abtei 2000), Kinshasa (Demokratische Republik Kongo 1997), Montes Claros (Brasilien 2000), Manhatavady (Indien 2007), Itinga (Brasilien 2009).

Der Orden im Europa der Weltkriege

In Europa war die äußere Geschichte des Ordens in der ersten Hälfte des 20. Jahrhunderts durch die Weltkriege und durch die politischen Umbrüche bestimmt. Nach dem Tod von Generalabt Sigismund Stary wurde 1906 der Abt von Schlägl, Norbert Schachinger, zum Generalabt gewählt (bis 1922). Schon damals wurde die Frage aufgeworfen, ob der Generalabt nicht seinen Sitz in Rom haben sollte, doch entschied man sich für das bisherige Modell.[77] In dieser Zeit erlebte der Orden in den Zirkarien einen personellen Aufschwung. Zählte der Mitgliederkatalog von 1894 noch 878 Mitglieder im männlichen und 204 im weiblichen Zweig des Ordens, so sind es 1900 zusammen 1 194 und 1912 bereits 1 310. Der gute Personalstand ließ auch die Übernahme neuer Aufgaben zu, z. B. von Averbode in Dänemark, wohin 1904 die ersten Prämonstratenser entsandt wurden. Auch das Konverseninstitut wurde insbesondere in der Brabantischen Zirkarie wieder von Bedeutung, ebenso der klösterliche und weltliche Dritte Orden. In Svatý Kopeček bei Olmütz wurde 1902 eine Kongregation von Prämonstratenserschwestern gegründet, die bis heute in Tschechien und der Slowakei wirken.[78] In Ungarn entstand 1927 eine ähnliche Schwesternkongregation, die heute ihren Sitz in der ehemaligen Propstei Zsámbék hat.[79]

Der Erste Weltkrieg und die Auflösung der Österreichisch-Ungarischen Monarchie hatten für die Ungarische Zirkarie schwere Folgen. Das ungarische Stift Jászó/Jasov befand sich nun in der Tschechoslowakischen Republik, die mit ihm vereinigte Propstei Váradhegyfok in Rumänien (Nagyvárad, Oradea Mare). Die Gymnasien wurden verstaatlicht. 1924 wurde Jasov in die neugegründete Tschechoslowakische Zirkarie eingegliedert und gründete in Gödöllő ein neues Gymnasium und Priorat, das sich bald einen ausgezeichneten Ruf verschaffte. 1937 wurde Gödöllő kurzzeitig selbstständiges Priorat, bis Jászó 1938 wieder an Ungarn fiel. 1940 fiel auch Nagyvárad wieder an Ungarn, bis 1945 die Grenzen von 1919 wiederhergestellt wurden.[80] In dieser Zeit wurde László Mécs (1895–1978) aus Jászó durch seine religiös inspirierten Gedichte in 21 Bänden zu einer Symbolfigur katholischer ungarischer Kultur.[81]

Die Unruhen in der Zeit nach dem Ersten Weltkrieg, Inflation und Wirtschaftskrise machten den Stiften in Österreich schwer zu schaffen, sodass Notverkäufe an Kunstschätzen und Handschriften getätigt wurden, um die materielle Substanz zu retten.[82] In Tschechien fand die 1918 gegründete tschechische Nationalkirche auch unter Prämonstratensern Anhänger, z. B. bei Isidor Bogdan Zaharadnik von Strahov. Dessen Abfall von Rom veranlasste den im Krieg schwer verwundeten Jakob Kern, in das Stift Geras einzutreten und sein Leben als Sühne dafür Gott zu weihen († 1924). Er wurde 1988 seliggesprochen.[83]

In dieser Zeit gelang es aber auch, in Deutschland neu Fuß zu fassen durch die Wiederbesiedelung von Speinshart durch Tepl 1921 und von Windberg durch Berne 1923. Von Windberg aus besiedelten Mitbrüder 1947 die Abtei Rot an der Rot neu, wo auch eine Gemeinschaft der Norbertusschwestern entstand. 1959 zog der Männerkonvent in die alte Abtei Hamborn (Duisburg, 1994 Abtei).[84] Die Mitglieder des in Leutesdorf am Rhein (Kreis Neuwied) 1919 gegründeten Johannesbundes wurden 1928 als Tertiaren in den Orden aufgenommen.[85]

1921 konnte der damalige Generalprokurator Hubertus Noots in Rom ein Haus bei der Kirche S. Pudenziana als Sitz des Generalprokurators und Kolleg für die in Rom studierenden Prämonstratenser erwerben.[86] Damit war ein Schritt zu einer neuen Ordenszentrale in Rom getan.

Die Zeit des Nationalsozialismus und des Zweiten Weltkriegs brachte einen weiteren Einschnitt in die Entwicklung des Ordens in Europa. Bereits 1939 wurde das Stift Wilten in einem erzwungenen Verkaufsakt aufgehoben und 1943 von Bomben schwer getroffen.[87] 1941 wurde Schlägl beschlagnahmt. Die Konvente konnten, soweit die jüngeren Mitbrüder nicht zur Wehrmacht eingezogen waren, auf Pfarreien überleben. Doch im Kampf gegen die Kirche wurden einige Mitbrüder in Gefängnissen und Konzentrationslagern gefangen gehalten.[88] Besonders schwer traf es den zum Widerstand zählenden Konvent von Nová Říše/Neureisch, wo am 29. Mai 1942 Abt Paulus Soucek und der Konvent von acht Chorherren und drei Novizen verhaftet wurde. Während die Novizen nach sechs Monaten frei gelassen wurden, kamen Abt und Konvent nach Auschwitz, Buchenwald und Dachau, wo sie bis auf vier Überlebende umkamen. Die Ausweisung der deutschstämmigen Bevölkerung aus der Tschechoslowakei traf besonders das Stift Tepl, dessen Mitbrüder sich nach einiger Zeit im Kloster Schönau im Taunus sammeln konnten, von wo der Sitz der Kanonie 1968 nach Villingen und 1987 nach Obermedlingen verlegt wurde, bis 2007 die 1978 begonnene Gründung Manhatavady in Indien selbstständige Kanonie wurde.[89]

Durch die kommunistische Machtergreifung in der Tschechoslowakei, Ungarn und Polen waren die dortigen Prämonstratenser und Schwestern erneut in ihrer Existenz bedroht, da die Klöster aufgehoben und die Mitbrüder aus ihnen vertrieben und teilweise inhaftiert waren. 1950 wurden in Tschechien in Schauprozessen zahlreiche Geistliche zu langen Haftstrafen verurteilt, u. a. Abt Vit Tajovský von Želiv/Selau (1912–1999), Abt Augustinus Machalka von Nová Říše/Neureisch (1906–1996) und Abt Bohuslav Jarolímek von Strahov, der 1951 im Gefängnis starb.[90] Von Csorna begaben sich einige Mitbrüder in die USA und gründeten 1961 das Kloster Orange in Kalifornien, das 1975 selbstständiges Priorat und 1984 Abtei wurde.[91]

In der materiellen und geistigen Not der Nachkriegszeit wurden die Hilfsaktionen des »Speckpaters« Werenfried van Straaten (1913–2003) von Tongerlo von großer Bedeutung. Ihm verdanken u. a. die Hilfswerke »Ostpriesterhilfe« und »Kirche in Not« ihre Existenz.[92]

Die Statuten von 1947 und ihre spirituellen Grundlagen

Die Generalkapitel des 20. Jahrhunderts waren zunächst geprägt von der Erneuerung der prämonstratensischen Liturgie. Durch die Promulgation des *Codex Iuris Canonici* 1917 wurde auch eine Anpassung der Statuten von 1630 an die neue Rechtswirklichkeit notwendig.[93] Diesem Unternehmen widmeten sich die Generalkapitel ab 1921, unter dem 1922 gewählten Generalabt Gummarus Crets von Averbode (1922–1937). Es wurden zwei Kommissionen für die Überarbeitung in den westlichen und östlichen Ordensteilen gebildet. Doch die Wirren der Zeit nach dem Ersten Weltkrieg behinderten die Arbeit in den ehemaligen österreichisch-ungarischen Stiften, die sich noch an den Schwarzenbergischen Statuten von 1859 orientiert hatten. So wurde die Statutenrevision ein Werk der Brabantischen Zirkarie. Die einzelnen Distinktionen der Statuten wurden unter der Leitung von Stanislaus Sools von Averbode revidiert und auf den folgenden Generalkapiteln im Einzelnen besprochen und vorläufig *ad experimentum* verabschiedet. Doch bei der geplanten Verabschiedung der dritten und vierten Distinktion auf dem Generalkapitel 1937, auf dem der bisherige Generalprokurator Hubertus Noots – und damit erstmals seit 1869 kein regierender Prälat – zum Generalabt mit Sitz in Rom gewählt wurde, traten so erhebliche Einwände gegen das Gesamtwerk auf, dass eine neuerliche Überarbeitung in Auftrag gegeben wurde. Dazu sollte in jeder Abtei eine kleine Kommission gebildet werden, deren Ergebnisse dann zu einem Gesamtentwurf vereinigt werden sollten. Doch in den folgenden politischen und militärischen Auseinandersetzungen war dies außerhalb der Brabantischen Zirkarie illusorisch.

Was daher beim ersten Generalkapitel nach Kriegsende 1947 als *Statuta Renovata* als Gesamtpaket zur Verabschiedung vorgelegt wurde, trug weithin die Signatur des Generalabtes und seiner Mitarbeiter.[94] Die Statuten beschränkten sich auf das Juridische; alle theologischen, liturgischen und spirituellen Ausführungen wurden beseitigt. Die römische Ordenszentrale wurde durch die Neueinführung von vier vom Generalkapitel gewählten Assistenten des Generalabtes, die in Rom residieren sollten, deutlich aufgewertet. Dadurch wurde das aus Prälaten bestehende Definitorium des Ordens in der Praxis weitgehend entmachtet. Die an den großen Konventen der Brabantischen Zirkarie und dem Vorrang des kontemplativen Lebens orientierten Statuten waren den Gegebenheiten in Österreich, der Tschechoslowakei und Ungarn und den Bedingungen der Seelsorge nicht angepasst. Statt einer ausführlichen Einzeldiskussion wurden die Statuten 1947 in einzelnen Nummern nach dem Grundsatz »Wer schweigt, stimmt zu« durchgegangen und schließlich als Ganzheit verabschiedet.

Durch die mangelnde Einbindung der östlichen Regionen des Ordens verfehlten sie weithin ihre Wirkung in deren Stiften, obwohl sie auch dort einzelne Anhänger fanden. Durch den autokratischen Regierungsstil des Generalabts und die gerade nach dem Zweiten Weltkrieg deutlichen Ressentiments wurde die Kluft zwischen den ehemals habsburgischen Stiften und der brabantischen Observanz prolongiert, die zudem durch die Einführung des Capuciums, eines Schulterkragens mit Kapuze, auch außerhalb des Chores um 1890 in der Brabantischen Zirkarie auch in der Kleidung sichtbar war.[95] Von Bedeutung wurde allerdings der 1950 errichtete Neubau von Generalat und Kolleg in Rom, in dem Studenten aus allen Zirkarien, auch aus Übersee, zusammenlebten und so die Einheit und Vielfalt des Ordens erfahren konnten. Das Statutenwerk wurde vertieft durch die liturgischen Anweisungen im neuen *Ordinarius sive liber caeremoniarum* von 1949 (ergänzt 1953), in dem die prämonstratensische Liturgie nach dem alten Ideal der *uniformitas* bis in kleinste Einzelheiten geregelt und Verstöße dagegen unter Strafe gestellt wurden. »Hier wurde das einzelne Ordensmitglied zur beliebig austauschbaren und beliebig ersetzbaren Nummer entwürdigt.«[96]

Die spirituelle Grundlegung des gesamten am Thomismus der Neuscholastik und des kirchlichen Lehramts ausgerichteten Reformwerkes wurde in dem 1959 von dem ebenso frommen wie gelehrten Abt Emmanuel Gisquière von Averbode redigierten *Directorium Spirituale* 1959 nachgeliefert.[97] Dabei orientierte man sich über die theologischen Grundlagen und päpstlichen Dokumente hinaus ausdrücklich an der mittelalterlichen und neuzeitlichen Tradition des Ordens, ausgerichtet auf die persönliche Vollkommenheit des Ordensmannes, das Gelübde, die Liturgie und das Gemeinschaftsleben, während das Apostolat lediglich auf knapp 20 Seiten des 282 Seiten umfassenden lateinischen Werkes behandelt wird.

Erneuerung nach dem Zweiten Vatikanischen Konzil

Die vom Zweiten Vatikanischen Konzil den einzelnen Orden und Kongregationen aufgetragene »zeitgemäße Erneuerung des Ordenslebens«[98] nahm der Prämonstratenserorden unter dem 1962 gewählten und bis 1982 tätigen Generalabt Norbert Calmels (1908–1985), selbst Teilnehmer des Konzils, auf dem Doppel-Generalkapitel 1968/70 in Wilten in Angriff.[99] Nach eingehender Vorbereitung in den Kanonien und intensiven Beratungen wurden 1970 neue Konstitutionen verabschiedet, die den Geist des Konzils in die Realität der einzelnen Häuser umsetzen sollten.[100] Sie gliedern sich in die theologisch-spirituellen Grundsätze, die rechtlichen Normen und praktischen Unterweisungen ohne Rechtsverbindlichkeit. Dabei wurde der Zentralismus der Ära Noots beseitigt und den einzelnen Kanonien weitgehende Zuständigkeit gegeben, »zu entscheiden, was sie entsprechend den eigenen Erfordernissen zu entscheiden haben«.[101] Statt zentralistischer Uniformität setzte man auf eine »gesunde Vielfalt«.[102] Als Fundament prämonstratensischen Ordenslebens arbeitete man das ekklesiale Prinzip der *Communio* heraus, die »das Dasein von Personen in Hinordnung aufeinander und füreinander« bedeutet und die innere Einheit umschreibt, die sich in äußeren Formen ausdrückt.[103] Im Rückgang auf Norberts ursprüngliche Intention und die theologischen Grundlagen des Ordenslebens gelang es, die bisherigen Ressentiments und Vorurteile der Zirkarien abzubauen und den Orden in einer neuen Einheit in betonter Verschiedenheit erstehen zu lassen. Äußeres Zeichen der aufgewerteten Selbstständigkeit der Kanonien war der Vorrang der »Leitung des Lebens in der Kanonie« vor der »Leitung des Ordens« im normativen Teil der Konstitutionen.[104] Sache des nächsten Generalkapitels sollte es sein, genauere Regelungen in jenen Punkten zu treffen, »die nur unter Berücksichtigung der Erfahrung festgelegt werden können«.[105] Doch wurden 1976 und auf den folgenden Generalkapiteln nur wenige Änderungen vorgenommen. Eine größere Veränderung wurde erst durch den *Codex Iuris Canonici* von 1983 nötig, sodass vom Generalkapitel 1994 eine Neuausgabe veranlasst wurde.[106] Diese Konstitutionen blieben mit kleinen Änderungen bis zur Neuredaktion der Gesetzgebung auf dem Generalkapitel 2018 in Kraft. Diese neue Gesetzgebung teilte sich in Konstitutionen (Verfassung) und leichter änderbare Statuten auf und wurde am 13. November 2019 promulgiert.

Das Bemühen, den Schatz der prämonstratensischen Liturgie nicht ganz der Vergangenheit anheimzugeben, führte im Generalkapitel 1988 zur Erstellung eines *Thesaurus Liturgiae Praemonstratensis*, aus dem 2014 ein neues Vesperale mit Supplementum (2017) erwuchs.

Die Umsetzung der Ordensreform in den einzelnen Häusern erfolgte sehr unterschiedlich.[107] Neben zahlreichen Austritten und schwindenden Eintrittszahlen gab es auch erfreulichen Neubeginn. So bildete sich 1992 in Mariengaard beim Priorat De Essenburgh, Niederlande, eine weibliche Kommunität. 1997 entstand unter der Paternität von Orange eine Schwesterngemeinschaft, die sich 2000 in Tehachapi, Kalifornien, niederließ und dem Zweiten Orden anschloss.

5.4 Der Orden in der modernen Welt

Abb. 13: Generalabt Norbert Calmels inthronisiert beim Zweiten Vatikanischen Konzil das Evangelienbuch.

Die Kanonien im kommunistischen Machtbereich, die 1968 dank des »Prager Frühlings« noch durch Vertreter am Generalkapitel teilnehmen konnten, waren in den folgenden Jahrzehnten bis 1988 wieder in den Untergrund verbannt und zerstreut. Erst nach dem Ende der kommunistischen Systeme konnte an einen schwierigen materiellen, geistigen und personellen Wiederaufbau der Klöster in Tschechien, der Slowakei, Ungarn und Rumänien gedacht werden, der teilweise bis heute wegen fehlender Restitution der Güter nicht abgeschlossen ist.[108] 1989 wurde Gödöllő als selbstständiges Priorat wiedererrichtet, 2018 zur Abtei erhoben. 1991 kamen aus Hamborn wieder Prämonstratenser nach Magdeburg, die 1996 ein abhängiges Priorat errichteten. Im ehemaligen Frauenstift Doksany/Doxan entstand 1998 ein abhängiges Haus von Zwierzyniec, das 2007 zur selbstständigen Schwesternkanonie unter der Paternität von Strahov erhoben wurde.

Abb. 14: Titelkupfer der *Ephemerides Hagiologicae* von Georg Lienhardt in der Ausgabe Augsburg 1768. Stich: Klauber, Augsburg.

Identifikationsfiguren: Die Heiligen und Seligen des Ordens

In der Rückbesinnung auf das geistige Erbe des Ordens spielen nicht zuletzt die Heiligen und Seligen des Ordens eine bedeutende Rolle. Sie repräsentieren zumeist die idealisierte Frühzeit des Ordens oder des eigenen Klosters im 12. und 13. Jahrhundert. Dass der Prämonstratenserorden nur wenige kanonisierte Mitglieder aufweist, ist einerseits dem kostspieligen Verfahren geschuldet, das von einem einzelnen Haus kaum finanziert werden konnte, andererseits der Tatsache, dass es sich bei den Prämonstratensern nicht um einen zentralistischen Orden mit starker Ordensleitung und Nähe zum hl. Stuhl handelt. Die meisten der kanonisierten Personen wurden auf dem Weg der Kultbestätigung zur Ehre der Altäre erhoben. Daneben gibt es zahlreiche lokal verehrte »Selige«, die niemals zu einer liturgischen Feier gelangten, z. B. in Deutschland Wilhelm Eiselin von Rot († 1588), Aldericus von Füssenich († 1200), Beatrix von Engelport (Daten unbekannt[109]), Hildegunde von Meer († 1186) und viele andere. Sie werden in dem 1999 in erster und 2013 in erweiterter Auflage erschienenen *Hagiologion* neben anderen bedeutenden Persönlichkeiten vorgestellt.[110]

Die kanonisierten Heiligen und Seligen des Ordens sind in chronologischer Reihenfolge des Todesjahres aufgeführt:

Hl. Gottfried	Gründer von Cappenberg und Ilbenstadt († 1127), kanonisiert 1728, Gedenktag 14. Januar, dargestellt als Chorherr mit (abgelegter) Grafenkrone und Totenkopf.
Hl. Norbert	Erzbischof von Magdeburg († 1134), kanonisiert 1582, Hochfest 6. Juni.
Hl. Gilbert	Gründer von Neuffontaine († 1152), kanonisiert 1728, Gedenktag 26. Oktober, dargestellt als Abt mit Blumen oder mit Kranken.
Sel. Hugo von Fosses	erster Abt von Prémontré († 1164), kanonisiert 1927, Fest 10. Februar, dargestellt als Abt mit Kirche.

Hl. Friedrich	Gründer und erster Abt von Mariengaarde, Friesland († 1175), kanonisiert 1728, Gedenktag 4. Februar, dargestellt als Abt.
Hl. Evermod	Bischof von Ratzeburg († 1178), kanonisiert 1728, Gedenktag 17. Februar, dargestellt als Bischof.
Hl. Isfried	Bischof von Ratzeburg († 1204), kanonisiert 1728, Gedenktag 15. Juni, dargestellt als Bischof.
Sel. Hroznata	Gründer von Tepl, Märtyrer († 1217), kanonisiert 1897, Gedenktag 14. Juli, dargestellt als Gefangener im Kerker.
Hl. Siard	Abt von Mariengaarde († 1230), kanonisiert 1728, Gedenktag 14. November, dargestellt als Abt mit Brotkorb oder bei Brotspende an Arme.
Hl. Hermann Josef	Kanoniker von Steinfeld († 1241), kanonisiert 1728, Heiligsprechung 1958, Gedenktag 21. Mai – dargestellt, wie er dem Jesuskind auf dem Schoß Mariens einen Apfel reicht, in der Vermählung mit Maria (▶ Abb. 3) oder mit dem Jesuskind auf dem Arm.
Hl. Ludolf	Bischof von Ratzeburg, Märtyrer († 1250), kanonisiert 1728, Gedenktag 26. April, dargestellt als Bischof mit Folterwerkzeugen.
Sel. Bronislawa	Kanonisse von Zwierzyniec († 1259), kanonisiert 1839, Gedenktag 30. August, dargestellt als Prämonstratenserin mit dem Kreuz.
Sel. Gertrud	Meisterin von Altenberg an der Lahn († 1297), kanonisiert 1728, Gedenktag 13. August, dargestellt als Prämonstratenserin.
Hll. Adrian Jansen und Jakob Lacopsrer	Kanoniker von Middelburg Zeeland, Märtyrer († 1572), selig 1675, hl. 1867, Gedenktag 9. Juli, dargestellt am Galgen.

Sel. Petrus-Adrian Toulorge	Kanoniker von Blanchelande, Märtyrer († 1793), kanonisiert 2012, Gedenktag 13. Oktober – dargestellt als Prämonstratenser.
Sel. Jakob Kern	Kanoniker von Geras († 1924), kanonisiert 1998, Gedenktag 20. Oktober, dargestellt als Prämonstratenser.

Derzeitige Verbreitung des Ordens

Laut Ordensstatistik vom 31. Dezember 2018 umfasste der männliche Zweig des Ordens 1 160 Personen (ohne die 83 Postulanten) in 77 Häusern. Davon sind 39 selbstständige Kanonien. Diese verteilen sich auf die Erdteile Amerika (fünf in den USA, drei in Brasilien, eine in Kanada), Australien (eine), Afrika (eine), Asien (zwei in Indien) und Europa (sechs in Belgien, vier in Tschechien, je drei in Deutschland und Österreich, je zwei in Frankreich, England und Ungarn, je eine in den Niederlanden, in Irland, in der Slowakei und in Rumänien). Hinzu kommen im Zweiten Orden mit ca. 130 Mitgliedern je eine Schwesternkanonie unter der Jurisdiktion des Ordens in den Niederlanden, in Belgien, in Tschechien und in den USA sowie Schwesternkanonien unter bischöflicher Jurisdiktion in Polen (zwei) und Spanien (eine). Schwesterngemeinschaften, die mit dem Orden verbunden sind (z. B. als Tertiarinnen), gibt es in Deutschland, in der Schweiz, in Tschechien, in der Slowakei, in Ungarn, in den Niederlanden und in Brasilien. Das Generalat des Ordens befindet sich in Rom, Viale Giotto 27. Generalabt ist seit 2018 Jozef Wouters aus der Abtei Averbode in Belgien. Nähere Informationen, Quellen und Literatur sind auf der offiziellen Internetseite des Ordens: www.premontre.org zu finden.

Anmerkungen

Einleitung

1 Vgl. Horstkötter 1997 a.
2 Vgl. Horstkötter 1967, 131–139.
3 Vgl. Lefèvre/Grauwen 1978, 47–48.
4 Grassl 1934.
5 Backmund 1986.
6 Ardura 1995; italienische Bearbeitung 1997; englische 2003.
7 Backmund I–III und I².
8 Ardura 1993.
9 Colvin 1951.
10 Le Paige 1633; ND 1998.
11 Hugo 1734/36, ND 1999.

1 Eine neue Lebensweise (ordo)

1 Zur Biographie vgl. Elm 1984; Grauwen 1986 und die über 40 Aufsätze desselben in AnPraem 41–72.
2 Vgl. dazu Constable 1996; Grundmann 1970.
3 Zur Bedeutung von *ordo* in unserem Zusammenhang vgl. Landau 2003; Melville 2003.
4 Vgl. Veyrenche 2018, 13.
5 Vgl. u. a. Leyser 1984; Rexroth 2018, 108–111.
6 Zum Folgenden vgl. Goez 2000; Blumenthal 2001; Fuhrmann 2016.
7 Vgl. Brenner 2011, 16–17.
8 Vgl. Zöller 2018, 37–38.
9 Vgl. Verheijen 1967.

10 Vgl. Veyrenche 2018, 118–124.
11 Vgl. ebd., 61–74.
12 Vgl. Leyser 1984.
13 Vgl. Rexroth 2018, 98–118.
14 Vgl. Zöller 2018, 31–33.
15 MGH Concilia 8, 402–403; Zöller 2018, 33–34.
16 Vgl. Veyrenche 2018, 124–130.
17 Vgl. ebd., 151–169.
18 Vgl. Führer 2010.
19 Vgl. Rexroth 2018, 120–131.
20 Vgl. die entsprechenden Beiträge in Poirel 2010.
21 Vgl. Brenner 2011, 24–33.
22 Vgl. Milis 1969.
23 Vgl. Brenner 2011, 131.
24 Vgl. ebd., 124–125, 130.
25 Vgl. ebd., 134.
26 Regula Augustini, Ordo Monasterii 1, Verheijen 1967, Bd. 1, 148.
27 Vgl. Brenner 2011, 134–135.
28 Vgl. Veyrenche 2018, 146–151; Rösler 2013, 84–90.
29 Constable/Smith 1972, 36–111: Libellus de diversis ordinibus c. 5–7.
30 Vgl. Brenner 2011, 136–138.
31 Vita Norberti A: MGH SS 12, 663–703; Vita Norberti B, in: PL 170, 1235–1344. Eine kritische Edition fehlt. Übersetzungen der Vita A: Hertel 1895; Kallfelz 1973, 443–541. Vgl. Grauwen 1984 a und 1990. Urkunden und Quellen: Grauwen 1975, 1984 b und 1992. Hermann von Tournai, De miraculis S. Mariae Laudunensis,1853, 963–1018; Hermann von Tournai 1856, 653–660; Hériman de Tournai 2008. Die Norbert betreffenden Passagen in engl. Übersetzung in: Antry/Neels 2007, 63–84. Zur identitätsstiftenden Funktion vgl. Rösler 2013, 119–224.
32 Vgl. Grauwen 1984 b.
33 Vgl. Van Mingroot 2008, 154–184.
34 Zum Folgenden vgl. Grauwen 1986; Felten 1984 und 2010.
35 Hermann von Tournai 1856, 662.
36 Vgl. Van Mingroot 2008 und 2013.
37 Vgl. Leclercq 1963.
38 Vgl. Grauwen 1994 a und 1994 b.
39 Vgl. Grauwen 1996; zu den neuen Eremiten Leyser 1984; Rexroth 2018, 108–111; zur Augustinusregel Verheijen 1967 und 1980.
40 Vgl. Vita B, c. 24 n. 52, 823E; Fuchs 2002; Rösler 2013, 173–183.
41 Vgl. Grauwen 1995.
42 Vgl. Niemeyer et al. 2005.
43 Vgl. ebd., 51–60.
44 Vgl. van Moolenbroek 2004 und 2006; zu den verfälschten Urkunden: Van Mingroot 1972.
45 Zum Folgenden Grauwen 1986.

46 Vgl. Le Paige 1633, 392–393; Hugo 1734/36, Probationes 9–10.
47 Vgl. Soder von Güldenstubbe 2006.
48 Vgl. Weinfurter 1977, 1984 und 1992.
49 Vgl. Felten 2006, 28–29; Rösler 2013, 78–84.
50 Zum Folgenden vgl. Felten 1984, 2005 und 2010; Rösler 2013, 27–44.
51 Zum Folgenden vgl. Felten 2006.
52 Vgl. Müller 2011, 32–43.
53 Vgl. Niemeyer u. a. 2005, 147–148: Vita Godefridi I c. 43.
54 Vgl. Felten 2005, 24–25; Rösler 2013, 44–49.
55 Hermann von Tournai, De miraculis, lib. 3, MGH SS 12, 659; vgl. Felten 1984, 98–101; vor allem Krings 2003.
56 Urkunde nach 1123 unter Bischof Simon (1123–1136), in: Pycke/Vleeschouwers 2015, Bd. 1, 395–396; vgl. Felten 1984, 99–100.
57 Vita: Le Paige 1633, 438f–439.
58 Zum Folgenden Krings 2003, 77–85.
59 Van Waefelghem 1913, c. 75–82, 63–66.
60 Vgl. Backmund I^2, 301; zur späteren Übernahme von Rehna vgl. Wurm 2009.
61 Vita Norberti A, 681; vgl. Felten 1984, 98.
62 Vgl. Grauwen 1986, 49–51; Rexroth 2018, 161.
63 Vgl. Weyns 1984, 163–165.
64 Zu Hugo von Fosses vgl. besonders Van Mingroot 2008 und 2013; Elm 2003. Zur Ausbildung des Ordens vgl. Rösler 2013, 97–133.
65 Vgl. Van Mingroot 2008, 251–291.
66 Vgl. ebd., 304–318.
67 Vgl. dazu Rösler 2013, 206–207.
68 Vita Norberti B c. 48, PL 170, 893.
69 Vgl. besonders Marton 1962 a.
70 Vgl. Marton 1963a; Van Dijck 1952.
71 Vgl. Lohrmann 1983 und 1992.
72 Vgl. Leinsle 1978.
73 Vgl. Weinfurter 2010, 170; Rösler 2013, 190.
74 Zur frühen Entwicklung der Statuten vgl. Krings 2000 und 1993, 107–133; für eine nicht erhaltene erste Redaktion P1 plädiert Van de Perre 2000.
75 Van Waefelghem 1913. Die Bulle (JL 7465) bei Le Paige 1633, 419. Sie findet sich nicht in den frühen Sammlungen des Clm 17174 und Clm 1031.
76 Vgl. Van de Perre 2000, dort ältere Literatur.
77 Vgl. Krings 2000, 13–15. Die *Consuetudines* der Konversen ebd., 22–28. Bestätigung: JL 9970.
78 Lefèvre/Grauwen 1978.
79 Martène 1737, Bd. 3, 891–926: Primaria instituta Canonicorum Praemonstratensium.
80 Vgl. Krings 1993, 119–121.
81 Vita Norberti A, 697; Vita Norberti B, 852; vgl. Marton 1962 a, 43–46.

82 Text: Le Paige 1633, 622–623; zur diplomatischen Kritik vgl. Marton 1963 a, 16–25; Van Dijck 1952, 120–123; Rösler 2013, 131–134.
83 Vgl. Marton 1963 a, 25–29; Cygler 2002, 130–131.
84 Vgl. Acta I, 1966, beginnend mit 1174; für die Zeit davor: Marton 1963 b.
85 Ediert: Krings 2000, 15–16.
86 Lefèvre/Grauwen 1978, 45: dist. 4 c. 1–2.
87 Hermann von Tournai, De miraculis, MGH SS 12, 658; vgl. Marton 1962 a, 46–47.
88 Vgl. Kroll 1978, 35–41.
89 Vgl. Krings 2000, 20–21 (1172: 24 Äbte); Marton 1963 a, 37–54; Acta I, 3–4.
90 Vgl. Gerits 1966.
91 Vgl. Dolista 1974, 76–78; Rösler 2013, 120–121.
92 Krings 1993, 202, Nr. 22; vgl. Lentze 1964, 3.
93 Vgl. Krings 1993, 185: dist. 4 c. 2.
94 Vgl. Cygler 2002, 118–204.
95 Vgl. De Clerck 1957; Oberste 1996, 160–251.
96 Van Waefelghem 1913, 33.
97 Krings 1993, 187: dist. 4 c. 6.
98 Lefèvre/Grauwen 1978, 47–48: dist. 4 c. 7.
99 Vgl. De Clerck 1957, 208–216.
100 Krings 1993, 211 (Nr. 49), 214 (Nr. 62), 219–220 (Nr. 77), 87–88 (Nr. 233); vgl. Oberste 1996, 196.
101 Vgl. Van Dijck 1952, 126.
102 Zum Folgenden vgl. De Clerck 1957, 205–208.
103 Vgl. Oberste 2003; Ehlers-Kisseler 2002.
104 Van Waefelghem 1913, 34.
105 Krings 2000, 16, Nr. 13.
106 Lefèvre/Grauwen 1978, 1.
107 Ebd., 45–47: dist. 4 c. 3 und 6; ebd., 49 c. 10–11.
108 Aufgelistet bei Borremans 1914, 6; vgl. auch Krings 1993, 215: Generalkapitelbeschluss Nr. 65 (1198–1216).
109 Lefèvre 1941; zur Liturgie King 1955, 157–234.
110 Rekonstruiert: Lefèvre 1941, 125–138.
111 Lefèvre 1957; Weyns 1967, 1968 und 1973.
112 Vgl. Lefèvre 1968, 247–252.
113 Vgl. Weyns 1973, VII–XIX.
114 Vgl. Krings 1990, 126–127.
115 Vgl. Borremans 1914; Huebner 2001.
116 Vgl. Untermann 1984, 349–360 und 2016; wie weit die Klöster die Bauformen die Pfarrkirchen beeinflussten, ist umstritten; vgl. Rösler 2013, 161.
117 Vgl. Flachenecker 2002; Leinsle 2003 b; Rösler 2013, 160–173. Zur Herkunft des *nati animarum pastores* vgl. Leinsle 2014–2016, hier 2015, 179.
118 Vgl. Van Mingroot 1972.
119 Van Waefelghem 1913, 45.
120 Ebd., 35.

121 Krings 2000, 15–16, Nr. 1, 2, 14.
122 Vgl. Bomm 2003, 173–179.
123 Lefèvre/Grauwen 1978, 51: dist. 4 c. 16, 6–8.
124 Martène 1737, Bd. 3, 924–925; Krings 1993, 193–194.
125 Le Paige 1633, 642.
126 Vgl. Krings 1993, 212: Generalkapitelbeschluss Nr. 52.
127 Vgl. ebd., 207, Nr. 38; ebd., 230, Nr. 101.
128 Vgl. Verrees 1955.
129 Vgl. Krings 1990, 307–315 mit Zahlen; Gerits 1961.
130 Edition: Gerits 1966, 190–192; vgl. Van den Broeck 1968, 216–220.
131 Zu den möglichen Motiven vgl. Caesarius von Heisterbach 2009: Dialogus miraculorum, Buch 1.
132 Zu Hroznata vgl. Kubin 2019.
133 Krings 2000, 22–28; Krings 1993, 224–226, Nr. 88, 92.
134 Vgl. Krings 1993, 313–314.
135 Zum Folgenden vgl. Flachenecker 2007; Studien zur Wirtschaftsgeschichte liegen z. B. vor für Weißenau, Clarholz und Steingaden: Wieland 1995; Ossenbrink 2011/12; Joester 2013 und 2018 b; vgl. auch Deckers 1960, 264–278.
136 Vgl. zum Folgenden besonders Krings 2003, 80–91.
137 Krings 1993, 194–195, Nr. 3.
138 Lefèvre 1946, 114: dist. 4 c. 12.
139 Krings 2003, 89; Krings 2009, 119.
140 Vgl. Krings 1993, 206, Nr. 35; 221–222., Nr. 82–83.
141 Vgl. Amiste Wolbrink 2014.
142 Vgl. Krings 2009, 118–121.
143 Vgl. Rösler 2013, 84–93.
144 Constable/Smith 1972, 57–73: Libellus de diversis ordinibus c. 5.
145 Vgl. Fuchs 2002, 226, besonders zu Idung von Prüfening.
146 Vgl. Rupertus Tuitiensis 2012.
147 Zu Anselm von Havelberg vgl. Lees 1988; Bomm 2003. Anselm von Havelberg, Epistola apologetica, in: PL 188, 1119–1140; dazu auch Rösler 2013, 150–160.
148 Zur Vita: Sieben, in: Anselm von Havelberg 2010, 13–21.
149 Anselm von Havelberg, Epistola apologetica, PL 188, 1136A.
150 Anselm von Havelberg 2010, 64: Anticimenon I, 10; Bomm 2003, 179–183.
151 In PL 203, 665–1206. Auszüge englisch in: Antry/Neels 2007, 201–217. Zum Leben und Werk vgl. Weyns 1970.
152 PL 203, 1210–1220; vgl. Rösler 2013, 135–141.
153 Vgl. Leinsle 2001; dort ältere Literatur.
154 Werke: PL 179; Sermones Fratris Adae 1901; Ad viros religiosos 1934.
155 Zu Vita und Werk M. J. Hamilton, Preface, in: Adamus Scotus 1974, 1–62; Palleschi 2002, 5–41.
156 Vgl. Leinsle 2003 d, 5–24.
157 Vgl. Worstbrock, VL 3, 1062–1066; Kugler 1992.
158 Vgl. Köster, VL 1, 1225–1228; Krings 2009, 188–202; Kirakosian 2017.

2 Ausbreitung im Wandel der Lebensformen

1 Zum Folgenden Crusius 2003, 21–26; quantitative Übersicht und Graphik: Bond 1993; zu Irland Clyne 2018.
2 Vgl. Petersen 2015.
3 Vgl. Crusius 2003, 22.
4 Vgl. Ehlers-Kiseler 1997.
5 Zum Folgenden Slack 1991 und 1992; Hiestand 1995.
6 Bernhard von Clairvaux 1990–1999, Bd. 3, 625: ep. 355.
7 Vgl. Zöller 2018, 57–161.
8 Vgl. Koufen 2009, 45–48.
9 Vgl. van Moolenbroek 2012.
10 Vgl. Lotter 1977; Berges 1955/56; veraltet, aber im Detail brauchbar Winter 1865.
11 Vgl. Lees 1998, 70–97.
12 Vgl. Flachenecker 2009.
13 Vgl. Backmund I² zu den einzelnen Klöstern; Flachenecker 2009.
14 Vgl. Backmund I², 359–360.
15 Vgl. Doepner 1999, 20–25.
16 Van Waefelghem 1913, 45.
17 Vgl. Petersen 2015; Krings 1990, 86–92; Schöntag 2017.
18 Vgl. z. B. Krings 1990, 322–323.
19 Krings 2000, 26: Dekrete 8–9.
20 Vgl. Wouters 2000.
21 Lefèvre 1946, 27.
22 Vgl. Lambooj/Mol 2001, 37.
23 Krings 1993, 214 Dekret 60.
24 Lefèvre 1946, 43.
25 Vgl. Ardura 2012, 179–186.
26 Vgl. Valvekens 1954.
27 Vgl. Backmund 1972, 8–33, 260–267.
28 Lambooj/Mol 2001; Jansen/Janse 1991.
29 Vgl. Backmund 1972, 186–194.
30 Vgl. Ehlers-Kisseler 2005; Lentze 1964, 37–50; Meier 2003, 32–33. Dokumente der Billigung durch die Ordensleitung z. B. bei Evers 1932, Nr. 153, 155, 162.
31 Vgl. Ehlers-Kisseler 2005, 412.
32 Vgl. Lentze 1964, 43–46.
33 Vgl. Acta I, 7, 14–17, 22–23.
34 Vgl. Ehlers-Kisseler 2005, 447; Joester 2013, 316.
35 Z. B. Pichler 2003, 140–142: Urk. 134 von 1337 für Kleidung.
36 Vgl. Lentze 1964, 47; Wölfing 2010, 725 (Register).
37 Vgl. Lentze 1964, 51–63.
38 Einzelheiten bei Krings 2003, 95–98.

39 Zur Wirtschaftsgeschichte vgl. Ossenbrink 2011/12; Joester 2013 und 2018 b; Deckers 1961, 45–53.
40 Vgl. Lentze 1964, 64–72.
41 Vgl. Ossenbrink 2012, 110–114; Pichler 2003, 306–307: Urk. 285.
42 Vgl. Lentze 1964, 47–48.
43 Vgl. Ramackers 1929; Krings 1990, 141–142; Horstkötter 1967, 166–171.
44 Vgl. Ramackers 1929, 217.
45 Vgl. ebd., 222.
46 Jansen/Janse 1991, 130–142: Emo, Chronica n. 51–56.
47 Vgl. Ramackers 1929, 223–224.
48 Vgl. Krings 1990, 141–142; Horstkötter 1967, 168–169.
49 Vgl. Wieland 1995 b, 125–136.
50 Vgl. Krings 2003, 103–104.
51 Vgl. Wieland 1995 a, 75–85.
52 Vgl. Wolf 2015, 111–112; Wolf 2018, 189–192.
53 Vgl. Wurm 2009, 113–115.
54 Vgl. Flachenecker 2003. *Circaria* in den Statuten erstmals 1222/27: Krings 1993, 223; Ehlers-Kisseler 2005, 40–52.
55 Ediert: van der Velden 1982, 68–75.
56 Zu den Katalogen Backmund III, 365–451; Backmund 1977.
57 Zum Folgenden vgl. Cygler 2002, 142–178.
58 Vgl. Mackin 1965; Cygler 2002, 178–182.
59 Jansen/Janse 1991, 56: Emo, Chronica n. 27. Zu den folgenden Ausführungen ebd., 54–58.
60 Vgl. Lefèvre 1946, 158, Zeile 34–35.
61 Krings 2007, 83: Statuten 1244/46: dist. 4 c. 1; vgl. ebd., 6–10; Lefèvre 1946, 89.
62 Vgl. Ehlers-Kisseler 2002, 358–359.
63 Vgl. Ziegler 2007.
64 Vgl. zum Folgenden Ziegler 2007, 79–90; Krings 1990, 120–130; Rösler 2013, 263–270.
65 Dolista 1985/86.
66 Zum Folgenden vgl. Gribbin 2001, 11–14; Oberste 1996, 230–231; Colvin 1951, 207–219.
67 Vgl. Oberste 1996, 226–227; Dolista 1987–1989.
68 Zum Folgenden vgl. Felten 2003, 364–375; Felten 2011, 52–60; Lefèvre 1946, XIV–XXI; Krings 2007, 5–10.
69 Ediert: Lefèvre 1946, 126–138.
70 Le Paige 1633, 659.
71 Ebd., 660–661; Lefèvre 1946, 138–139.
72 Ediert: Lefèvre 1946.
73 Ediert: Krings 2007, 106–112.
74 Ediert: Krings 2007, 112–115; 6. August 1246: Le Paige 1633, 670.
75 Ediert: Lefèvre 1946.
76 Vgl. Cygler 2002, 156–170.

77 Ediert: Krings 2007.
78 Vgl. Krings 2007, 10 mit Anm. 8; Acta I, 29–33.
79 Le Paige 1633, 784–831: Statuta primaria Praemonstratensis Ordinis.
80 Lefèvre 1946, 90 Anm zu Zeile 152–157; vgl. Oberste 1996, 245–246.
81 Vgl. Krings 2000, 15 mit einem Beispiel aus Windberg.
82 Le Paige 1633, 832–840.
83 Acta I, 75–92.
84 Vgl. Lentze 1964, 6–7.

3 Von der Reform zur Reformation

1 Zur Bedeutung der Reformkonzilien vgl. Mertens 1989.
2 Acta I, 90–97.
3 Vgl. z. B. Šmahel 2002, 168–219.
4 Zum Folgenden ausführlicher Leinsle 2018 a.
5 Wyclif 1966, Bd. 2, 93–94: De ordinatione fratrum c. 2.
6 Vgl. Leinsle 2018 a, 49.
7 Vgl. Brandmüller 1997, 72–95.
8 Vgl. ebd., 204–205.
9 Vgl. Fasbender 2018, 7.
10 Ein Beispiel für solche »Normalität« bietet Horstkötter 2003, 468–469.
11 Vgl. Svec Goetschi 2015, 448.
12 Vgl. Svec Goetschi 2015, 211–272.
13 Le Paige 1633, 705–706.
14 Vgl. Lauwers 1965.
15 Le Paige 1633, 706–707.
16 Ebd., 716.
17 Vgl. Pichler 1992, 78.
18 Vgl. Lentze 1964, 91–92; Feuerer 2008 mit reichem Quellenmaterial.
19 Vgl. Horstkötter 2003.
20 Vgl. auch Krings 1990, 172–173.
21 Vgl. Dolista 2003, 620–621.
22 Vgl. Felten 2003, 389–391; Acta I, 171–184.
23 Vgl. Appelmans 2000, 160–161 und passim zum Folgenden vor allem zu Brabant.
24 Vgl. Mertens 1989, 433.
25 Vgl. Backmund I^2, 472–473.
26 Vgl. Valvekens 1936/37, 75–78, 159–165 (Averbode 1546).
27 Vgl. Valvekens 1941 und 1942; Valvekens 1938 c.
28 Vgl. Valvekens 1938 c; Acta III, 317–322.

29 Vgl. Van Dyck 1991, 289–290.
30 Vgl. zum Folgenden Felten 2003, 376–390.
31 Vgl. Evers 1932, Nr. 238.
32 Vgl. Valvekens 1938 b, 55–57.
33 Vgl. Felten 2003, 381–382; Elm 1989.
34 Vgl. Felten 2003, 386–396; Acta I, 151–156.
35 Vgl. Valvekens 1942–1949.
36 Vgl. Backmund 1980, 201–204.
37 Vgl. Felten 2003, 393; Acta II, 26, 344.
38 Vgl. Acta I, 97–208; Acta II passim.
39 Vgl. Valvekens 1936/37, 108–153, 222–233.
40 Vgl. zum Folgenden Horstkötter 2003 passim; Svec Goetschi 2015, 175–180.
41 Vgl. Krings 1990, 169–170.
42 Vgl. Valvekens 1940 b, 6–16.
43 Vgl. Leinsle 2010, 199–203.
44 Vgl. Leinsle 2010, 203–207.
45 Vgl. Leinsle 2010, 207–208.
46 Vgl. Valvekens 1936/37, 129–148.
47 Vgl. Valvekens 1946/47 und 1960 a.
48 Die Ergebnisse von John wurden publiziert durch Gabriel 1960.
49 Vgl. John 1966; Horstkötter 1997, 323.
50 Vgl. Dolista, 1975–1978, 47, 87, 89.
51 Vgl. John 1966; für weitere Zahlen siehe Gribbin 2001, 170–171.
52 Vgl. zum Folgenden Valvekens 1938 b; Felten 2003, 384–396.
53 Vgl. Acta I, 152–156.
54 Statuta 1588, 14–15.
55 Vgl. Acta II, 117: In Schwaben und Bayern waren kaum Exemplare vorhanden.
56 Statuta 1588.
57 Vgl. Valvekens 1946–1949.
58 Vgl. Dolista 1975–1978, 76, 82 (1511).
59 Vgl. zum Folgenden Pichler 1992, 69–70; Pichler 2003, 298–300: Urk. 279.
60 Vgl. Pichler 2003, 306–307: Urk. 285.
61 Vgl. Pichler 1992, 77–82; Leinsle 2000, 32–33.
62 Vgl. Klueting 2005, 68–69.
63 Vgl. Lambooi 2008, 43–49.
64 Vgl. Meier 2003, 34–40.
65 Vgl. Klueting 2005, 68–69; Lesser 2005.
66 Vgl. Dolista 1975–1978, 104–112.
67 Vgl. zum Folgenden Lentze 1964, 80–82.
68 Vgl. Dolista 1974, 91–93.
69 Vgl. Dolista 1975–1978, 26, 36.
70 Vgl. Dolista 1974, 90–93; Dolista 1975–1978, 8–14, 112–120.
71 Vgl. Dolista 1975–1978, 121–124.
72 Vgl. ebd., 15–74.

73 Vgl. Acta II, 130–132.
74 Vgl. Escher 1989, 518–519; Heimann 2019.
75 Zum Folgenden vgl. Lentze 1964, 73, 94.
76 Vgl. Leinsle 2013, XIII.
77 Acta I, 140.
78 Vgl. Meier 2009, 45–54; Joester 2018 c, 11–16.
79 Acta II, 61–62, 72–73, 189, 199.
80 Ebd. II, 228–229.
81 Ebd. II, 234–235, 257–250, 267–268, 290, 306, 328–329, 347–348.
82 Acta III, 18–22.
83 Ebd. III, 153, 180–181.
84 Vgl. Backmund 1980, 198–199; Backmund 1986, 148–149; Gribbin 2001, 166–170.
85 Vgl. Gribbin 2001, 174–205.
86 Vgl. ebd., 205–210.
87 Vgl. zum Folgenden Dolista 1985.
88 Vgl. Dolista 1988, 164–165.
89 Vgl. Acta II, 267–268.
90 Vgl. zum Folgenden Backmund 1980, 199–201.
91 Vgl. Acta II, 138–142; Dolista 1979.
92 Acta II, 214–218.
93 Ebd. II, 240.
94 Vgl. Schrader 1977, 10–18.
95 Vgl. Meier 2007, 25.
96 Vgl. Rüttgardt 2007, 155.
97 Vgl. Saulle Hippenmeyer 2002, 227.
98 Vgl. Backmund I^2, 299; Ziegler 2008, 255, 260–261.
99 Vgl. Simiński 2015, 191–193; Wolgast 2015, 92.
100 Vgl. BBKL I, 1170–1171.
101 Zu den einzelnen Territorien vgl. Wolgast 2015; zum Vorgehen Ziegler 2008, 258–259.
102 Vgl. Wolgast 2015, 39–51, 91–103.
103 Vgl. Tüchle 1981, 49–58.
104 Vgl. Wolgast 2015, 113, 120; Backmund II, 183, 205.
105 Vgl. Fuchs 2016, 127–129.
106 Vgl. Wolgast 2015, 150–153; Ziegler 2008, 264, 268.
107 Vgl. Schrader 1969, 2–3; Schrader 1977, 29–37.
108 Vgl. Schrader 1977, 44–45.
109 Angaben nach Meier 2007, 11.
110 Vgl. Amacher 2002, 516–517.
111 Vgl. Saulle Hippenmeyer 2002, 222–230, 253–254.
112 Vgl. Redolfi 2002, 283–285; Muraro 2002, 338–339.
113 Vgl. Utz Tremp 2002, 394–395; Andermatten 2002, 466–467.
114 Vgl. Hausmann 2002, 358–359; Acta II, 6, 18.

115 Vgl. Wolgast 2015, 293-299; Backmund I², 437-447.
116 Vgl. Wolgast 2015, 304-313; Backmund II, 21-23.
117 Vgl. Backmund II, 127.
118 Vgl. Wolgast 2015, 314-319; Backmund II, 96-97.
119 Vgl. Wolgast 2015, 320-331; Backmund II, 245-247; 161-162; Lambooj 2008, 49-58; Sponselee-de Meester 2003.
120 Murer 1977.
121 Vgl. Acta III, 7, 18, 45-46.
122 Vgl. Meier 2007, 29.
123 Vgl. ebd., 26-27.
124 Vgl. Bayer 2016, 36-44.
125 Vgl. Franz 1943, 91-137.

4 Katholische Erneuerung und barocker Glanz

1 Vgl. Valvekens 1941 und 1942.
2 Vgl. Ardura 2010.
3 Zu ihm vgl. Valvekens 1946-1949, 113-174; Valvekens 1954-1958.
4 Vgl. Valvekens 1940 a.
5 Vgl. Valvekens 1927, 241-249.
6 Vgl. Valvekens 1934; Valvekens 1958, 249-250.
7 Le Paige 1633, 733-735: Motu proprio vom 7. Mai 1587; Valvekens 1954, 266 spricht hier von »pouvoirs que l'on pourrait nommer dictatoriaux«.
8 Vgl. Delcambre 1964.
9 Acta IV, 21-22.
10 Vgl. Valvekens 1927, 249-257.
11 Vgl. Leinsle 2006.
12 Vgl. Delcambre 1964, XXVIII-XXX.
13 Vgl. Leinsle 2013, 13-27.
14 Acta IV, 28-70.
15 Vgl. Leinsle 2003 a; Leinsle 2013, 34-63; Valvekens 1973.
16 Vgl. Backmund 1953.
17 Vgl. Valvekens 1927, 257-263.
18 Vgl. Leinsle 2013 und 1996; Valvekens 1925, 10-167; Steynen 1941/42, 1-61.
19 Zum Folgenden vgl. Valvekens 1932.
20 Vgl. Van Dyck 1991, 289-290.
21 Zum Folgenden vgl. Valvekens 1930.

22 Vgl. Lamboij 2008, 23–60.
23 Vgl. Van Dijck 1991.
24 Vgl. Valvekens 1946–1949, 125–132.
25 Zur Geschichte der CAR: Delcambre 1964, 107–223.
26 Statuta 1725, 566–590.
27 Le Paige 1633, 749–751.
28 Ebd., 751–756.
29 Acta IV, 103–142.
30 Le Paige 1633, 757–759.
31 Vgl. Dauzet/Plouvier 1998, 315–316.
32 Vgl. Ardura 1995, 251–256.
33 Z. B. Clm 17317; zur Redaktion vgl. Van Dijck 1986, 198 Anm. 143.
34 Statuta 1632, 1: dist 1 c. 1 n. 1.
35 Statuta 1632, 40–68: dist. 1 c. 15–19; 24: dist. 1 c. 8 n. 26; vgl. Leinsle 2000, 16–17.
36 Statuta 1632, 123–134: dist. 2 c. 23.
37 Vgl. Reinhardt 1973.
38 Statuta 1632, 206–207: dist. 4 c. 9.
39 Statuta 1632, 266–267: dist. 4 c. 33.
40 Vgl. Van Dijck 1986, 198–200.
41 Statuta 1725 und 1776.
42 Vgl. Leinsle 2018 b.
43 Zum Folgenden vgl. Van Dijck 1986–1988.
44 Valvekens 1960–1966, 9–11.
45 Zum Folgenden vgl. Van Dijck 1974/75.
46 Acta V, 22–23, Nr. 23.
47 Ebd. V, 182, Nr. 190; vgl. Van Dijck 1975, 48–49, 63.
48 Acta V, 33, Nr. 73.
49 Vgl. Vaillant 2008, 37–40.
50 Zum Folgenden Acta V, 188–199.
51 Acta V, 229–230, Nr. 65.
52 Vgl. Leinsle 1996, 207–208.
53 Vgl. Leinsle 2013, LIII–LIV; die Westfälische Zirkarie installierte dagegen ein Kommunnoviziat in Dünnwald bzw. Sayn; vgl. Joester 2018 c, 28–31.
54 Lairuelz 1623.
55 Lienhardt 1754 und 1761; vgl. Leinsle 2014–2016, hier 2015, 140–147.
56 Valvekens 1940 a, 34.
57 Statuta 1632, 24: dist. 1 c. 8. n. 26.
58 Vgl. zum Folgenden exemplarisch: Leinsle 2013.
59 Vgl. Leinsle 2003 c.
60 Vgl. Kuchařová 2011.
61 Vgl. Ardura 2012, 186–192.
62 Backmund III, 137.
63 Vgl. Reinhardt 1960.
64 Z. B. Landtmeter 1621.

65 Klessel 1665; vgl. Leinsle 2011.
66 Hirnhaim 1678; Hirnhaim 1676; vgl. Leinsle 2012.
67 Z. B. Strelin 1751.
68 Lienhardt 1778/79; Lienhardt 1782; vgl. Leinsle, 2014–2016, hier 2015, 147–159.
69 Caramuel Lobkowitz 1646; vgl. Leinsle 2006.
70 So das bayerische Provinzialkapitel 1718: Leinsle 2013, 277; Generalkapitel 1738: Acta V, 367.
71 Acta IV, 196–197.
72 Valvekens 1925, 152–162.
73 Z. B. Slüter 1693; Stainmair 1694.
74 Vgl. Al 1969; Horstkötter 1997 b, 326.
75 Vgl. Leinsle 2013, 240; Dolista/Leinsle 2017, 199–200.
76 Zum Folgenden vgl. Leinsle 1995, 11–12; für Roggenburg Leinsle 2002.
77 Vgl. Sailer 2008, 412–422.
78 Vgl. Leinsle 1995, 12.
79 Vgl. Hersche 2006, 609–633.
80 Vgl. Tuscher 1976, 115.
81 Vgl. Weyns 1984, 177–184.
82 Vgl. Reck 1966; Dora 2002, 181–216.
83 Vgl. Leinsle 1974, 157–165.
84 Vgl. De Clerck/Wolf 2013, XV.
85 Vgl. Valvekens 1971.
86 Lienhardt 1764; vgl. Leinsle 2014–2016, hier 2016, 25–38.
87 Vgl. Tuscher 1976, 70, 79; Leinsle 1974, 179–181.
88 Vgl. Vaillant 2008, 119–234.
89 Vgl. De Clerck/Wolf 2013, 176–177.
90 Vgl. zum Folgenden Weyns 1953; Valvekens 1960 b und 1966.
91 Vgl. zum Folgenden Tüchle 1955; Valvekens 1959.
92 Weyns 1953, 64–66.
93 Vgl. Reinhardt 1973.
94 Zum Folgenden vgl. Hersche 2006, 358–376.
95 Vgl. z. B. den Idealplan des Klosters Speinshart, in: Prämonstratenserabtei Speinshart 1996, 148; zum Programm Schenkluhn 2003.
96 Vgl. Plouvier 1985, 155–164.
97 Vgl. Grimminger 2003; Knedlik 2003; Schrott 2015.
98 Vgl. exemplarisch zu Marchtal: Fischer 2003.
99 Vgl. Horstkötter 1997 b, 319.
100 Vgl. Horstkötter 1997 b, 317–327.
101 Zum Folgenden vgl. Leinsle 1995, 24–25.
102 Vgl. Ott/Scheinhammer-Schmid 2018.
103 Acta IV, 43.
104 Vgl. Höing 1979/90; Leinsle 1995, 22–23.
105 Vgl. Sousedík 2009, 214–222.
106 Vgl. Grassl 2012, 300–306.

107 Zu den Genannten vgl. Grassl 2012, 285–286, 306–318, 347–352.
108 Vgl. Horstkötter 1997 b, 324.
109 Vgl. Horstkötter 1997 b, 343–347.
110 Vgl. Leinsle 2016, 38–61.
111 Vgl. Hamilton in: Adamus Scotus 1974, 30.
112 Suárez 1856–1878, Bd. 16, 516: De religione tr. 9 c. 5 n. 6.
113 Herlet 1693, 70–72.
114 Lienhardt 1754, 21–96; vgl. Leinsle 2014–2016, hier 2016, 160–191.
115 Lienhardt 1778/79, Bd. 2, 66.
116 Vgl. Pirchert 1927; Leinsle in BBKL VII, 1107–1109.
117 Vgl. Lefèvre 1950; Horstkötter 2006; Tullner 2010.
118 Als Titelbild z. B. in Dölken 2010.
119 Als Titelbild z. B. in Handgrätinger 1984.
120 Vgl. Hummel 1980; Hummel 1983, 81, Nr. 39 und 149, Nr. 196.
121 Vgl. van Moolenbroek 2004 und 2006.
122 Vgl. Horstkötter 2004, 158–159.
123 Vgl. Dolista/Leinsle 2017, 225.
124 Vgl. Bolom-Kotari 2016, 69 und 86.
125 Vgl. Vita Norberti B c. 54, 844D.
126 Vgl. Stahlheber 1995 a.
127 Vgl. Stahlheber 1995 b, 375–382; Horstkötter 2004.
128 Vgl. Stahlheber 1995 b, 384–390.
129 Vgl. Rommens 2013.
130 Vgl. Lorek 2010, 175–189.
131 Vgl. u. a. Neuburger 2011.
132 Vgl. Dolista 2003, 623–627; Dolista 2009.
133 Vgl. Dolista 2003, 631–636.
134 Vgl. Backmund I^2, 519; Kovács/Legeza 2002, 50–51.
135 Vgl. Hermann 1926.
136 Vgl. Backmund I^2, 520.
137 Zum Folgenden vgl. Van Dijck 1989.
138 Vgl. Plouvier 2007, 4.
139 Vgl. Plouvier 1985, 103–107.
140 Vgl. Plouvier 1985, 108–113.
141 Vgl. ebd., 114–118.
142 Vgl. ebd., 118–121; Valvekens 1972; Leinsle 2013, XXXVIIIf.
143 Vgl. Plouvier 1985, 121–128; Lavagne d'Ortigue 1983.
144 Vgl. Plouvier 1985, 129–132; Valvekens 1974 b.
145 Vgl. Leinsle 2013, XIV, XX–XXI.
146 Vgl. Dolista/Leinsle 2016, 177.
147 Vgl. ebd., 108.
148 Vgl. Tüchle 1955.
149 In Schwaben waren solche Stifte (in der Reihenfolge der Gründung) die Abteien Ursberg, Rot, Roggenburg, Weißenau, Schussenried und Marchtal.

150 Bspw. für Marchtal: Schöntag 2012, 139–162, 275–320; für Roggenburg: Tuscher 1976, 121–143.
151 Vgl. Neuburger 2001; Tuscher 1976, 43.
152 Vgl. z. B. Schöntag 2012, 275–312.
153 Z. B. Lienhardts Leichenrede auf Joseph Seitz von Ursberg 1771: Löschinger 2017, 71–76.
154 Vgl. Hersche 1989; Hersche 2002; Hersche 2006, 968–979.
155 Vgl. Spies 2007, 106–174 zu Ursberg und Roggenburg.
156 Vgl. Leinsle 2002.
157 Vgl. Leinsle 1995, 29.
158 Übelacker 1784, 44–45.
159 Sailer 1771, 254–255.
160 Ediert: Acta V, 267–373.
161 Vgl. Valvekens 1974 a.
162 Vgl. Lavagne d'Ortigue 1971, 34.
163 Ebd.
164 Vgl. Leinsle 2013, XLV–LII; Dolista/Leinsle 2017; Leinsle 2002, 2004 und 2009.
165 Leinsle 2013, 249.
166 Acta V, 239.
167 Vgl. Dolista/Leinsle 2017, 235.
168 Vgl. ebd.; Leinsle 2013, L–LII; Tuscher 1976, 161–165.
169 Vgl. Leinsle 2013, LII.

5 Von der Aufklärung zur Gegenwart

1 Vgl. allgemein Lehner 2011; zu den Provinzialkapiteln: Leinsle 2013, XLVII–IL; Dolista/Leinsle 2017, 202, 220, 236; zu Schwaben Maier 1975.
2 Vgl. z. B. Tuscher 1976, 79–82.
3 Zum Folgenden vgl. Lavagne d'Ortigue 1991, 232–261.
4 Vgl. Lavagne d'Ortigue 2006 mit den Akten der Nationalkapitel; Statuta 1773.
5 Vgl. Ravary 1958, 120–123.
6 Vgl. Lavagne d'Ortigue 1991, 241–242.
7 Vgl. die Provinzialkapitel der Schwäbischen Zirkarie in NK Ms. Teplá A9, 547: 1778 sess. 1; 551: 1781 sess. 1; 582–583: 1786.
8 Vgl. Leinsle 2002.
9 Zum Folgenden vgl. Backmund 1974; Leinsle 2015.
10 Vgl. Lickleder 2003.
11 Vgl. Prügl 1978; Mikeš 1974/75; Huber 1950–1952.
12 Vgl. Winter 1943, 49–54; Falkner 1969, 159–168.

13 Vgl. Leinsle 2000, 76–80, 92–93; Dolista/Leinsle 2017, 214–250.
14 Vgl. Prügl 1978, 59–65.
15 Vgl. Winter 1943, 156–157.
16 Vgl. Prügl 1978, 62.
17 Vgl. Lefèvre 1954.
18 Vgl. Lavalleye 1925; Lefèvre 1927.
19 Vgl. Van Buyten 1976.
20 Vgl. Aerts 1989.
21 Zum Folgenden vgl. Lavagne d'Ortigue 1991, 242–261.
22 Vgl. Lavagne d'Ortigue 1994.
23 Vgl. Lavagne d'Ortigue 1972.
24 Vgl. Lavagne d'Ortigue 1992.
25 Dokumente: Ardura 1998.
26 Vgl. Ardura 1995, 312–326; Plouvier 1985, 79–89.
27 Vgl. Backmund 1986, 115–116; van der Velden 1989; Van Buyten 1976, 88–93.
28 Vgl. Backmund I^2, 119–120.
29 Vgl. Schildt-Specker 1996.
30 Vgl. Degler-Spengler 2002, 50.
31 Vgl. zum Folgenden Rohde/Leinsle 2010.
32 Vgl. Leinsle 2015, 223.
33 Vgl. Backmund 1974, 115–118.
34 Vgl. ebd., 114–116; Klueting 2003; Mühleisen 2003.
35 Vgl. Tuscher 1976, 167–174; Backmund I^2, 34; Degler-Spengler 2002, 52–54.
36 Willburger 1927, 288–229.
37 Vgl. Spies 2007.
38 Vgl. Kretzschmar 2003; Fischer 2003.
39 Vgl. Wolf 2015, 129–136; Wolf 2018, 273–274.
40 Vgl. Backmund 1986, 116.
41 Vgl. Ardura 1995, 351–354; Backmund 1986, 177–179.
42 Vgl. Backmund 1986, 125; Backmund I^2, 401–430.
43 Vgl. Lentze 1967, 217–221.
44 Vgl. Horstkötter 1997 b, 317, 324.
45 Vgl. Kovács 1995 und 1998.
46 Vgl. Šidlovský 2007, 236–237.
47 Vgl. Kovács 2000.
48 Vgl. Frederix 1970 a und 1970 b.
49 Vgl. Van Dyck 1993, 79–106.
50 Vgl. Backmund II, 274–278, 326–330.
51 Zum Folgenden vgl. Lentze 1967; Uhl 1971, 35–39; Šidlovský 2007, 250–252.
52 Vgl. Rajman/Leinsle 1999.
53 Statuta 1859.
54 Vgl. Lentze 1971.
55 Statuta 1859, 28.
56 Vgl. Warzée 1979/80; Podevin 2007; Plouvier 2007, 91–95.

57 Vgl. Ardura 1993, 381–382
58 Zum Folgenden vgl. Ardura 1993, 264–266; Ardura 1999.
59 Vgl. Dauzet 2001.
60 Zum Folgenden Šidlovský 2007, 253–264.
61 Šidlovský 2007, 427, 443–444.
62 Vgl. Horstkötter 1978, 415.
63 Protocollum Capituli Generalis 1883, 1889, 1896, 1902.
64 Vgl. Ardura 1984.
65 Vgl. Ardura 1999.
66 Vgl. Horstkötter 1978, 417; Borremans 1914, 9–10.
67 Vgl. Rédacteurs 1933.
68 Vgl. Hoondert 2009. Fundierte Nachweise zuerst bei Huebner 2001.
69 Zum Folgenden Halder 1999.
70 Vgl. van Stratum 2010; Dokumentation des Briefwechsels: Langerway 1996; Colavechio 2006.
71 Capitulum Generale 1924: Quaestiones.
72 Vgl. Ardura 1997.
73 Vgl. van Stratum 2017, 26–27.
74 Vgl. Dauzet 1997; Nachricht in AnPraem 88, 2012, 291–292.
75 Vgl. Horstkötter 1997 b, 326.
76 Protocollum Capituli Generalis 1902, sess. 3 n. 3–4.
77 Vgl. Pichler 1972; Protocollum Capituli Generalis 1906.
78 Vgl. Mišuth 2017.
79 Vgl. Kovács 2003, 656.
80 Vgl. ebd., 653–655.
81 Vgl. Horstkötter 1997 b, 317; Kovács/Legeza 2002, 71.
82 Vgl. Schomers 2004, 79–85.
83 Vgl. De Clerck/Wolf 2013, 293–294.
84 Vgl. Horstkötter 1985.
85 Vgl. Horstkötter 2007.
86 Vgl. Pichler 1972, 69.
87 Vgl. Schomers 2004, 92–120.
88 Vgl. Großruck 1999.
89 Vgl. Dolista 2003, 641–650.
90 Vgl. ebd., 646.
91 Vgl. Kovács 2003, 658–659.
92 Vgl. Horstkötter 1997 b, 314.
93 Vgl. zum Folgenden Van den Broeck 1967.
94 Statuta 1947; vgl. dazu Horstkötter 1978, 418–419; Schomers 2004, 144–147.
95 Vgl. Horstkötter 1997 b, 315.
96 Horstkötter 1978, 419.
97 Directorium spirituale 1959; vgl. Leinsle 2014–2016, hier 2015, 190–191.
98 COD, 939–947: Zweites Vatikanisches Konzil, Dekret über die zeitgemäße Erneuerung des Ordenslebens.

99 Vgl. van de Ven 1971.
100 Constitutiones 1970.
101 Konstitutionen 1980, 7: Promulgationsdekret.
102 Ebd.
103 Ebd., 23, Nr. 12.
104 Ebd., 1980, 39–62.
105 Ebd. 1980,7: Promulgationsdekret.
106 Constitutiones 1994.
107 Vgl. Horstkötter 1973, 421–425.
108 Vgl. Kovács 2003, 664–667.
109 Vgl. Pies 2018.
110 De Clerck/Wolf 2013; niederländisch 2001, französisch 2005.

Anhang

Abkürzungsverzeichnis

Acta I-V	Valvekens, Jan Baptist (Hg.), Acta et Decreta Capitulorum Generalium Ordinis Praemonstratensis, in: AnPraem 42 (1966) – 44 (1968) Editio textuum (= Bd. 1); 45 (1969) – 49 (1973) Editio textuum (= Bd. 2); 49 (1973) – 54 (1978) Editio textuum (= Bd. 3); 55 (1979) – 58 (1982) Editio textuum (= Bd. 4); Bd. 5: Valvekens, Jan Baptist/Van Dyck, Leo C. (Hgg.), Acta et Decreta Capitulorum Generalium Ordinis Praemonstratensis, ebd. 60 (1984) – 68 (1992)
AnPraem	Analecta Praemonstratensia 1 (1925) – 95 (2019)
Backmund I–III	Backmund, Norbert, Monasticon Praemonstratense, 3 Bde., Straubing 1949–1956; Bd.1, 2. Aufl (= I²), Berlin/New York 1983.
BBKL	Bautz, Friedrich Wilhelm/Bautz, Traugott: Biographisch-Bibliographisches Kirchenlexikon, Hamm–Bad Herzberg 1975ff.
CAR	Communitas Antiqui Rigoris.
Clm	Codex latinus Monacensis, Bayerische Staatsbibliothek München.
COD	Alberigo, Giuseppe u. a. (Hgg.), Conciliorum Oecumenicorum Decreta, Paderborn u. a. 1973.
HS IV,3	Helvetia Sacra IV, 3: Andermatten, Bernard/Degler-Spengler, Brigitte (Red.), Die Prämonstratenser und Prämonstratenserinnen in der Schweiz, Basel 2002

JL	Jaffé, Philipp, Regesta Pontificum Romanorum, Bd. 1, Berlin 1851, ²1881; Bd. 2, hg. von Samuel Löwenfeld u. a., Leipzig ²1888; ND Graz 1956
MGH SS	Monumenta Germaniae Historica, Scriptores
NBW	Nationaal Biografisch Woordenboek, Brüssel 1964ff.
ND	Neudruck
NK	Nárdoní knihovna České Republiky, Prag
PL	Migne, Jaques Pierre (Hg.), Patrologia Latina, 217 Bde., 4 Register-Bde., Paris 1841–1864
TRE	Müller, Gerhard (Hg.), Theologische Realenzyklopädie, 36 Bde., Register Berlin/New York 1976–2007
VL	Stammler, Wolfgang (Hg.), Die deutsche Literatur des Mittelalters. Verfasserlexikon, 2. völlig neu bearbeitete Aufl., 14 Bde., Berlin 1984–2008

Im Register:

Bf.	Bischof
Ebf.	Erzbischof
Ehzg.	Erzherzog
Gf.	Graf
Hzg./Hzgin	Herzog/Herzogin
Kfst.	Kurfürst
Kg./Kgin.	König/Königin
OPraem	Prämonstratenser/innen-Kloster

Quellenverzeichnis

Adamus Scotus 1901: Sermones Fratris Adae, ed. Walter de Gray Birch, London
Adamus Scotus 1934: Ad viros religiosos, ed. François Petit, Tongerlo
Adamus Scotus 1974: Adam of Dryburgh, Six Christmas Sermons. Introduction and Translation by M. J. Hamilton, Salzburg
Anselm von Havelberg 2010: Anticimenon »Über die eine Kirche von Abel bis zum letzten Erwählten und von Ost bis West«, eingeleitet, übersetzt und kommentiert von Hermann Josef. Sieben, Münster

Antry, Theodore J./Neels, Carol. (Hgg.), 2007: Norbert and Early Norbertine Spirituality, New York

Ardura, Bernard (1988): Cause de béatification du Serviteur de Dieu Pierre-Adrien Toulorge O. Praem., Documents, in: AnPraem 74, 49–135, 292–374

Bernhard von Clairvaux 1990–1999: Sämtliche Werke lateinisch/deutsch, hg. von Gerhard B. Winkler, 10 Bde., Innsbruck

Caesarius von Heisterbach 2009: Dialogus miraculorum. Dialog über die Wunder, 5 Bde., Turnhout

Caramuel Lobkowitz, Juan, 1646: Theologia regularis, Frankfurt am Main

Colavechio, Xavier G. (Hg.), 2006: Letters Written in Good Faith. The Story Continues, De Pere

Constable, Giles/Smith, B. (Hgg.), 1972: Libellus de diversis ordinibus et professionibus qui sunt in aecclesia, Oxford

Constitutiones 1970: Constiutones Ordinis Canonicorum Regularium Praemonstratensium, o. O.

Constitutiones 1995: Constitutiones Ordinis Canonicorum Regularium Praemonstratensium, o. O.

Dauzet, Dominique-Marie 1997: L'envoi de Prémontrés à Madagascar. Vingt et une lettres du P, Godefroid Madelaine en 1901, in: AnPraem 73, 105–135.

Directorium Spirituale 1959: Directorium Spirituale Ordinis Praemonstratensis, Averbode

Dolista, Karel (Hg.), 1975–1978: Acta capitulorum triennalium et annalium circariae Bohemiae ordinis Praemonstratensis inde ab anno 1466 usque ad annum 1516, in: AnPraem 51–54, Editio textus mit eigener Paginierung

Dolista, Karel (Hg.), 1979: Materialia ad reformationem circariae Hungariae ineunte saeculo XVI, in: AnPraem 55, 214–225

Dolista, Karel (Hg.) 1985: Reformatio monasterii Teplensis saeculo decimo quinto exeunte (Fontes historici), in: AnPraem 61, 203–256

Dolista, Karel (Hg.), 1987–1989, Circaria Bohemiae, abbas Praemonstratensis et capitulum generale 1142–1541, in: AnPraem 63, 221–253; 64, 143–165, 288–341; 65, 273–319

Dolista, Karel/Leinsle, Ulrich G. (Hgg.), 2016: Ergänzungen zu den Provinzialkapiteln der Böhmischen Zirkarie und der kaiserlichen Provinzen 1641–1727, in: AnPraem 92, 102–313

Dolista, Karel/Leinsle, Ulrich G. (Hgg.), 2017: Die Provinzialkapitel der Böhmischen Zirkarie und der kaiserlichen Provinzen 1733–1780, in: AnPraem 93, 76–285

Evers, J. J. 1932: Formularium Praemonstratense II, Tongerlo

Herlet, Friedrich 1693: Isagoge sive introductio ad vitae spiritualis perfectionem, Sulzbach

Hériman de Tournai 2008: Les miracles de Sainte Marie de Laon, Edité, traduit et annoté par Alain Saint-Denis, Paris

Hermann von Tournai 1853: De miraculis S. Mariae Laudunensis, in: PL 156, 963–1018

Hermann von Tournai 1856: De miraculis S. Mariae Laudunensis, in: MGH SS 12, 653–660

Hertel, Gustav 1895: Leben des heiligen Norbert, Erzbischofs von Magdeburg, Leipzig

Hirnhaim, Hieronymus 1676: S. Norberti ... Sermo enucleatus, Prag

Hirnhaim, Hieronymus 1678: Meditationes pro singulis anni diebus, Prag

Hugo Charles Louis 1734–1736: Sacri et Canonici Ordinis Praemonstratensis Annales, 2 Bde., Nancy, ND Averbode 1999

Jansen, Hubertus P. H./Janse, A. (Hgg.), 1991: Kroniek van het klooster Bloemhof te Wittewierum, Hilversum

Kallfelz, Hatto 1973: Lebensbeschreibungen einiger Bischöfe des 10.–12. Jahrhunderts, Darmstadt

Kirakosian, Racha 2017: Die Vita der Christina von Hane. Untersuchung und Edition, Berlin

Klessel, Georg 1665: Oliva sacrarum meditationum, Ravensburg

Konstitutionen 1980: Konstitutionen des Ordens der Prämonstratenserchorherren, Linz.

Krings, Bruno 1993: Das Ordensrecht der Prämonstratenser vom späten 12. Jahrhundert bis zum Jahr 1277. Der Liber consuetudinum und die Dekrete des Generalkapitels, in: AnPraem 69, 107–242

Krings, Bruno 2007: Die Statuten des Prämonstratenserordens von 1244/46 und ihre Überarbeitung im Jahr 1279, in: AnPraem 83, 5–127

Lagerwey, Walter (Hg.), 1996: Letters Written in Good Faith. The Early Years of the Dutch Norbertines in Wisconsin, De Pere

Lairuelz, Servais de 1613: Optica regularium, Pont-à-Mousson

Lairuelz, Servais de, 1623: Catechismus Novitiorum et eorundem Magistri, Pont-à-Mousson

Lambooij, Herman Th. M. 2008: Sibrandus Leo en zijn abtenkronieken van de Friese premonstratenzerkloosters Lidlum en Mariengaarde, Hilversum

Lambooij, Herman Th. M./Mol Johan A. (Hgg.), 2001: Vitae Abbatum Orti Sancte Marie. Vijf abtenlevens van het klooster Mariëngaarde in Friesland, Hilversum/Leeuwarden

Landtmeter, Laurentius 1621: Commentarius brevis ad regulam Sanctissimi Patris Augustini, Leuven

Lavagne d'Ortigue, Xavier 2006: Textes concernant les prémontrés de France, 1766–1788, in: AnPraem 82, 5–282

Le Paige, Jean 1633: Bibliotheca Praemonstratensis Ordinis, 2 Bde., Paris; ND Averbode 1998

Lefèvre, Placide (Hg.), 1941: L'Ordinaire de Prémontré, Louvain

Lefèvre, Placide (Hg.), 1946: Les statuts de Prémontré, reformés sur ordre de Grégoire IX et Innocence IV au XIIIe siècle, Louvain

Lefèvre, Placide (Hg.), 1954: Les actes de la Congregation nationale des Prémontrés belges à la fin du XVIIIe saec, in: AnPraem 50, 218–235

Lefèvre, Placide/Grauwen, Wilfried M. (Hgg.) 1978: Les statuts de Prémontré au milieu du XIIe siècle, Averbode

Leinsle, Ulrich G. (Hg.), 2002: Das Tagesordnungsbuch (Diurnus) und die Schulordnung der Reichsabtei Roggenburg 1785–1701, in: AnPraem 78, 5–277

Leinsle, Ulrich G. (Hg.), 2003 a: Das Relictum Visitationis Servatius de Lairuelz' für die Abtei Windberg 1614, in: AnPraem 79, 161–178

Leinsle, Ulrich G. (Hg.), 2004: Das Directorium Consuetudinarium des Stiftes Schlägl, 1765–1783, in: AnPraem 80, 166–265

Leinsle, Ulrich G. (Hg.), 2009: Das Directorium Prioris der Abtei Oberzell, 1770–1802, in: AnPraem 85 (2009), 121–189

Leinsle, Ulrich G. (Hg.), 2013: Die Akten der Provinzialkapitel der Bayerischen Prämonstratenser-Zirkarie 1601–1761, Averbode

Lienhardt, Georg 1754: Exhortator domesticus, Augsburg

Lienhardt, Georg 1761: Disciplina tyrocinii, Augsburg

Lienhardt, Georg 1764: Ephemerides Hagiologicae, Augsburg

Lienhardt, Georg 1789–1779: Iter trium dierum in solitudine, 3 Bde., Augsburg/Memmingen

Lienhardt, Georg 1782: Lignum pomiferum, Augsburg

Martène, Edmond 1737: De antiquis ecclesiae ritibus, Bd. 3, Rotomagi

Murer, Jacob 1977: Weißenauer Chronik des Bauernkrieges von 1525, hg. von Günther Franz unter Mitarbeit von Werner Fleischhauer, Sigmaringen

Niemeyer, Gerlinde/Ehlers-Kisseler, Ingrid/Lukas,Veronika (Hgg.), 2005: Die Viten Gottfrieds von Cappenberg, Hannover

Pichler, Isfried H. 2003: Urkundenbuch des Stiftes Schlägl, Schlägl

Pycke, Jacques/Vleeschouwers, Cyriel 2015: Les actes des évêques de Noyon-Tournai (7e siècle–1146,1148), 2 Bde., Tournai

Rajman, Jerzy/Leinsle Ulrich G. (Hgg.), 1999: Das »Decretum Reformationis« der Kanonie Zwierzyniec von 1853, in: AnPraem 75, 231–279

Rohde, Martin/Leinsle Ulrich G. (Hgg.), 2010: Dokumente zur Geschichte der Schwäbischen Zirkarie 1791–1795 im Kopialbuch des P. Innozenz Bamberger von Weißenau, in: AnPraem 86, 235–271

Rupertus Tuitiensis 2012: Opera apologetica, Turnhout

Sailer, Sebastian 1771: Das Jubilierende Marchtall, Marchtal

Šidlovský, Evermod G. 2007: Abt Hieronymus Zeidlers Diarium aus den Jahren 1869–1870, in: Annuarium Historiae Conciliorum 39, 209–454

Slüter, Wilhelm 1693: Oliva nova sacrarum concionum, Köln

Stainmayr, Michael 1694: Lauretanus Volucrum Hortus, München

Statuta 1588: S. Ordinis Praemonstratensis Statuta et Decreta antiqua ... studio et opera ... Ioannis Queswitii, Vratislaviae

Statuta 1632: Statuta Candidi et Canonici Ordinis Praemonstratensis Renovata, Paris

Statuta 1725: Statuta Candidi et Canonici Ordinis Praemonstratensis Renovata, 2. Aufl. Étival

Statuta 1773: Statuta Sacri et Canonici Praemonstratensis Ordinis, Renovata jussu Regis Christianissimi, Et auctoritate Capituli Nationalis, anni 1770, Paris

Statuta 1776: Statuta Candidi et Canonici Ordinis Praemonstratensis Renovata, 3. Aufl. Étival

Statuta 1859: Statuta Congregationis Canonicorum Regularium sacri candidi Ordinis Praemonstratensis in Imperio Austriae, Prag

Statuta 1947: Sacri, Candidi et Canonici Ordinis Praemonstratensis Statuta Renovata, Tongerlo

Steynen, J. E., Capitula Provincialia Circariae Brabantiae, O. Praem. (1620–1643), in: AnPraem 17/18, Editio textus mit eigener Paginierung

Strelin, Bernhard 1751: Duo puncta sacrarum meditationum, Augsburg

Suárez, Francisco 1856–1878: Opera omnia, 26 Bde., Paris

[Uebelacker, Franz G.] 1784: Der von seinem Ursprunge an bis auf diese Stunde in seiner Blöße dargestellte Mönch, oder Frag: Was sind Prälaten?, Pfaffenhausen

Valvekens, Emiel (Hg.), 1925: Capitula Provincialia Circariae Sueviae (1578–1688), Tongerlo

Valvekens, Emiel (Hg.), 1940 a: Les Chapitres Généraux de l'Abbé-Général Jean Despruets (1572–1596), in: AnPraem 16 (1940), Editio textus mit eigener Paginierung

Valvekens, Emiel (Hg.), 1954–1958: Acta et documenta Joannis de Pruetis Abbatis Praemonstratensis († 1596), in: AnPraem 30, 236–278; 31, 136–158, 253–279; 32, 102–144, 293–336; 33, 82–140, 318–329; 34, 51–95, 243–252

Valvekens, Jan Baptist (Hg.), 1960–1966: Capitula Provincialia Provinciae Bohemiae, Moraviae, Austriae ac Silesiae O. Praem. (1641–1727), in: AnPraem 36–42, Editio textus mit eigener Paginierung

Valvekens, Jan Baptist (Hg.), 1973: Relictum Visitationis peractae a Servatio de Lairuelz (1624) in Bohemia, in: AnPraem 49, 284–301

van der Velden, George M. 1982: Documenten betreffende de Orde van Prémontré, verzameld door Merselius van Macharen in 1445, in: AnPraem 58, 35–95

Van Waefelghem, Raphael 1913: Les premiers statuts de l'ordre de Prémontré, in: Analectes de l'Ordre de Prémontré 9, mit eigener Paginierung

Verheijen, Luc 1967: La règle de Saint Augustin, 2 Bde., Paris

Vita Norberti A, ed. Roger Wilmans, in: MGH SS 12, 663–703

Vita Norberti B, in: PL 170, Sp. 1235–1344

Weyns, Norbert I. (Hg.), 1968: Sacramentarium Praemonstratense, Averbode

Weyns, Norbert I. (Hg.), 1973: Antiphonale Missarum Praemonstratense, Averbode

Wyclif, John 1883: Polemical Works in Latin. Hg. von Rudol Buddensieg, London, ND New York u. a. 1966

Literaturverzeichnis

Aerts, Erik. 1989: De sekwestratie van de Brabantse premonstratenzerabdijen (1789) in de briefwisseling van de Rekenkamer, in: AnPraem 65, 246–272

Al, Petrus, 1969: Leonhard Goffiné (1648–1719), sein Leben, seine Zeit, seine Schriften, Averbode

Amacher, Urs 2002: Rüti, in: HS IV,3, 501–532

Amiste Wolbrink, Shelly 2014: Necessary Priests and Brothers: Male-Female Cooperation in the Premonstratensian Women's Monasteries of Füssenich and Meer, 1140–1260, in: Griffith, Fiona J./Hotchin, Julie. (Hgg.), Partners in Spirit. Women, Men and Religious Life in Germany, 1150–1500, Turnhout, 171–212

Andermatten, Bernard 2002: Lac de Joux, in: HS IV,3, 451–500.

Appelmans, Janick 2000: Thierry de Tuldel et les Prémontrés brabançons face à la commende (1470–1481), in: AnPraem 86, 158–220

Ardura, Bernard 1984: Au centre de la fusion entre la Congrégation de France et l'Ordre de Prémontré, le chapitre d'Union de 1896, in: AnPraem 60, 85–115

Ardura, Bernard 1993: Abbayes, prieurés et monastères de l'ordre de Prémontré en France des origines à nos jours, Nancy

Ardura, Bernard 1995: Prémontrés. Histoire et spiritualité, Saint-Etienne

Ardura, Bernard 1999: L'Union de la Congregation des Prémontrés de France à l'Ordre de Prémontré en 1898, in: AnPraem 75, 100–127

Ardura, Bernard 2010: Nicolas Psaume, Pionnier de la réforme catholique, Nancy

Ardura, Bernard 2012: Les collèges de l'ordre de Prémontré du Moyen Âge au concile de Trente, in: Sohn, Andreas/Verger, Jacques (Hgg.), Die regulierten Kollegien im Europa des Mittelalters und der Renaissance, Bochum, 179–193

Backmund, Norbert 1953: Die Visitation der polnischen Zirkarie durch Abt Questenberg im Jahre 1617, in: AnPraem 29, 238–245

Backmund, Norbert 1972: Die mittelalterlichen Geschichtsschreiber des Prämonstratenserordens, Averbode

Backmund, Norbert 1974: Die letzten Jahre der Bayrischen Zirkarie, in: AnPraem 50, 112–118

Backmund, Norbert 1977: Neues zur Struktur der alten Kataloge, in: AnPraem 53, 152–157

Backmund, Norbert 1980: Spätmittelalterliche Reformbestrebungen im Prämonstratenserorden, in: AnPraem 56, 196–204

Backmund, Norbert 1986: Geschichte des Prämonstratenserordens, Grafenau

Bayer, Petrus A. 2016: Konfessionalisierung im klösterlichen Umfeld. Die Entwicklung frühneuzeitlicher Religiosität in den Pfarren des Stiftes Schlägl (1589–1665), Münster

Berges, Wilhelm 1955/56: Reform und Ostmission im 12. Jahrhundert, in: Wichmann-Jahrbuch 9/10, 31–44

Binder, Helmut (Hg.), 1995: 850 Jahre Prämonstratenserabtei Weißenau 1145–1995, Sigmaringen

Blumenthal, Uta-Renate 2001: Gregor VII. Papst zwischen Canossa und Kirchenreform, Darmstadt

Bolom-Kotari, Martina 2016: Seals of Moravian Praemonstratensian Canonries in the Seventeenth and Eighteenth Centuries, in: AnPraem 92, 65–101

Bomm, Werner 2003: Anselm von Havelberg, Epistola apologetica. Über den Platz der ›Prämonstratenser‹ in der Kirche des 12. Jahrhunderts. Vom Selbstverständnis eines frühen Anhängers Norberts von Xanten, in: Crusius/Flachenecker (Hgg.), 2003, 107–183

Bond, James 1993: The Premonstratensian Order. A Preliminary Survey of its Growth and Distribution in Medieval Europe, in: Carver, Martin (Hg.), In Search of Cult. Archeological Investigations in Honour of Philip Rahtz, Woodbridge, 153–185

Borremans, Jules 1914: Le chant liturgique traditionnel des prémontrés, Malines

Brandmüller, Walter 1997: Das Konzil von Konstanz, Bd. 2, Paderborn

Brenner, Bernhard 2011: Normen und Reformen in ostschwäbischen Augustiner-Chorherrenstiften. Ihre Bedeutung für Ordensverfassung und Selbstverständnis, Augsburg

Clyne, Miriam 2018: Premonstratensian Settlement in the Czech Lands and Ireland, 1142–1250, in: The Journal of Medieval Monastic Studies 7, 127–152

Colvin, Howard M. 1951: The White Canons in England, Oxford

Constable, Gilles1996: The Reformation of the Twelfth Century, Cambridge u. a.

Crusius, Irene 2003: ... ut nulla fere provincia sit in partibus Occidentis, ubi eiusdem religionis congregationes non inveniantur ... Prämonstratenser als Forschungsaufgabe, in: Crusius/Flachenecker (Hgg.), 2003, 11–32

Crusius, Irene/Flachenecker, Helmut (Hgg.), 2003: Studien zum Prämonstratenserorden, Göttingen

Cygler, Florent 2002: Das Generalkapitel im hohen Mittelalter. Cistercienser, Prämonstratenser, Kartäuser und Cluniazenser, Münster

Dauzet, Dominique-Marie 2001: Marie Odiot de la Paillonne fondatrice des Norbertines de Bonlieu Drome, 1840–1905, Turnhout

Dauzet, Dominique-Marie/Plouvier, Martine (Hgg.), 1998: Les prémontrés et la Lorraine, XIIe –XVIIIe siècle, Paris

De Clerck, Donatiaan 1957: Disquisitio iuridica de visitatoribus in Ordine Praemonstratensi, in: AnPraem 33, 193–216

De Clerck, Donatiaan/Wolf, Gabriel 2013: Hagiologion. Lebensbilder der Heiligen, Seligen und großen Gestalten des Prämonstratenser-Ordens. Erweiterte Neuauflage, Windberg

Deckers, H. L. 1960–1961: Die geschichtliche Bedeutung der Prämonstratenser mit besonderer Berücksichtigung ihrer mittelalterlichen Niederlassungen im Rheinland, in: AnPraem 36, 247–286; 37, 31–74. 243–261

Degler-Spengler, Brigitte 2002: Die Ordenbeziehungen der schweizerischen Prämonstratenserklöster in der Neuzeit: Filiationen, Zirkarien, Generalkapitel, in: HS IV,3, 45–47

Delcambre, Etiene 1964: Servais de Lairuelz et la réforme des prémontrés, Averbode

Doepner, Thomas 1999: Das Prämonstratenserinnenkloster Altenberg im Hoch- und Spätmittelalter, Marburg

Dolista, Karel 1974: Die Triennal- und Annualkapitel der sächsischen Zirkarie des Prämonstratenserordens, in: AnPraem 50, 70–111

Dolista, Karel 2003: Der Prämonstratenser-Orden in Tschechien, in: Crusius/Flachenecker (Hgg.), 2003, 617–650

Dolista, Karel 2009: Strahov und Milevsko, in: AnPraem 85, 191–202

Dölken, Clemens (Hg.), 2010: Norbert von Xanten und der Orden der Prämonstratenser. Sammelband zur historischen Vortragsreihe im Norbertusjahr 2009/10 in Magdeburg, Magdeburg

Dora, Cornel 2002: Berg Sion, in: HS IV,3, 181–216.

Ehlers-Kisseler Ingrid 1997: Die Anfänge der Prämonstratenser im Erzbistum Köln, Köln u. a.

Ehlers-Kisseler, Ingrid 2002: Norm und Praxis bei den Prämonstratensern im Hochmittelalter, in: Melville/Müller 2002, 336–387

Ehlers-Kisseler Ingrid 2003: Die Entwicklung des Pitanz- und Pfründenwesens in den Stiften des Prämonstratenserordens, in: Crusius/Flachenecker (Hgg.), 2003, 399–461

Ehlers-Kisseler, Ingrid 2005: Entstehung und Entwicklung der Westfälischen Zirkarie im Mittelalter, in: AnPraem 81, 35–63

Elm, Kaspar 2003: Hugo von Fosses. Erster Abt von Prémontré und Organisator des Prämonstratenserordens, in: Crusius/Flachenecker (Hgg.), 2003, 57–74

Elm, Kaspar 1984: (Hg.), Norbert von Xanten. Adliger – Ordensstifter – Kirchenfürst, Köln

Elm, Kaspar (Hg.), 1989: Reformbemühungen und Observanzbestrebungen im spätmittelalterlichen Ordenswesen, Berlin

Escher, Felix,1989: Landesherr und Reformen in brandenburgischen Prämonstratenserklöstern, in: Elm 1989, 515–519

Falkner, Andreas 1969: Geschichte der Theologischen Fakultät der Universität Innsbruck 1740–1773, Innsbruck

Fasbender, Christoph 2019: Do wart och Mildenfort reformert. Neue Einblicke in die alte Mildenfurther Stiftsbibliothek, Chemnitz/Jena

Felten, Franz Josef 1984: Norbert von Xanten. Vom Wanderprediger zum Kirchenfürsten, in: Elm 1984, 69–157

Felten, Franz Josef 2003: Die Kurie und die Reformen im Prämonstratenserorden im hohen und späten Mittelalter, in: Crusius/Flachenecker (Hgg.), 2003, 349–398

Felten, Franz Josef 2005: Zwischen Berufung und Amt. Norbert von Xanten und seinesgleichen im ersten Viertel des 12. Jahrhunderts, in: Andenna, Giancarlo

u. a. (Hgg.), Charisma und religiöse Gemeinschaften im Mittelalter, Münster, 103–149

Felten, Franz Josef 2006: Norbert von Xanten und seine ersten Stifte. Beobachtungen zur rechtlichen Stellung und inneren Struktur, in: Flachenecker/Weiß (Hgg.) ,2006, 1–32

Felten Franz Josef 2010: Norbert von Xanten, die Gründung von Prémontré und die Entstehung des Prämonstratenserordens, in: Dölken 2010, 7–34

Felten, Franz Josef 2011: Gregor IX. als Reformer von Orden und Klöstern, in: Società Internazionale di Studi Francescani, Gregorio IX e gli ordini mendicanti, Spoleto, 3–71

Feuerer, Thomas 2008: Die Klosterpolitik Herzog Albrechts IV. von Bayern, München

Fischer, Magda 2003: Geraubt oder gerettet? Die Bibliotheken säkularisierter Klöster in Baden und Württemberg, in: Rudolf 2003, 1263–1296

Flachenecker, Helmut 2002: Consuetudines und Seelsorge. Zum Selbstverständnis der Prämonstratenser, in: Melville/Müller 2002, 295–333

Flachenecker, Helmut 2003: Das Zirkariesystem der Prämonstratenser am Beispiel Schwabens, in: Rottenburger Jahrbuch für Kirchengeschichte 22, 13–29

Flachenecker, Helmut 2007: Grundzüge der Wirtschaftsverwaltung von Prämonstratenserstiften, in: Lorenz, Sönke (Hg.), Stift und Wirtschaft. Die Finanzierung des geistlichen Lebens im Mittelalter, Ostfildern, 45–59

Flachenecker, Helmut 2009: Die Rolle der Prämonstratenser im Ostseeraum, in: Auge, Oliver/Biermann, Felix/Herrmann, Christopher (Hgg.), Glaube, Macht und Pracht. Geistliche Gemeinschaften des Ostseeraums im Zeitalter der Backsteingotik, Rahden/Westf., 323–337

Flachenecker, Helmut/Weiß, Wolfgang (Hgg.), 2006: Oberzell. Vom Prämonstratenserstift (bis 1803) zum Mutterhaus der Kongregation der Dienerinnen der Kindheit Jesu, Würzburg

Franz, Isfried R. 1943: Die niederösterreichischen Praemonstratenser in den Stürmen der Glaubensspaltung, Diss. Wien

Frederix, P. 1970 a: Frans Thomas Corselis, Apostolisch Visitator van de Regulieren in België, in: AnPraem 46, 61–73

Frederix, P. 1970 b: De premonstratenzers en visitator Corselis, in: AnPraem 46, 264–298

Fuchs, Bernhard 2016: Das Kloster Speinshart zwischen Reformation und Wiederbesiedelung (1556–1661), in: Appl, Thomas/Knedlik, Manfred (Hgg.), Oberpfälzer Klosterlandschaft, Regensburg, 125–137

Fuchs, Franz 2002: Wolle oder Leinen. Zum Streit um den rechten Habit in der Regularkanonikerbewegung des 12. Jahrhunderts, in: Melville/Müller 2002, 219–238

Führer, Julian 2010: L'abbaye de Saint-Victor dans la réforme canoniale, in: Poirel 2010, 57–77

Fuhrmann, Horst 2016: Papst Gregor VII. und das Zeitalter der Reform, Wiesbaden

Gabriel, Astrik L. 1960: Les Prémontrés dans les Universités médiévales dans l'Allemagne du Nord-Est, in: AnPraem 36, 5–15

Gerits, Trudo 1966: Le décret ordonnant la participation des Abbés anglais au Chapitre Général de Prémontré fut-il promulgé en 1182 ?, in: AnPraem 42, 133–137

Gerits, Trudo 1971: Betekenis en spiritualiteit van de lekebroeders in de middeleeuwse observantie van Prémontré, in: Gedenkboek Orde van Prémontré 1121–1971, Averbode, 179–196

Goez, Werner 2000: Kirchenreform und Investiturstreit 910–1122, Stuttgart

Goovaerts, Léon 1899–1916: Ecrivains, artistes et savants de l'ordre de Prémontré, 4 Bde., Brüssel

Grassl, Basil 1934: Der Prämonstratenserorden, seine Geschichte und seine Ausbreitung bis zur Gegenwart, in: AnPraem 10, Supplement mit eigener Paginierung

Grassl, Wolfgang 2012: Culture of Place: An Intellectual Profile of the Premonstratensian Order, Nordhausen

Grauwen, Wilfried M.1975: Lijst van oorkonden waarin Norbertus wordt genoemd, in: AnPraem 51, 139–182

Grauwen, Wilfried M. 1984 a: Inleiding tot de Vita Norberti A, in: AnPraem 60, 5–48

Grauwen, Wilfried M. 1984 b: Die Quellen zur Geschichte Norberts von Xanten, in: Elm 1984, 15–28

Grauwen, Wilfried M. 1986: Norbert, Erzbischof von Magdeburg (1126–1134). Zweite überarbeitete Auflage, übersetzt und bearbeitet von Ludger Horstkötter, Duisburg

Grauwen, Wilfried M. 1990: Inleiding tot de Vita Norberti B, in: AnPraem 66, 123–202

Grauwen, Wilfried M.1992: Norbert als kapelaan van Frederik I van Keulen, in: AnPraem 68, 185–195

Grauwen, Wilfried M. 1994 a: Bartholomaeus von Laon en Norbert op zoek naar een vestigingsplaats, begin 1120, in: AnPraem 70, 199–211

Grauwen, Wilfried M. 1994 b: De vestiging van Prémontré, in: AnPraem 70, 212–225

Grauwen, Wilfied M. 1995: Norbert en de stichting van Floreffe, 1121, in: AnPraem 71, 25–36

Grauwen, Wilfried M. 1996: De regelkeuze en de eerste professie te Prémontré, Kerstmis 1121, in: AnPraem 72, 33–52

Gribbin, Joseph A. 2001: The Premonstratensian Order in Late Medieval England, Woodbridge

Grimminger, Christina 2003: »Festsäle« in Oberpfälzer Klöstern, in: Knedlik/ Schrott 2003, 17–38

Großruck, Johann 1999: Das Stift Schlägl und seine Pfarren im Dritten Reich, Linz

Grundmann, Heinrich 1970: Religiöse Bewegungen im Mittelalter, 4. Aufl. Darmstadt

Halder, Klemens 1999: Die Wiltener Mission in den USA im 19. Jahrhundert, in: AnPraem 75, 37–99

Handgrätinger, Thomas (Hg.), 1984: Gesandt wie ER. Der Orden der Prämonstratenser-Chorherren heute, Würzburg

Hausmann, Germain 2002: Fontaine-André, in: HS IV,3, 345–382.

Heijman, Hugo 1925–1927: Untersuchungen über die Prämonstratenser-Gewohnheiten, in: AnPraem 2, 5–32; 3, 5–27; 4, 5–29, 113–131, 225–241, 351–373

Heimann, Heinz-Dieter 2019: Frömmigkeit transferieren? Traditionskerne und Wandel der Prämonstratenser-/Domkapitel Brandenburg und Havelberg in den Herausforderungen der Reformation des 16. Jahrhunderts, in: AnPraem 95 (im Druck)

Hermann, Ae. 1926: Andreas Sauberer, erster Abt von Jászó, in: AnPraem 2, 357–373

Hersche, Peter 1989: Intendierte Rückständigkeit: Zur Charakteristik des geistlichen Staates im Alten Reich, in: Schmidt, Georg (Hg.), Stände und Gesellschaft im Alten Reich, Wiesbaden 1989, 133–149

Hersche, Peter 2002: Die südwestdeutschen Klosterterritorien am Ende des 18. Jahrhunderts, in: Wüst, Wolfgang (Hg.), Geistliche Staaten in Oberdeutschland im Rahmen der Reichsverfassung, Epfendorf 2002, 53–65

Hersche, Peter 2006: Muße und Verschwendung, Freiburg im Breisgau

Hiestand, Rudolf 1995: Königin Melisendis von Jerusalem und Prémontré, in: AnPraem 71, 77–95

Höing, Norbert 1979/1990: Das Gymnasium Laurentianum zu Arnsberg, 2 Teile, Arnsberg

Hoondert, Martin 2009: The ›Restoration‹ of Plainchant in the Premonstratensian Order, in: Plainsong and Medieval Music 18, 141–161

Horstkötter, Ludger 1967: Die Anfänge des Prämonstratenser-Stiftes Hamborn, Duisburg

Horstkötter, Ludger 1978: Zur Reform der Vita canonica im Prämonstratenserorden, in: Melville, Gert (Hg.), Secundum regulam vivere. Festschrift für P. Norbert Backmund O. Praem., Windberg, 407–425

Horstkötter, Ludger 1985: Die Wiederbesiedlung des Klosters Rot (Kreis Biberach) durch Windberger Prämonstratenser im Jahre 1947, in: AnPraem 61, 288–323

Horstkötter, Ludger 1997 a: Art. ›Praemonstratenser‹, in: TRE 27, 167–171

Horstkötter, Ludger 1997 b: Prämonstratenser, in: Dinzelbacher, Peter/Hogg, James L. (Hgg.), Kulturgeschichte der christlichen Orden in Einzeldarstellungen, Stuttgart, 313–328

Horstkötter, Ludger 2003: Zum inneren Leben in einigen Prämonstratenser-Klöstern des nördlichen Rheinlands zwischen 1450 und 1500, in: Crusius/Flachenecker (Hgg.), 2003, 463–515

Horstkötter, Ludger 2004: Norbert von Xanten (1080–1134), Stiftsherr, Bußprediger, Ordensgründer und Reichsfürst, dargestellt anhand von 35 Gravuren der Antwerpener Gebrüder Galle aus dem Jahre 1632, in: Greuenich, Dieter (Hg.), Xantener Vorträge zur Geschichte des Niederrheins, 121–178

Horstkötter, Ludger 2006: Das Magdeburger Domkapitel weigert sich 1604, die Gebeine des hl. Norbert an Kaiser Rudolf II. abzugeben, in: AnPraem 82, 353–355

Horstkötter, Ludger 2007: Die Leutesdorfer Johannesschwestern und Johannesmissionare und ihre Zugehörigkeit zu den Prämonstratensern (1928–1956), in: AnPraem 83, 204–243

Huber, Augustinus 1950-1952: Das Stift Tepl im Aufklärungszeitalter, in: AnPraem 26, 41–66; 27, 28–50, 81–101; 28, 16–45

Huebner, Dietmar von 2001: Frühe Zeugnisse prämonstratensischer Choraltradition (1126–1331). Studie zu den Offiziumsantiphonen des Prämonstratenserordens, 3 Bde., München

Hummel, Heribert 1980: Ein Brevierdruck für die Prämonstratenserabtei Adelberg vom Jahr 1490, in: AnPraem 56, 205–228

Hummel, Heribert 1983: Katalog der Inkunabeln der Stiftsbibliothek Schlägl, Linz

Joester, Irmgard 2013: Die Wirtschaft der Steinfelder Prämonstratenser, in: AnPraem 89, 307–335

Joester, Irmard 2018 a: Das Prämonstratenserstift Steinfeld, Göttingen

Joester, Irmgard 2018 b: Der Besitz des Prämonstratenserstiftes Steinfeld, Göttingen

Joester, Irmgard 2018 c: Die Stellung der Abtei Steinfeld im Prämonstratenserorden, in: AnPraem 94, 5–32

John, James J. 1966: The Canons of Prémontré at the Mediaeval University of Vienna, in: AnPraem 42, 48–85

John, James J. 1967: The University Career of Bishop Stephen Bodeker (1384–1459) of Brandenburg with the Text of his Repetition on the Judge and his Conscience, in: Domonkos, Leslie S./Schneider, R. J. (Hgg.), Studium Generale. Studies offered to Astrik L. Gabriel, Notre Dame, Ind. 131–157

King, Archdale A. 1955: Liturgies of the Religious Orders, Milwaukee

Klueting, Edeltraud 2005: Monasteria semper reformanda. Kloster- und Ordensreformen im Mittelalter, Münster

Klueting, Harm 2003: Staat und Kirche. Säkularisation und Säkularisierung von der Reformation bis 1803, in: Rudolf 2003, Bd. 2,1, 65–76

Knedlik, Manfred 2003: Theaterpflege in Oberpfälzer Prälatenklöstern des 18. Jahrhunderts, in: Knedlik/Schrott 2003, 115–140

Knedlik, Manfred/Schrott, Georg (Hgg.), 2003: Solemnitas. Barocke Festkultur in Oberpfälzer Klöstern, Kallmünz

Koufen, Hubert 2009: Die Anfänge des schwäbischen Prämonstratenserstiftes Schussenried, in: AnPraem 85, 31–48

Kovács, Andreas E. 1995: Die Wiederherstellung der unter Kaiser Joseph II. aufgehobenen Prämonstratenser-Propstei Csorna im Jahre 1802, in: AnPraem 71, 193–202

Kovács, Andreas E. 1998: Die Prämonstratenser in Ungarn und ihre kulturellen Leistungen, in: AnPraem 74, 41–48

Kovács, Andreas E. 2000: Die Prämonstratenser in Ungarn zur Zeit des Freiheitskampfes 1848/49, in: AnPraem 76, 221–235

Kovács, Andreas E., Der Prämonstratenser-Orden in Ungarn, in der Slowakei und in Rumänien von 1919 bis zum Jahr 2000, in: Crusius/Flachenecker (Hgg.), 2003, 651–668

Kovács, Imre E./Legeza, László 2002: Premontreiek, Budapest, 2. Aufl. Csorna 2016

Kretzschmar, Robert 2002: Alte Archive – neue Herren, in: Rudolf 2002, Bd. 2.2, 1249–1262

Krings, Bruno 1990: Das Prämonstratenserstift Arnstein an der Lahn im Mittelalter (1139–1527), Speyer

Krings, Bruno 2000: Zum Ordensrecht der Prämonstratenser bis zur Mitte des 12. Jahrhunderts, in: AnPraem 76, 9–28

Krings, Bruno 2003: Die Prämonstratenser und ihr weiblicher Zweig, in: Crusius/Flachenecker (Hgg.), 2003, 75–105

Krings, Bruno 2009: Die Frauenklöster der Prämonstratenser in der Pfalz, in: Jahrbuch für westdeutsche Landesgeschichte 35, 112–202

Kroll, Hildegard 1978: Expansion und Rekrutierung der Prämonstratenser 1120–1150, in: AnPraem 54, 36–56

Kubin. Petr 2019: Der selige Hroznata von Tepl im Lichte der neueren Forschung. in: AnPraem 95 (im Druck).

Kuchařová, Hedvika 2011: Premonstrátká kolej Norbertinum v Praze, Prag

Kugler, Hermann Josef 1992: Hermann Josef von Steinfeld (um 1160–1241) im Kontext christlicher Mystik, St. Ottilien

Landau, Peter 2003: Der Begriff *ordo* in der mittelalterlichen Kanonistik, in: Crusius/Flachenecker (Hgg.), 2003, 185–199

Lauwers, Aemilius 1965: Conditio iuridica Ordinis Praemonstratensis medio saeculo decimo tertio, in: AnPraem 41, 5–34

Lavagne d'Ortigue, Xavier 1971: Quelques vues sur l'ordre de Prémontré en France et dans le Saint-Empire à la fin du XVIIIe siècle, in: AnPraem 47, 33–41

Lavagne d'Ortigue, Xavier 1972: Hervé-Julien Le Sage (1957–1832), in: AnPraem 48, 327–364

Lavagne d'Ortigue, Xavier 1983: L'election de P.-A. Parchappe de Vinay 27 février 1758, in: AnPraem 59, 288–315

Lavagne d'Ortigue, Xavier 1991: Les prémontrés en France, et la suppression des ordres monastiques, 1766–1792, in: AnPraem 67, 232–261

Lavagne d'Ortigue, Xavier 1992: Mort, violence, déportation, ou : les prémontrés françaises victimes de la Révolution (1791–1799), in: AnPraem 68, 264–301

Lavagne d'Ortigue, Xavier 1994: L'Èglise constitutionelle et les prémontrés de France de 1790 à 1792, in: AnPraem 70, 102–132

Lavalleye, J. 1925: La suppression de prieurés de norbertines en 1783, in: AnPraem 1, 78–79

Leclercq, Jean 1963: Drogon et Saint Bernard, in: Revue Bénédictine 63, 116–131

Lees, Jay T. 1998: Anselm of Havelberg. Deeds into Words in the Twelfth Century, Leiden u. a.

Lefèvre, J. 1927: Le prélude de la suppression des abbayes par Joseph II. 1781–1782, in: AnPraem 3, 113–124

Lefèvre, Placide 1950: Une tentative de transférer en Belgique le corps de saint Norbert (1613–1626), in: AnPraem 26, 113–126

Lefèvre, Placide 1957: La liturgie de Prémontré. Histoire, formulaire, chant et cérémoniel, Averbode

Lefèvre, Placide 1968: L'Antiphonale psalterii d'après le rite prémontré, in: AnPraem 44, 247–274

Lehner, Ulrich L. 2011: Enlightened Monks, Oxford

Leinsle, Ulrich G. 1978: Vivianus von Prémontré. Ein Gegner Abaelards in der Lehre von der Freiheit, Averbode

Leinsle, Ulrich G. 1995: Weißenau im Rahmen der Prämonstratenserkultur Oberschwabens, in: Binder 1995, 9–36

Leinsle, Ulrich G. 1996: Die Ordensreform des 17. Jahrhunderts im Alltag einer schwäbischen Reichsabtei, in: AnPraem 72, 200–234

Leinsle, Ulrich G. 2000: Studium im Kloster. Das philosophisch-theologische Hausstudium des Stiftes Schlägl 1633–1783, Averbode

Leinsle, Ulrich G. 2001: »Deo militans clericus« – Rittertum und Krieg im Werk Philipps von Harvengt, in: AnPraem 77, 94–120

Leinsle, Ulrich G. 2003 b: Zur rechtlichen Ordnung prämonstratensischer Seelsorge im Mittelalter, in: Rottenburger Jahrbuch für Kirchengeschichte 22, 31–45

Leinsle, Ulrich G. 2003 c: Festdisputationen in Prälatenklöstern, in: Knedlik/Schrott 2003, 101–114

Leinsle, Ulrich G. 2003 d: »Charitati militare« – Der klösterliche Kampf um den Frieden nach Adamus Scotus († 1212), in: AnPraem 79, 5–24

Leinsle, Ulrich G. 2006: Servatius de Lairuelz und Juan Caramuel Lobkowitz OCist, in: AnPraem 82, 283–320

Leinsle, Ulrich G. 2010: Introduction to Scholastic Theology, translated by M. J. Miller, Washington D.C.

Leinsle, Ulrich G. 2011: Die »Oliva sacrarum meditationum« des Weißenauer Priors Gallus Klessel († 1633), in: AnPraem 87, 98–123

Leinsle, Ulrich G. 2012: »Tunc vertetur scena«. Zu einem Konstruktionsprinzip der Meditationen des Strahover Abtes Hieronymus Hirnhaim (1637–1679), in: AnPraem 88, 68–95

Leinsle, Ulrich G. 2014-2016: Abt Georg Lienhardt von Roggenburg (1717-1783). Studien zu seinem literarischen Werk, in: AnPraem 90, 131-187; 91, 140-192; 92, 5-64

Leinsle, Ulrich G. 2015: Wahl und Resignation des Speinsharter Abtes Eberhard Razer (1771-1778). Eine Abtwahl im Schatten bayerischer Klosterpolitik, in: AnPraem 91, 193-237

Leinsle, Ulrich G. 2018 a: Kollektive Identitäten in spätmittelalterlichen Häresien, in: Friedrich, Udo u. a., Geschichtsentwürfe und Identitätsbildung am Übergang zur Neuzeit, Bd. 2, Berlin/Boston, 42-74

Leinsle, Ulrich G. 2018 b: Eine deutsche Übersetzung und eine Bearbeitung der Statuten von 1630 aus dem Frauenstift Doksany/Doksan, in: AnPraem 94, 71-88

Lentze, Hermann 1964: Studia Wiltinensia, Innsbruck

Lentze, Hermann 1967: Die österreichische Observanz im Prämonstratenserorden, in: Lentze, Hermann/Gampl, Inge (Hgg.), Speculum iuris et ecclesiarum. Festschrift für Willibald M. Plöchl zum 60. Geburtstag, Wien, 217-221

Lentze, Hermann 1971: Die Einheitsobservanz bei den alten Orden in Österreich, in: Lentze, Hermann/Putzer, Peter (Hgg.), Festschrift für Carl Hellbling, Salzburg, 391-418

Lesser, Bertram 2005: Johannes Busch, Chronist der Devotio moderna, Frankfurt am Main

Leyser, Henrietta 1984: Hermits and the New Monasticism. A Study of Religious Communities in Western Europe 1000-1150, London

Lickleder, Hermann 2003: Die Aufhebung des Prämonstratenserstiftes Osterhofen, 1783, in: AnPraem 79, 181-192

Lohrmann, Dieter 1983: Die Wirtschaftshöfe der Prämonstratenser im hohen und späten Mittelalter, in: Patze, Hans (Hg.), Die Grundherrschaft im späten Mittelalter, Sigmaringen, 205-240

Lohrmann, Dieter 1992: Die Erwerbspolitik der Abtei Prémontré unter Norbert von Xanten und Hugo von Fosse (1120-1161), in: Elm, Kaspar (Hg.), Erwerbspolitik und Wirtschaftsweise mittelalterlicher Orden und Klöster, Berlin, 31-50

Lorek, Daniel 2010: Die Erhebung des heiligen Norbert zum Patron für den Jurisdiktionsbezirk Magdeburg 1982, in: AnPraem 86, 172-234

Löschinger, Roman (Hg.), 2017: Abt Georg Lienhardt (1717-1783) und die Roggenburger Klosterkultur seiner Zeit, Roggenburg

Lotter, Friedrich 1977: Die Konzeption des Wendenkreuzzugs. Ideengeschichtliche, kirchenrechtliche und historisch-politische Voraussetzungen der Missionierung der Elb- und Ostseeslawen um die Mitte des 12. Jahrhunderts, Sigmaringen

Mackin, Benjamin 1965: De origine definitorii in Ordine Praemonstratensi, in: AnPraem 41, 193-245

Maier, Konstantin 1975: Auswirkungen der Aufklärung in den schwäbischen Klöstern, in: Zeitschrift für Kirchengeschichte, 329-335

Marton, Hugo 1962 a: Initia capituli generalis in fontibus historicis Ordinis, in: AnPraem 38, 43–69

Marton, Hugo 1962 b: Status iuridicus monasteriorum »Ordinis« Praemonstratensis primitivus, in: AnPraem 38, 191–265

Marton, Hugo: 1963 a: Figura iuridica capituli generalis prout in statutis ordinis et documentis pontificiis saec. XII apparet, in: AnPraem 38, 5–54

Marton, Hugo 1963 b: Praecipua testimonia de activitate capitulorum generalium saeculi XII, in: AnPraem 39, 209–243

Meier, Johannes 2003: Die nordwestdeutschen Prämonstratenser angesichts von Verfall und Reform des Ordens 1350–1550, in: AnPraem 89, 25–56

Meier, Johannes 2007: Die Prämonstratenser und Prämonstratenserinnen, in: Jürgensmeier, Friedhelm/Schwerdtfeger, Regina Elisabeth (Hgg.), Orden und Klöster im Zeitalter von Reformation und katholischer Reform 1500–1700, Münster, Bd. 3, 11–38

Melville, Gert 2003: Zur Semantik von *ordo* im Religiosentum der ersten Hälfte des 12. Jahrhunderts. Lucius II., seine Bulle vom 19. Mai 1144 und der »Orden« der Prämonstratenser, in: Crusius/Flachenecker (Hgg.), 2003, 201–224

Melville, Gert/Müller, Anne (Hgg.), 2002: Regula Sancti Augustini. Normative Grundlage differenter Verbände im Mittelalter, Paring

Mertens, Dieter 1989: Reformkonzilien und Ordensreform im 15. Jahrhundert, in: Elm 1989, 431–457

Mikeš, Johannes 1974–1975: Das Stift Geras im Josephinismus, in: AnPraem 50, 119–157; 51, 72–101

Milis, Ludo 1969: L'ordre des chanoines réguliers d'Arrouaise. Son histoire et son organisation, de la fondation de l'abbaye-mère vers 1090, à la fin des chapitres annuels (1471), 2 Bde., Brügge

Mišuth, Viktor 2017: Kongregácia sestier premonštrátok. Dejiny, Trnava

Mühleisen, Hans-Otto 2003: Gebietsarrondigung durch Annexion geistlicher Territorien ... Säkularisation als Teil badischer Staatsräson zwischen 1796 und 1806, in: Rudolf 2003, Bd. 2.1, 89–98

Müller, Jörg R. 2011: Die Gründung und Frühzeit der Prämonstratenserabtei Wadgassen im Spiegel der Kirchen- und Territorialpolitik Erzbischof Alberos von Trier, in: AnPraem 87, 10–43

Müller, Max u. a. (Hgg.), 1992: Marchtal. Prämonstratenserabtei – Fürstliches Schloss – Kirchliche Akademie, Ulm 1992

Muraro, Jürg L. 2002: St. Jakob im Prättigau, in: HS IV,3, 335–344.

Neuburger, Andreas 2001: Prämonstratensische Reichspolitik am Ende der Gegenreformation. Die Äbte Johann Christoph Härtlin von Weißenau und Georg Schönhainz von Adelberg und die württembergische Klosterfrage, in: AnPraem 87, 70–97

Oberste, Jörg 1996: Visitation und Ordensorganisation. Formen sozialer Normierung, Kontrolle und Kommunikation bei Cisterziensern, Prämonstratensern und Cluniazensern (12. – frühes 14. Jahrhundert), Münster

Oberste, Jörg 2003: Zwischen uniformitas und diversitas. Zentralität als Kernproblem des frühen Prämonstratenserordens (12./13. Jahrhundert), in: Crusius/Flachenecker (Hgg.), 2003, 225–250

Ossenbrink, Jochen 2011–2012: Die Wirtschaftsgeschichte des Klosters Clarholz, in: AnPraem 87, 124–207; 88, 96–219

Ott, Wolfgang/Scheinhammer-Schmid, Ulrich (Hgg.), 2018: Hexen, Herren, Heilige. Die geistige Welt des Prämonstratensers Sebastian Sailer (1714–1777), Weißenhorn

Palleschi, Francesco 2002: Les dernières écrits d'Adam Scot, Salzburg

Petersen, Stefan 2015: Prämonstratensische Wege nach Rom. Die Papsturkunden der fränkischen und schwäbischen Stifte bis 1378, Köln u. a.

Pichler, Isfried H. 1972: Norbert Schachinger. Zum Gedenken an den fünfzigsten Todestag des Abtes von Schlägl (1885–1922) und Generalabtes des Prämonstratenserordens (1906–1922), in: AnPraem 48, 65–71

Pichler, Isfried H. 1992: Profeßbuch des Stiftes Schlägl, Schlägl

Pies, NorbertJ. 2018: Beatrix von Engelport. Fakten, Legenden und Irrtümer, Erftstadt

Pirchert, C. 1927: Johannes Lohelius, in: AnPraem 3, 135–140. 264–283, 404–422

Plouvier, Martine 1985: L'abbaye de Prémontré aux XVIIe et XVIIIe siècles, 2 Bde., Louvain

Plouvier, Martine 2007: L'abbaye de Prémontré du service de Dieu au soin des hommes, Paris

Plouvier, Martine 2011: Les architectes des abbayes prémontrés en Europe au XVIIIe siècle, in: Dauzet, Dominique-Marie/Plouvier, Martine (Hgg.), L'ordre de Prémontré au XVIIIe siècle, Bern u. a., 187–206

Podevin, Thibaut 2007: Le Père Edmond Boulbon avant son départ de Prémontré. Quelques précisions biographiques (1817–1856), in: AnPraem 83, 172–203

Poirel, Dominique (Hg.), 2010: L'école de Saint-Victor de Paris. Influence et rayonnement du Moyen Âge à l'époque moderne, Turnhout

Prämonstratenserabtei Speinshart (Hg.), 1996: 850 Jahre Prämonstratenserabtei Speinshart. Ausstellungskatalog, Regensburg

Prügl, Josef St. 1978: Schlägl im Josephinismus 1763–1816, Linz

Ramackers, Johannes 1929: Adlige Prämonstratenserstifte in Westfalen und am Niederrhein, in: AnPraem 5, 200–238. 320–343

Ravary, Berthe 1958: Prémontré dans la tourmente revolutionnaire. Vie de J. B. L'Ecuy 1740–1834, Paris

Reck, Josef 1966: 200 Jahre Kloster Berg Sion Gommiswald, Uznach

Rédacteurs du Graduel Prémontré 1933: Le Graduel Prémontré de 1910, in: AnPraem 9, 328–330

Redolfi, Silke 2002: Churwalden in der Neuzeit, in: HS IV,3, 283–291

Reinhardt, Rudolf 1960: Restauration, Visitation, Inspiration. Die Reformbestrebungen in der Benediktinerabtei Weingarten von 1567 bis 1627, Stuttgart

Reinhardt, Rudolf 1973: Die Auswirkungen der nachtridentinischen Kirchenreform auf die wirtschaftliche Entwicklung der Klöster in Oberschwaben, in: Blätter für Deutsche Landesgeschichte 109, 124–138

Rexroth, Frank 2018: Fröhliche Scholastik. Die Wissenschaftsrevolution des Mittelalters, München

Rommens, Rainer 2013: Vita S. Norberti. Leben des hl. Norbert, des Gründers der Prämonstratenser. Grafikzyklus in 20 Kupferstichen der Gebrüder Klauber, Augsburg, mit Texten von P. Sebastian Sailer O. Praem., Neu-Ulm

Rösler, Katrin 2013: Einheit ohne Gleichheit. Aspekte der Konstruktion prämonstratensischer Identität im 12. und 13. Jahrhundert. Diss. TU Dresden

Rudolf, Hans-Ulrich (Hg.), 2003: Alte Klöster, neue Herren. Die Säkularisation im deutschen Südwesten, Ostfildern

Rüttgardt, Antje 2007: Klosteraustritte in der frühen Reformation. Studien zu den Flugschriften der Jahre 1522 bis 1524, Gütersloh

Saulle Hippenmeyer, Immacolata 2002: Chur, St. Luzi, in: HS IV,3, 217–266.

Schenkluhn, Wolfgang 2003: Die Klosteranlagen der Prämonstratenser in Süddeutschland, in: Rottenburger Jahrbuch für Kirchengeschichte 22, 95–106

Schildt-Specker, Barbara 1996: Klosterfrauen und Säkularisation. Prämonstratenserinnen im Rheinland, Essen

Schomers, Florian N. 2004: Abt Heinrich Schuler und das Stift Wilten von 1922 bis 1949, in: AnPraem 80 (2004), 43–163

Schöntag, Wilfried 2012: Das reichsunmittelabare Prämonstratenserstift Marchtal, Berlin/Boston.

Schöntag, Wilfried 2017: Die Marchtaler Fälschungen. Das Prämonstratenserstift Marchtal im politischen Kräftespiel der Pfalzgrafen von Tübingen, der Bischöfe von Konstanz und der Habsburger (1171–1312), Berlin/Boston

Schrader, Franz 1969: Die Visitationen der katholischen Klöster im Erzbistum Magdeburg durch die evangelischen Landesherren 1561–1651, Münster

Schrader, Franz 1977: Ringen, Untergang und Überleben der katholischen Klöster in den Hochstiften Magdeburg und Halberstadt von der Reformation bis zum Westfälischen Frieden, Münster

Schrott, Georg 2015: Orangerien in frühneuzeitlichen Klöstern, in: Studien und Mitteilungen zur Geschichte des Benediktinerordens und seiner Zweige 126, 291–338

Simiński, Rafał 2015: Zarys dziejów klasztoru w Białóbokach, in: Klastor premonstratensów w Białóbokach, Szczecin, 157–196

Slack, Corliss Konwiser 1991–1992: The Premonstratensians and the Crusader Kingdoms in the Twelfth and Thirteenth Centuries, in: AnPraem 67, 207–231; 68, 76–110

Šmahel, František 2002: Die Hussitische Revolution, Hannover

Soder von Güldenstubbe, Erik 2006: Bischof Embricho (1127–46) und seine Stifts- und Klosterpolitik, in: Flackenecker/Weiß 2006, 57–84

Sousedík, Stanislav 2009: Philosophie der frühen Neuzeit in den böhmischen Ländern, Stuttgart-Bad Cannstatt

Spies, Martina 2007: Feuerversicherung, Waisen- und Kreditkassen bei ostschwäbischen Reichsklöstern vor der Säkularisation und ihre Auflösung, München

Sponselee-de Meester, Marjoleion T. A. R. 2003: Het norbertinessenklooster Sint-Catharinadal in de Staatse periode 1626–1795. Portret van een religieuze vrouwengemeenschap in benarde tijden, Hilversum

Stahlheber, Renate 1995 a: Der Norbert-Zyklus im Weißenauer Traditionscodex, in: Binder 1995, 331–374

Stahlheber, Renate 1995 b: Die 13 Weißenauer Tafelbilder der Vita Norberti. Geschichtliche und ikonographische Marginalien zu Entstehung und Verbreitung eines barocken Heiligenzyklus, in: Binder 1995, 375–406

Svec Goetschi, Martina 2015: Klosterflucht und Bittgang. Apostasie und monastische Mobilität im 15. Jahrhundert, Köln u. a.

Tüchle, Hermann 1955: Die Bulle »Unigenitus« und die süddeutschen Prämonstratenser, in: Historisches Jahrbuch 74, 342–350

Tüchle, Hermann 1981: Von der Reformation bis zur Säkularisation. Geschichte der katholischen Kirche im Raum des späteren Bistums Rottenburg-Stuttgart, Ostfildern

Tullner, Mathias 2010: Die Wegführung der Gebeine des heiligen Norbert nach Prag im Jahre 1626, in: Dölken 2010, 35–44

Tuscher, Franz 1976: Das Reichsstift Roggenburg im 18. Jahrhundert, Weißenhorn

Uhl, Eleonore 1971: Dominik Anton Lebschy, Abt von Schlägl und Landeshauptmann von Oberösterreich, Linz

Untermann, Matthias 1984: Kirchenbauten der Prämonstratenser. Untersuchungen zum Problem einer Ordensbaukunst im 12. Jahrhundert, Köln

Untermann, Matthias 2016: Häuser apostolischer Gemeinschaften. Die Konvente der Regularkanoniker, in: Sonntag, Jörg u. a. (Hgg.), Geist und Gestalt. Monastische Raumkonzepte als Ausdrucksformen religiöser Leitideen im Mittelalter, Münster, 91–120

Utz Tremp, Katrin 2002: Gottstatt, in: HS IV, 3, 384–400.

Vaillant, Jean Marc 2008: Mystique et homme d'action: Épiphane Louys, Abbé prémontré d'Étival (1614–1682), Averbode

Valvekens, Emiel 1927: Un tournant de l'histoire de la liturgie prémontrée, in: AnPraem 3, 241–263

Valvekens, Emiel 1930: L'Ordre de Prémontré et le Concile de Trente: Le Chapitre national neerlandais de 1572, in: AnPraem 6, 74–101

Valvekens, Emiel 1934: La »canonisation« de Saint Norbert en 1582, in: AnPraem 10, 10–47

Valvekens, Emiel 1936–1937: Een Premonstratenzerabdij in het begin van de zestiende eeuw, in: AnPraem 12– 13, Supplementum mit eigener Paginierung

Valvekens, Emiel 1938 a: Een Premonstratenzerabdij in het midden der XVIe eeuw, 's-Gravenhage

Valvekens, Emiel 1938 b: Le chapitre général de Prémontré et les nouveaux statuts de 1505, in: AnPraem 14, 53–94

Valvekens, Emiel 1938 c: La situation financière du chapitre général Prémontré au debut du seizième siècle, in: AnPraem 14, 137–188

Valvekens, Emiel 1940 b: Le collège des Prémontrés à Paris au seizième siècle, in: AnPraem 16, 5–40

Valvekens, Emie 1941: Le Cardinal François Pisani, abbé commendataire de Prémontré (25 avril 1535 – octobre 1561), in: AnPraem 17, 65–163

Valvekens, Emiel 1942: Le Cardinal Hippolyte d'Este, abbé commendataire de Prémontré (14 mai 1562 – 2 décembre 1672), in: AnPraem 18, 91–135

Valvekens, Emiel 1946–1949: Les visites canoniques des abbayes prémontrés au seizième siècle, in: AnPraem 22–25, Supplementum mit eigener Paginierung

Valvekens Jan Baptist 1946/47: Prémontrés inscrits à l'Université de Louvain pendant les années 1453–1485, in: AnPraem 22/23, 126–132

Valvekens, Jan Baptist 1954: Johannes Praemonstratensis, in: AnPraem 30, 129–132

Valvekens, Jan Baptist 1959: Capitulum Generale anni 1717 et »Jansenismus«, in: AnPraem 35, 153–163

Valvekens, Jan Baptist 1960 a: Prémontrés inscrits à l'Université de Louvain pendant les années 1485–1527, in: AnPraem 36, 342–345

Valvekens, Jan Baptist 1960 b/1966: De »Jansenismo« in Ordine Praemonstratensi, in: AnPraem 36, 132–140; 42,138–152

Valvekens, Jan Baptist 1971: De erectione statuae S. Patris Norberti in Basilica S. Petri Vaticana, in: AnPraem 47, 232–243

Valvekens, Jan Baptist 1972: De electione Abbatum Generalium Augustini de Roquevert (1740), Brunonis de Bécourt (1741), Antonii Parchappe de Vinay (1758), in: AnPraem 48, 373–384

Valvekens, Jan Baptist 1974 a: Capitulum Generale anni 1738, in: AnPraem 50, 5–69

Valvekens, Jan Baptist 1974 b: De electione Abbatis Generalis Guillelmi Manoury, anno 1769, in: AnPraem 50, 247–253

Van Buyten, Leo 1973: Van Onttakeling tot Nationalisatie, 1750–1796, in: De glans van Prémontré. Oude kunst uit witherenabdijen der Lage Landen, Tentoonstellingscatalogus, Abdij van Park-Heverlee, 15 september–11 november 1973, Leuven, 75–93

Van de Perre, Dirk 2000: Die ältesten Klostergesetzgebungen von Prémontré, Oigny, Cîteaux, Klosterrath und Arrouaise und ihre Beziehungen zueinander, in: AnPraem 76, 29–69

van de Ven, Silvester 1971: De nieuwe konstituties van de orde van Prémontré. Achtergronden en perspektieven, in: Gedenkboek Orde van Prémontré 1121–1971, Averbode, 261–279

Van den Broeck, Gummarus 1967: L'elaboration des Statuts de 1947 dans l'Ordre de Prémontré, Rom

Van den Broeck, Gummarus 1968: Les frères convers dans la législation des prémontrés, in: AnPraem 44, 215–246 van der Velden, George 1989: De materiële toestand van de Abdij van Berne te Vilvoorde in het jaar 1787, in: AnPraem 65, 166–169

Van Dijck, Leo C. 1952: Essai sur les sources du droit prémontré primitif concernant les pouvoirs du »Dominus Praemonstratensis«, in: AnPraem 28, 73–136

Van Dijck, Leo C. 1974–1975: L'affaire Raguet et le problème du gouvernement central de l'ordre de Prémontré au XVIIe siècle, in: AnPraem 50, 171–215; 51, 37–71

Van Dijck, Leo C. 1986–1988: Le Cardinal Richelieu, abbé de Prémontré, in: AnPraem 62, 150–233; 63, 70–88, 175–220; 64, 45–117

Van Dijck, Leo C. 1989: La promotion de Michel Colbert au généralat de l'ordre de Prémontré, in: AnPraem 65, 122–151, 207–245

Van Dyck, Leo C. 1991: L'Abbé Général Despruets et la sécession des circaries belges (1572/74), in: AnPraem 67, 287–294

Van Dyck, Leo C. 1993: Superior Backx van Tongerlo en het norbertijnse parochiepastorat (1839–1868), in: AnPraem 69, 79–106

Van Mingroot, Erik 1972: De bisschoppelijke stichtingsoorkonde voor O. L. Vrouwkapittel en Sint-Michielsabdij te Antwerpen, in: AnPraem 48, 43–64

Van Mingroot, Erik 2008/2013: Hugo van Fosses als kannunik in Fosses-la-Ville en Cambrai (1087/95–1121/23). Bijdrage tot de ontstaansgeschiedenis van de Orde van Prémontré, in: AnPraem 84, 250–477; 89, 5–269

van Moolenbroek, Jaap 2004: Conflict en demonisering. De volksprediker Tanchelm in Zeeland en Antwerpen, in: Jaarboek voor middeleeuwse geschiedenis 7, 84–141

van Moolenbroek, Jaap 2006: Een pastoraal offensief in Antwerpen. Norbertus, de volgelingen van Tanchelm, en de stichting van het Sint-Michielsklooster in 1124, in: Corbellini S. (Hg), Wonderen voor alledag. Elf opstellen over godsdienst en samenleving in de Middeleeuwen door Jaap van Moolenbroek opnieuw uitgegeven bij zijn afscheid van de Vrije Universiteit, Hilversum, 13–29

van Moolenbroek, Jaap 2012: Egidius (Gilles) van Leeuw, premonstratenzer kruisprediker, kruisvaarder naar Damietta en abt van Middelburg en Vicoigne († 1236), in: AnPraem 88 5–41

Van Osta, Jozef 2016: Un portrait de Jean-Baptiste L'Ecuy, dernier abbé de Prémontré (1740–1834), in: AnPraem 92, 321–324

van Stratum, Jean 2010: Bernard Henry Pennings (1861–1955). Founder of the Norbertine Order in the USA, De Pere

Verheijen, Luc 1980: Nouvelle approche de la règle de Saint Augustin, Bégrolles en Mauges

Verrees, L. 1955: Le Traité de l'Abbé Bernard de Fontcaude contre les Vaudois et les Ariens, in: AnPraem 31, 5–35

Veyrenche, Yves 2018: Chanoines réguliers et sociétés méridionales. L'abbaye de Saint-Ruf et ses prieurés dans le sud-est de la France (XIe–XIVe siècle), Turnhout

Warzée, B. 1979–1980: L'Abbaye de Prémontré au XIXe siècle, in: AnPraem 55, 229–235; 56, 93–102

Weinfurter, Stefan 1977: Norbert von Xanten – Ordensstifter und »Eigenkirchenherr«, in: Archiv für Kulturgeschichte 59, 66–98

Weinfurter, Stefan 1984: Norbert von Xanten als Reformkanoniker und Stifter des Prämonstratenserordens, in: Elm 1984, 159–183

Weinfurter, Stefan 1992: Der Prämonstratenserorden im 12. Jahrhundert, in: Müller u. a. 1992, 13–30

Weinfurter, Stefan 2010: Norbert von Xanten und sein neuer Lebensentwurf – Gesellschaftsordnung und Wertewandel im frühen 12. Jahrhundert, in: Dölken 2010, 151–174

Weyns, Norbert J. 1953: De Brabantse Norbertijnen en het Jansenisme, in: AnPraem 29, 5–66

Weyns, Norbert J. 1967: Le missel prémontré, in: AnPraem 43, 203–225

Weyns, Norbert J. 1970: Filips van Harveng, in: NBW IV, 329–340

Weyns, Norbert J. 1984: L'origine du tiers ordre prémontré, in: AnPraem 60, 163–184

Wieland, Georg 1983: Besitzgeschichte des Reichsstiftes Weißenau, in: Eitel, Peter (Hg.), Weißenau in Geschichte und Gegenwart, Sigmaringen, 107–218

Wieland, Georg 1995 a: Prämonstratenserinnen in Maisental. Über 200 Jahre Frauenkonvent bei Weißenau, in: Binder 1995, 73–96

Wieland, Georg 1995 b: Gemeinschaft im Wandel. Der Weißenauer Konvent vom 12. bis zum 19. Jahrhundert, in: Binder 1995, 119–177

Willburger, Andreas 1927: Die Säkularisation und Aufhebung der Prämonstratenserklöster in Württemberg, in: Freiburger Diözesanarchiv 55, 259–292

Winter, Eduard 1943: Der Josefinismus und seine Geschichte, Brünn u. a.

Winter, Franz 1865: Die Prämonstratenser des 12. Jahrhunderts und ihre Bedeutung für das nordöstliche Deutschland, ND der Ausgabe Berlin, Aalen 1966

Wolf, Jürgen Rainer 2015: Von adeliger Gründerin, erfundenen Meisterinnen und bürgerlicher Liquidierung 1808: das Chorfrauenstift Niederilbenstadt, in: AnPraem 91, 89–139

Wolf, Jürgen Rainer 2018: Die Prämonstratenserstifte Ober- und Nieder-Ilbenstadt, Berlin/Boston

Wölfing, Günther 2010: Das Kloster Veßra. Urkundenregesten 1130–1573, Köln u. a.

Wolgast, Eike: Die Einführung der Reformation und das Schicksal der Klöster in Europa, Gütersloh

Wouters, Jozef 2000: Schola claustrum alterum dici debet. Filip van Harvengts raadgevingen aan studenten, in: AnPraem 76, 107–132

Wurm, Johann Peter 2009: Allein auf weiter Flur. Das Prämonstratenserinnenkloster Rehna, in: AnPraem 85, 106–120

Ziegler, Walter 1989: Reformation und Klosterauflösung. Ein ordensgeschichtlicher Vergleich, in: Elm 1989, 585–614

Ziegler, Walter 2007: Konrad von Waldhausen-Staufen (ca. 1161–1241). Vom kaiserlichen Kämmerer zum Abt von Prémontré, in: AnPraem 83, 336–346

Ziegler, Walter 2008: Die Entscheidung deutscher Länder für oder gegen Luther, Münster

Zöller, Wolf 2018: Regularkanoniker im Heiligen Land. Studien zur Kirchen-, Ordens- und Frömmigkeitsgeschichte der Kreuzfahrerstaaten, Berlin

Abbildungsverzeichnis

Abb. 1:	Stiftsbibliothek Schlägl Signatur Hummel, Nr. 196. ...	26
Abb. 2:	Collectio Praemonstratensis Frans Debonne, Zweregem, Belgien.	30
Abb. 3:	Collectio Praemonstratensis Frans Debonne, Zweregem, Belgien.	50
Abb. 4:	© Bond 1993, 161, wiederabgedruckt mit Erlaubnis von Boydell & Brewer Ltd.	53
Abb. 5:	Stiftsbibliothek Schlägl, Signatur 616 105.	91
Abb. 6:	Stiftsbibliothek Schlägl, Signatur 867 206.	116
Abb. 7:	© Löschinger 2017, 30.	141
Abb. 8:	© Rommens 2013, 58.	144
Abb. 9:	Collectio Praemonstratensis Frans Debonne, Zweregem, Belgien.	150
Abb. 10:	Collectio Praemonstratensis Frans Debonne, Zweregem, Belgien.	152
Abb. 11:	© Abdij van Park, Heverlee, Belgien, Van Osta 2016, 323.	162
Abb. 12:	Kralovská Kanonie Premonstrátů na Strahově, Prag, Inventar Nr. 7218.	180
Abb. 13:	Archivum Curiae Generalitiae, Rom.	191
Abb. 14:	© Löschinger 2017, 24.	192

Register

A

Aachen 14, 27
Abaelard, Petrus 16, 32, 34
Adam de Crécy, Abt von Prémontré 69
Adam von St. Viktor 18
Adamus Scotus, Abt von Dryburgh 48, 140
Adela von Vohburg 64
Adelberg OPraem 106, 145, 147
Ägidius van Biervliet, Abt von Prémontré 73
Agnietenberg 79, 94
Akkon, St. Samuel OPraem 54
Alba, Fernando Hzg. 119
Albert, Bf. von Riga 57
Albrecht der Bär, Hrz. 55
Albrecht III., Hzg. von Bayern 80, 98
Albrecht IV., Hzg. von Bayern 80
Albrecht V., Hzg. von Österreich 80, 92
Aldericus von Füssenich 193
Alexander III., Papst 36, 38 f., 67 f.
Alexander V., Papst 76, 79 f.
Alexander VI., Papst 90
Alexander VIII., Papst 137
Altenberg an der Lahn OPraem 58, 64, 134, 194
Altmann, Bf. von Passau 18
Alypius von Thagaste 15
Amalrich, Propst von Gottesgnaden, Abt von St. Habakuk 25, 54
Anaklet II., Gegenpapst 23, 27
Anastasia, Hzgin. von Pommern 56
Andreas von St. Viktor 18
Anna von Österreich, Kgin. von Frankreich 125
Anselm II., Bf. von Lucca 16
Anselm von Havelberg 25, 27, 46, 55 f.

Antwerpen 23, 145
- Sint-Michiels OPraem 28 f., 33, 41, 70, 119, 143, 146, 155, 166
- Sint-Sacrament OPraem 165
Arnstein OPraem 40, 42, 64, 68
Arnulf von Löwen 49
Auget, Johannes, Generalabt 83, 98
Augsburg 18, 27, 79, 106, 141, 144, 146, 192
Augustinus von Hippo 4, 15 f., 27, 136 f., 145 f.
Auxerre OPraem 59
Averbode OPraem 86, 165, 175, 178, 181 f., 184 f., 187, 189, 195
Avignon 16 f., 76, 82

B

Bachimont, Jacques de, Generalabt 99
Bachmann, Sixtus 138
Backmund, Norbert 11
Backx, Evermod, Superior von Tongerlo 175
Bakócs, Thomas, Kardinal 103
Balduin II., Kg. von Jerusalem 54
Barletta OPraem 54
Barthe OPraem 107
Bartholomäus de Joux, Bf. von Laon 22 f., 33
Basel 27, 80, 82, 94
- Fürstbistum 169
Beatrix von Engelport 193
Beauvais 17, 20
Bécourt, Bruno, Generalabt 151, 156
Beichlingen, Friedrich von, Ebf. von Magdeburg 95
Belbuck OPraem 54, 56, 89, 105
Bellapais OPraem 54, 100
Bellelay OPraem 109, 169
Bendern 109

Benedikt von Nursia 14
Benedikt XIII., Papst 134
Benedikt XIV., Papst 133
Bern 109
Bernard, Abt von Fontcaude 42
Berne OPraem 65, 110, 168, 175, 181, 183 f., 186
Bernhard von Clairvaux 49, 54 f., 122
Bernhard, Propst von Schlägl 92
Betscher, Nikolaus, Abt von Rot 139, 169
Biel, Gabriel 88
Blauhaus/Langen OPraem 107
Bloemhof OPraem 59, 64, 94
Bodecker, Stephan, Bf. von Brandenburg 89
Bogilsaw X., Hzg. von Pommern 105
Bois, François du, Drucker 116
Bolanden 49
Boldewan, Johannes, Abt von Belbuck 105
Bologna 89
Bolsward OPraem 110
Boltzmann, Balthasar, Administrator von Geras 112
Bonaparte, Joseph, Kg. von Spanien 168, 172
Boncompagni, Flippo, Kardinal 114
Bonlieu OPraem 179
Bonne-Espérance OPraem 29, 33, 47, 126
Bonnefois, Denis, Pro-Visitator 181
Børglum OPraem 56 f., 109
Boulbon, Edmond, Abt von Frigolet 177–179
Brandenburg 56, 89, 96, 105, 107, 147
– Domstift OPraem 55 f., 89, 97
Braun, Johannes, Bf. von Magdeburg 147
Breda 110
Breslau 91
– St. Vinzenz OPraem 92, 95
Brixen 97

Bronislawa von Zwierzyniec 194
Brüssel 110, 136, 180
Bugenhagen, Johannes 105
Burchard, Propst von Ursberg 59
Busch, Johannes 94 f.
Byzanz 46

C

Cajakob, Georg 105
Calixt II., Papst 22
Calmels, Norbert, Generalabt 189, 191
Cambrai 21 f., 32, 83
Cappenberg OPraem 23 f., 28, 43, 53, 57, 64, 134, 193
Caramuel Lobkowitz, Juan 129
Carlisle 69
Castagna, Giambattista, Nuntius in Spanien 117
Cautere, Cornelius de, Propst von Schlägl 112
Celers, Philippe, Generalabt 149
Chotěšov/Chotieschau OPraem 101 f., 164
Christina von Hane 49
Chrodegang von Metz 14
Chur, St. Luzi OPraem 105, 108, 171
Churwalden OPraem 109, 171
Cîteaux 34, 43, 123
Clairfontaine OPraem 24, 28, 149
Clarholz OPraem 94, 111
Clary, Julie, Kgin. von Spanien 167
Clemens III., Papst 41
Clemens IX., Papst 137
Clemens V., Papst 64
Clemens VIII., Papst 118
Clermont 12
Cluny 16, 123
Cobbaert, Petrus 136
Colbert, Jean-Baptiste 149
Colbert, Michel, Generalabt 148, 152 f., 155–157
Cölestin II., Papst 35

Colvin, Howard M. 11
Conde y Coral, Bernardo, Bf. von Zamorra 179
Corselis, Thomas, Ap. Visitator 175
Crets, Gummarus, Generalabt 187
Cruciger, Caspar 105
Cruciger, Elisabeth, geb. von Meseritz 105
Csorna OPraem 148, 173 f., 187
Cuissy OPraem 28, 38, 83, 125

D

Dale OPraem 68
Damiette 55
David, Alois 173
Deák, Ferenc 174
Debans, Pierre, Abt von Pont-à-Mousson u. Cuissy 123–126
Despruets, Jean, Generalabt 4, 88, 114, 117–119, 126 f.
Dionysius, hl. 36
Diviš, Prokop 140
Doksany/Doxan OPraem 102, 135, 143, 164, 191
Dolní Kounice OPraem 81, 147
Dommartin OPraem 149, 151
Dragsmark OPraem 109
Drogo, Reims, St. Nikasius 22
Drusius, Johannes, Abt von Park 121 f.
Dryburgh OPraem 48, 53
Dünnwald OPraem 61
Dupaix, Guillaume, Abt von Floreffe 119
Dürr, Leonhard, Abt von Adelberg 106

E

Edward I., Kg. von England 69
Eggmann, Joachim, Abt von Windberg 170
Eiselin, Wilhelm 134, 193
Ekbert, Abt von Huysburg 46
Ellen OPraem 87, 94
Ely 100
Emo, Abt von Bloemhof 64, 67
Enkenbach OPraem 107
Enno II., Gf. von Ostfriesland 107
Episcopia Siehe Bellapais 54
Erasmus von Rotterdam 105
Erfurt 89
Erhard, Abt von Wilten 97
Ermesinde, Gfin. von Namur 23
Ernst, Ehzg. von Österreich 112
Escluse, Jean de l', Abt von Prémontré 81, 90
Este, Ippolito d', Kardinal 82, 113 f.
Eugen III., Papst 55
Eugen IV., Papst 83, 96
Evermod, Bf. von Ratzeburg 22, 56, 134, 194
Exeter 100

F

Fearn OPraem 110
Fegyverneky, Franz, Propst von Ság 103
Ferdinand II., Kaiser 124, 143, 147
Ferdinand III., Kaiser 125
Fleury, André-Hercule de, Kardinal 151
Floreffe OPraem 23 f., 28 f., 33, 38, 83, 119, 125, 128, 168
Fontaine André OPraem 109
Fontenelle OPraem 31
Fosses-la-Ville 32
Frankfurt am Main 55
Frankfurt an der Oder 89
Franz I., Kaiser v. Österreich 173
Freiburg im Breisgau 89
Friedberg in Hessen 65
Friedrich I. Barbarossa, Kaiser 46, 65
Friedrich I., Ebf. von Köln 20
Friedrich II., Kaiser 68

Friedrich II., Kfst. von Brandenburg 96
Friedrich III., Kfst. der Pfalz 107
Friedrich IV., der Schöne, Kg. von Frankreich 69
Friedrich IV., Ebf. von Magdeburg 107
Friedrich von Arnsberg 23
Friedrich zu Schwarzenberg, Kardinal 176
Friedrich, Abt von Mariengaarde 134, 194
Friedrich, Graf von Saarbrücken 28
Fritzlar 21
Fuchs, Sebastian, Abt von Louka 4
Fünfkirchen Siehe Pécs 103
Fürstenberg bei Xanten 21

G

Galle, Cornelius, Kupferstecher 146
Galle, Johann, Kupferstecher 146
Galle, Theodor, Kupferstecher 146
Gallien, Hugo 155
Gaspar, Joseph, Abt von Neustift 169
Gebhard, Bf. von Salzburg 18
Gelasius II., Papst 21
Gennep 20
Georg von Podiebrad, Kg. von Böhmen 101
Geras OPraem 111 f., 147, 164, 186, 195
Gerhardi, Johannes 94
Gerhoch von Reichersberg 18
Gerlach von Houthem 134
Gerlach von Milevsko 59
Gerson, Johannes 87
Gertrud von Altenberg 58, 134, 194
Gervasius, Abt von Prémontré 54, 68
Gietteler, Joachim, Abt von Rot 132
Gilbert von Neuffontaine 55, 134, 193
Gilbin, Claude, Abt von Justemont 121

Gisquière, Emmanuel, Abt von Averbode 189
Gnesen 27
Goffiné, Leonhard 130
Goovaerts, Léon 11
Göppingen 106
Goslar 27
Gosset, Adrien 123
Gosset, Pierre, Generalabt 115, 120–123, 126
Gottesgnaden OPraem 25, 54, 57, 95 f., 108
Gottfried von Cappenberg 23, 28, 134, 193
Gottfried, Gf. von Namur 23
Gottstatt OPraem 109
Gramzow OPraem 56, 68, 107
Grassl, Basil 11
Grauwen, Wilfried M. 34
Gregor IX., Papst 70
Gregor VII., Papst 12, 15 f.
Gregor XIII., Papst 114
Gregor XV., Papst 120 f.
Greifswald 89
Grobe OPraem 54, 56
Groningen 94, 110
Grüninger, Johann, Drucker 26

H

Hadrian IV., Papst 34
Hadwigis von Gennep 20
Halle, Hermann von 97
Hamborn OPraem 64, 69, 79 f., 86, 186, 191
Hamburg 105
Hamilton, Patrick, Kommendatarabt von Fearn 110
Hane OPraem 49
Harlungerberg OPraem 107
Härtlin, Johann Christoph, Abt von Weißenau 153
Hausmann, Sigismund, Abt von Tepl 101

Havelberg
- Bistum 25, 41, 46, 96
- Domstift OPraem 47, 56, 89, 96
Heidelberg 89
Heiligenberg OPraem 111
Heiligenthal OPraem 95
Heinrich d. Löwe, Hzg. 55 f.
Heinrich I., Ebf. von Mainz 46
Heinrich Totting von Oyta 88
Heinrich V., Kaiser 20, 28
Heinrich VIII., Kg. von England 109
Heinrich von Langenstein 88
Heinrich Zdik, Bf. von Olmütz 55
Held, Willebold, Abt von Rot 153
Helg, Josef 133
Heribert von Gennep d. Ä. 20
Heribert von Gennep d. J. 20
Herleinsperger, Andreas, Vizedom 93
Herlet, Friedrich 142
Hermann Josef von Steinfeld 49, 58, 133 f., 194
Hermann von Tournai 20, 22, 27, 29, 36
Hermannus quondam Judaeus 64
Hermans, Gottfried, Abt von Tongerlo 165
Hermières OPraem 59
Hertogenbosch 110
Heylen, Thomas, Abt von Tongerlo 181
Hieronymus 88
Hildegunde von Meer 193
Hippo 15
Hirnhaim, Hieronymus, Abt von Strahov 129, 139
Hirsau 16
Hollar, Wenzeslaus, Kupferstecher 150
Honorius II., Papst 24 f., 28
Hradisko OPraem 69, 99, 101, 128, 138 f., 145, 148, 152, 163 f.
Hroznata, Gründer von Tepl 42, 194

Hugo von Fosses, Abt von Prémontré 21, 29, 32, 34, 52, 193
Hugo von St. Viktor 18
Hugo, Charles Louis, Abt von Étival 11, 134, 140, 156
Hummel, Ulrich, Abt von Windberg 102
Hus, Jan 77

I

Ilbenstadt OPraem 24, 28, 53, 193
Ilfeld OPraem 66, 68, 100
Inama, Adalbert 183
Indersdorf 34
Ingolstadt 89
Innozenz II., Papst 23, 27, 34 f., 38
Innozenz III., Papst 44
Innozenz IV., Papst 67, 70–72
Innozenz X., Papst 125, 136
Innsbruck 27, 105, 163
Isfried, Bf. von Ratzeburg 57, 134, 194
Isle-Dieu OPraem 85
Ivo, Bf. von Chartres 17

J

Jakob IV., Kg. von Schottland 98
Jan Želivsky 81
Jansen, Adrian 110, 134, 194
Jansenius, Cornelius d.J. 136
Jarolímek, Bohuslav, Abt von Strahov 187
Jászó/Jasov OPraem 103, 148, 173 f., 177, 185
Jerichow OPraem 41, 46, 55, 107
Jerusalem 9, 17, 29, 42, 54 f.
Joachim, Kfst. von Brandenburg 97
Johann I., Hzg. von Kleve 80, 86
Johann IV., Hzg. von Sachsen-Lauenburg 97
Johann Pfalzgraf bei Rhein, Ebf. von Magdeburg 95

243

Johannes Praemonstratensis, Magister 59
Johannes von Rocquigny, Abt von Prémontré 59
Johannes XXIII., Gegenpapst 76
Johannes, Propst von Oberzell 27
Johannes, Propst von Riga 57
John, James J. 89
Josef, hl. 133
Joseph II., Kaiser 163
Julius II., Papst 90, 97, 101, 122, 126
Julius III., Papst 83, 117 f.

K

Karl IV., Kaiser 76
Karl Theodor, Kfst. von Bayern 163, 170
Karl V., Kaiser 82 f., 117 f.
Karl VIII., Kg. von Frankreich 81, 90
Kastl 78
Kayser, Isfried 138
Keppel OPraem 64
Kern, Jakob 186, 195
Ketelhut, Christian 105
Kircher, Athanasius SJ 140
Klauber, Johann Baptist, Kupferstecher 146
Klauser, Felix, Abt von Rüti 108
Klessel, Gallus 129
Klosterbruck Siehe Louka 89
Klosterneuburg 112
Klosterrath 19, 21, 34
Klosterrode OPraem 95
Knechtsteden OPraem 102, 168
Kölbigk OPraem 95
Köln 23, 27, 33, 49, 59, 89, 155
– Erzbistum 20, 27, 80
– Kolleg 128, 168
Konrad I., Bf. von Salzburg 18
Konrad III., Kg. 46
Konrad von Waldhausen-Staufen, Abt von Prémontré 68, 70
Konrad, Bf. von Salzburg 19

Konstantinopel 103
Konstanz 78, 105
Kuno von Preneste, Kardinal 19
Kuno, Abt von Siegburg 21
Kureke, Johann 105

L

L'Ecuy, Jean-Baptiste, Generalabt 161 f., 167, 169
La Vid OPraem 53, 99, 117
Lac de Joux OPraem 109
Lachen, Benedikt, Abt von Louka 125
Lacops, Jakob 110, 134, 194
Lairuelz, Servatius de, Abt von Pont-à-Mousson 114–116, 119–121, 127, 129, 133
Laky, Demeter 174
Lamberti von Steinheim, Johannes 94
Laon 22, 31
– Bistum 9, 20, 22 f., 28, 33, 38
– St. Martin OPraem 22–24, 28, 33, 38, 83, 85, 124 f.
– St-Vincent 22
Le Paige, Jean 11, 73, 123, 177
Le Sage, Hervé-Julien 167
le Sage, Nicolas, Abt von Laon 124
Le Scellier, Augustin, Generalabt 125, 148 f., 155
Lebschy, Dominik, Abt von Schlägl 176 f.
Lefèvre, Placide 40, 72
Leipzig 89
Leitzkau OPraem 55 f., 105
Lelesz/Leles OPraem 104, 148, 174
Leliëndaal OPraem 165
Leo X., Papst 82
Leo XIII., Papst 181, 184
Leopold I., Kaiser 148
Leopold II., Kaiser 173
Leopold, Ehzg. von Österreich 136
Leser, Urban, Abt von Geras 112

Lidlum OPraem 99, 110
Lienhardt, Georg, Abt von Roggenburg 127, 129, 134, 140–142, 153 f., 192
Litomyšl OPraem 55, 57, 69, 81, 147
Liudolf, Einsiedler 21
Lohelius, Johannes, Abt von Strahov 4, 143, 147
Longpré, François de, Generalabt 114, 119
Lorsch OPraem 95, 107
Lösch, Johann, Abt von Wilten 98
Lothar III., Kaiser 24 f., 27, 46
Louka OPraem 4, 69, 89, 114, 125, 140, 147 f., 164
Louňovice OPraem 81, 147
Louys, Epiphane, Abt von Étival 126, 135
Lübeck 65
Lucas de Muin, Claude-Honoré, Generalabt 138, 149, 156
Lucca 16
Ludolf, Bf. von Ratzeburg 57, 134, 194
Ludwig II, Kg. von Ungarn 103
Ludwig VI., Kfst. der Pfalz 107
Ludwig von Arnstein 42
Ludwig XIII., Kg. von Frankreich 123
Ludwig XIV., Kg. von Frankreich 125, 152
Ludwig XV., Kg. von Frankreich 160
Ludwig XVI., Kg. von Frankreich 154
Lund 17
Lund OPraem 53
Luther, Martin 104
Lüttich 28, 32, 155
Lydda 54
Lyon 71

M

Machalka, Augustinus, Abt von Nová Říše 187
Madelaine, Godefroid, Abt von Frigolet 181
Magdeburg
– Bistum 9, 20, 24, 27 f., 92, 107, 145, 147, 193
– Priorat OPraem 191
– Unser Lieben Frauen OPraem 10, 24 f., 31, 33 f., 37, 40–42, 45, 53–56, 68, 76, 94 f., 97, 102, 105, 108, 114, 143, 147
Magnus II., Hzg. von Mecklenburg 65
Mailand 46
Mainz 25, 27 f., 46
Maisental OPraem 64
Manegold von Lautenbach 18
Mangold, Gregor 104
Manoury, Guillaume, Generalabt 151, 161
Marchesini, Paulus, Kommendatar von Schlägl 112
Marchtal OPraem 132, 138 f., 146, 154, 208–210
Maria Theresia, Kgin. 139, 163
Maria, Mutter Jesu 49 f., 133, 146, 156, 194
Marie Antoinette, Kgin, von Frankreich 154
Marienfeld 94
Mariengaard OPraem 190
Mariengaarde OPraem 53, 56, 58 f., 110, 134, 194
Martène, Edmond 35
Martin V., Papst 83
Mathilde von Kärnten 24
Maubec 179
Maulbronn 106
Maximilian III. Joseph, Kfst. von Bayern 163, 170

Maximilian von Österreich, Statthalter 82
Mayer, Wenzel, Abt von Strahov 165
Maythényi, Uriel, Propst von Turóc 103
Mazarin, Jules, Kardinal 125
Mécs, László 185
Medici, Angelo de 108
Melisendis, Kgin. von Jerusalem 54
Melk 78, 80, 88, 92–94
Metz 14
Mežnote OPraem 56 f.
Michl, Gilbert, Abt von Steingaden 170
Middelburg OPraem 55, 70, 110, 194
Mildenfurth OPraem 78, 95, 102
Milevsko OPraem 81, 102, 147, 164
Mindszenty, Jószef, Kardinal 174
Mohács 104
Mohr, Kaspar 139
Monthermé, Hubert de, Generalabt 90
Mortara 16
Mösl, Ingenuin, Abt von Wilten 98
Mühlhausen Siehe Milevsko 147
Münster 28
Murer, Jacob, Abt von Weißenau 111, 146
Musso, de, Familie 108

N

Nebi Samwil 54
Neuchâtel 109
Neuffontaine OPraem 55, 100, 134, 193
Neureisch Siehe Nová Rise 147
Neustift bei Brixen 97
Neustift bei Freising OPraem 34, 57, 152, 169
Newhouse OPraem 53
Niederilbenstadt OPraem 65, 171
Nikolaus V., Papst 83
Nikolaus von Dinkelsbühl 88

Nikolaus von Kues, Kardinal 95, 97 f.
Nikosia 54
Ninove OPraem 65, 136
Nivelles 33
Noots, Hubertus, Generalabt 186, 188 f.
Norbert von Xanten 4, 9 f., 12, 19–21, 23–27, 29, 32, 34 f., 41, 45, 47, 49, 52, 54 f., 68, 77, 114, 122, 134, 143, 145 f., 156, 168, 190, 193
Nová Říše OPraem 147, 186 f.
Noyon 23, 29

O

Oberzell bei Würzburg OPraem 24, 27, 53, 142
Ochs von Gunzendorf, Georg, Abt von Speinshart 101
Odiot de la Paillone, Marie 179
Odo von Chateauroux, Kardinal 71
Olmütz 55, 138 f., 163 f., 185
Ormaneto, Nicolò, Nuntius 117
Ortenburg 111
Osterhofen OPraem 102, 111, 163
Otto von Cappenberg 28
Otto, Gf. von Reveningen 25
Ottobeuren 79
Oudin, Casimir 140
Oxford 59

P

Papareschi, Gregorius 23
Pape, Libertus de, Abt von Park 136
Parchappe de Vinay, Pierre-Antoine, Generalabt 149, 151, 156
Parchentin, Johannes, Bf. von Ratzeburg 89
Paris 17 f., 59, 83, 118, 123, 126, 140, 161, 167
– Kolleg CAR 128
– Kolleg St. Anna 59, 88, 128, 137, 149, 151

- St-Victor 17, 20, 34 f.
- Universität 59, 82, 87
Park OPraem 82, 118, 121, 136, 165, 175, 184
Paschalis II., Papst 21
Passau
- Bistum 18, 93
- St. Nikola 17
Paul II., Papst 117
Paul III., Papst 82
Paul V., Papst 120
Paulus Soucek, Abt von Nová Říše 186
Pécs 103
Peñafiel 37
Pennings, Bernard, Abt von De Pere 183
Pernegg OPraem 57, 112, 147 f., 164
Petershausen 78
Petrus Leonis 23
Petrus, Propst von Hammersleben 46
Pfeffel, Johann Andreas, Kupferstecher 146
Philipp IV., Kg. von Frankreich 59
Philipp von Harvengt, Abt von Bonne-Espérance 47 f., 58 f.
Philipp, Landgf. von Hessen 106
Pisa 13, 27, 76, 79
Pisani, Francesco, Kardinal 82, 100, 113
Pius II., Papst 83, 90, 95, 98
Pius IX., Papst 176, 178, 180
Pius V., Papst 117
Pius VI., Papst 167, 170
Pius X., Papst 182
Placet, François 139
Plotner, Georg, Propst von Chotieschau 101
Pöhlde 25
Pontius, Abt von St-Ruf 19
Posen 27
Prag 81, 191
- Bistum 57, 143, 176

- Collegium Norbertinum 128
- Universität 89, 173 f.
Prémontré 9 f., 19–25, 27, 29, 32–36, 38, 40, 43, 45, 47 f., 53 f., 57, 59, 66–71, 76, 79, 81 f., 88, 92, 96–101, 103 f., 109, 113, 117–120, 123–126, 137 f., 143, 146, 148 f., 151 f., 155 f., 158, 160 f., 167, 169, 172, 177 f., 182, 193
Prüss, Johann, Drucker 26
Psaume, Nicolas, Bf. von Verdun 113
Pudagla OPraem 54, 89, 106

Q

Quedlinburg OPraem 95
Queschwitz, Johannes, Abt von St. Vinzenz, Breslau 90
Quesnel, Pasquier 137
Questenberg, Kaspar von, Abt von Strahov 115, 124, 143, 147

R

Raguet, Simon, Generalabt-Elekt 124–126
Rahm, Richard 140
Ramackers, Johannes 63
Ramla 54
Rapperswil 108
Ratzeburg
- Bistum 22, 89, 134, 194
- Domstift OPraem 55 f., 97
Ravenna 46
Redman, Richard, Abt von Sharp 100 f.
Regensburg 24
Rehna OPraem 65
Reichenstein OPraem 87
Reims 16, 22, 25, 32
Reitenberger, Karl, Abt von Tepl 173
Répássy, Josef, Abt von Jászó 177
Retters OPraem 49
Retuerta OPraem 37, 53, 99, 118

Richard von St. Viktor 18
Richelieu, Armand-Jean, Kardinal 123 f.
Rieder, Andreas, Propst von Schlägl 93
Rieger, Matthäus, Verleger 141
Riéval OPraem 54
Riga OPraem 54, 56 f.
Rikvera de Clastris 29 f.
Rinsch, Georg, Propst von Leitzkau 105
Robbespierre, Maximilien de 169
Robert von Auxerre 59
Rocquevert, Augustin de, Generalabt 149
Roggenburg OPraem 106 f., 127, 133, 139, 142, 153, 170 f.
Rolduc *Siehe* Klosterrath 19
Rom 17, 19, 24, 27, 46, 68, 70, 76, 82, 98, 100, 114, 118, 121, 125 f., 134, 137, 145, 149, 151, 153, 169 f., 175, 179, 186, 195
- Generalabt 10, 185, 188
- Kolleg 128, 186, 189
- Neu-Maria Einsiedeln OPraem 133
- S. Alessio OPraem 70
Rorer, Thomas 111
Rössler, Johannes, Propst von Schlägl 112
Rostock 89
Rot an der Rot OPraem 97 f., 132, 134, 138, 153, 169, 186, 193
Rothe, Johannes 78
Rumbeck OPraem 94
Rupert von Deutz 45–47
Rutger, Ebf. von Magdeburg 24
Rüti OPraem 108

S

Ság OPraem 103
Sailer, Sebastian 132, 139, 146, 154
Saladin 54

Sales, Franz von 135
Saulnier, Charles 123
Sayn OPraem 86
Schachinger, Norbert, Generalabt 185
Schäftlarn OPraem 34, 57, 98, 145
Scheda OPraem 57
Schilling, Konrad, Abt von Gottstatt 109
Schiltl, Johannes, Abt von Osterhofen 102
Schlägl OPraem 4, 63, 92 f., 102, 111 f., 128, 147, 164, 176 f., 181, 185 f.
Schlegel, Theodul, Abt von St. Luzi, Chur 108
Schlutow, Otto 105
Schöllingen, Franz von, Propst von Pernegg 148
Schönhainz, Georg, Abt von Adelberg 147
Schueschitz, Andreas, Propst von Schlägl 112
Schussenried OPraem 55, 138 f.
Scitovszky, János, Kardinal 176 f.
Sebesy, Kálmán 174
Seckler, Ulrich, Abt von Ursberg 93
Seitz Joseph, Abt von Ursberg
Selau *Siehe* Želiv 81
Sharp OPraem 100
Siard, Abt von Mariengaarde 134, 194
Sibrandus Leo 110, 119
Siegburg 21
Siegmund, Hzg. von Tirol 98
Sigismund, Ebf. von Magdeburg 108
Simon, Bf. von Noyon 29
Sint-Catharinadal OPraem 110, 175
Sixtus IV., Papst 82, 90
Solmyóvásárhely OPraem 103
Sools, Stanislaus 187
Sophie, Hzgin. von Brabant 58
Speinshart OPraem 101, 107, 163, 186

Speyer 24
Springiersbach 16, 19
St. Arnual bei Saarbrücken 28
St. Asaph 100
St. Habakuk OPraem 54
St. Jakob im Prättigau OPraem 109
St. Samuel, Freudenberg OPraem 54
Stade OPraem 111
Stael, Johann, Abt von Hamborn 87
Stams 97
Stary, Sigismund, Generalabt 181
Steinfeld OPraem 37, 43, 49, 53, 57 f., 61, 87, 98, 108, 111, 128, 130, 133 f., 143, 168, 194
Steingaden OPraem 98, 138, 163, 170
Sternberg-Manderscheid, Franz Gf. 171
Stettin 55
St-Gilles 21
Stixwold OPraem 109
St-Josse-au-Bois OPraem 19
Stolp OPraem 106
St-Quentin 17
Strahov OPraem 37, 53, 55, 69, 81, 101 f., 114 f., 124, 128 f., 139, 143 f., 147, 165, 168, 173 f., 176, 180 f., 186 f., 191
Stralsund 105
Straßburg 26, 145
St-Ruf bei Avignon 16 f., 19
Suarez, Francisco SJ 140
Sülte 95
Svatomir, Abt von Milevsko 92
Szeged OPraem 103

T

Tajovský, Vit, Abt von Želiv 187
Tanchelm 23, 145
Teplá/Tepl OPraem 11, 42, 81, 99, 101 f., 114, 143, 147, 164, 173, 186, 194

Terrière, Simon de, Abt von Prémontré 101
Themenitz OPraem 68
Theobald, Gf. von Blois u. Champagne 24, 32
Thomarp OPraem 53
Thomas von Kempen 133
Tineo de Morales, Luis 139
Tongerlo OPraem 66, 82, 110, 128, 136, 165, 175, 179, 181, 184, 187
Toulorge, Pierre-Adrien 167, 195
Treptow 56, 105
– Frauenkloster OPraem 105
Trouvé, François, Abt von Cîteaux 169
Tübingen 89
Turóc OPraem 103
Tusschenbeek OPraem 165

U

Übelacker, Franz Georg 154
Ulrich, Hzg. von Württemberg 106
Ummenhofer, Karl, Abt von Weißenau 169
Urban VIII., Papst 117, 124, 136
Ursberg OPraem 59, 93, 139, 170
Ursula, hl. 49 f.
Utvina, Matthäus de, Abt von Strahov 102

V

Václavik, Paulus, Abt von Hradisko 139
Valenciennes 21, 32
van der Sterre, Chrysostomus, Abt von Antwerpen Sint-Michiels 146
Van Dyck, Antonis, Maler 50
van Lochum, Michael, Kupferstecher 30
van Schjndel, Alexander 184
van Straaten, Werenfried 187

Van Tuldel, Dietrich, Abt von Park 82 f.
Van Waefelghem, Raphael 34
Vannuttelli, Seraphinus, Nuntius 180
Varlar OPraem 24, 28, 53
Vaszary, Kolos, Kardinal 174
Veßra OPraem 58, 62, 68
Veurne OPraem 165
Viktor IV., Gegenpapst 36
Vilvoorde 110, 168
Vivianus von Prémontré 33
Vivières OPraem 24, 28 f., 33
Vladislav II., Kg. von Böhmen u. Ungarn 102 f.
Vrejlev OPraem 109

W

Wadgassen OPraem 66, 100, 168
Wallsee, Reinprecht von, Landeshauptmann 93
Walter, Bf. von Maguelone 19
Warberg, Anton von 107
Weißenau OPraem 43, 64, 104, 108, 111, 129, 146, 153, 169, 171
Welf I., Hzg. von Bayern 18
Wenzel, Kg. von Böhmen 76, 80
Werner, Propst von Magdeburg 94
Wernher, Ludwig, Abt von Adelberg 106
Weyns, Norbert 40
Wibald von Stablo 47
Wien 171, 179 f.
- Himmelpfortkloster OPraem 112
- Universität 88 f., 92
Wilhelm von Champeaux 18
Wilhelm von Louvignes, Abt von Prémontré 69, 73
Wilhelm, Abt von Prémontré 68, 71
Wilten OPraem 63, 97, 152, 163, 171, 183, 186, 189
Windberg OPraem 34 f., 37, 57, 98, 102, 111, 170, 186
Windesheim 79, 94 f., 97, 178
Witham 48
Wittenberg 89, 105, 107
Worms 14
Wouters, Jozef, Generalabt 195
Wyclif, John 77

X

Xanten 20 f., 25

Z

Zábrdovice OPraem 69, 99, 147 f., 164
Zaharadnik, Bogdan 186
Zahn, Johannes, Propst von Unterzell 139
Zasmucka, Maximiliana 135
Zauper, Stanislaus 173
Zeidler, Hieronymus, Abt von Strahov 174, 176 f., 179 f.
Želiv OPraem 37, 53, 81, 102, 147, 187
Zieletzky von Poczenitz, Norbert, Abt von Hradisko 152
Zürich 108
Zwingli, Huldrych 105
Zwolle 79